金融科技创新监管机制构建研究

卜亚 张倩 ◎ 著

RESEARCH ON THE CONSTRUCTION OF
REGULATORY MECHANISM OF FINTECH INNOVATION

中国财经出版传媒集团
经济科学出版社
Economic Science Press

图书在版编目（CIP）数据

金融科技创新监管机制构建研究／卜亚，张倩著.
—北京：经济科学出版社，2021.12
ISBN 978-7-5218-3244-0

Ⅰ.①金… Ⅱ.①卜… ②张… Ⅲ.①金融-科学技术-金融监管-研究-中国 Ⅳ.①F830.2

中国版本图书馆 CIP 数据核字（2021）第 248366 号

责任编辑：崔新艳
责任校对：孙　晨
责任印制：范　艳

金融科技创新监管机制构建研究

卜亚　张倩　著

经济科学出版社出版、发行　新华书店经销
社址：北京市海淀区阜成路甲 28 号　邮编：100142
经管中心电话：010-88191335　发行部电话：010-88191522
网址：www.esp.com.cn
电子邮箱：espcxy@126.com
天猫网店：经济科学出版社旗舰店
网址：http://jjkxcbs.tmall.com
北京季蜂印刷有限公司印装
710×1000　16 开　15.5 印张　250000 字
2021 年 12 月第 1 版　2021 年 12 月第 1 次印刷
ISBN 978-7-5218-3244-0　定价：70.00 元
(图书出现印装问题，本社负责调换。电话：010-88191510)
(版权所有　侵权必究　打击盗版　举报热线：010-88191661
QQ：2242791300　营销中心电话：010-88191537
电子邮箱：dbts@esp.com.cn)

本书受到江苏高校哲学社会科学研究重大项目"金融科技创新监管路径优化研究"（批准号：2019SJZDA060）资助。

本书受到江苏科技大学人文社科优秀学术专著资助计划项目资助。

序　一

进入21世纪以来，我国抓住了人工智能、大数据等新一代信息技术加速突破应用的新趋势，金融科技行业实现了举世瞩目的跨越式发展，极大地提高了金融业务的效率和服务实体经济的能力。但由于监管的低效或缺位，风险隐患突出，特别是一些大型科技公司利用其垄断优势广泛开展金融业务，更多地服务于长尾人群，一旦出现风险暴露，将引发严重的风险传染。党的十九大报告提出，健全金融监管体系，守住不发生系统性金融风险的底线。2020年12月中央经济工作会议提出，强化反垄断和防止资本无序扩张，坚持金融创新必须在审慎监管的前提下进行。但是，过于严格的监管将会阻碍创新。因此，如何更好地平衡金融科技创新与监管的关系，是新时代推进包容审慎监管的重大议题，也是提升金融科技全球竞争力国家战略的重大需求。

卜亚副教授等的《金融科技创新监管机制构建研究》一书正是在这种背景下推出的，具有较强的现实意义。该书基于金融科技"创新→风险→监管"的一体化逻辑，深入研究构建更富活力与效率的金融科技创新新生态的政策路径。总体说来，《金融科技创新监管机制构建研究》一书有以下四个特点。

一是研究选题独特。该书不以金融科技监管的基本理论探讨和整个制度设计为重点，而是主要聚焦监管科技与金融科技的协同创新。这就抓住了金融科技创新高质量发展的重点和关键。该书立足于当前金融科技创新所处的新阶段，系统研究了金融科技创新生态体系的运行现状、金融科技创新对实体经济增长及对商业银行效率的影响、金融科技创新监管的跨国经验、监管科技的基本原理及技术运用等，提出构建金融科技创新监管机制的政策路径，科学诠释了新时代金融科技创新和监管的协调发展逻辑。

二是研究方法科学。该书很好地做到规范研究和实证研究的结合。书中不仅进行了严格的逻辑推理和缜密的公式推导，还利用科学的数学模型和翔实的数据进行实证。一方面，作者基于内生经济增长理论，构建技术溢出、吸收能力与全要素生产率的理论模型，丰富金融科技技术溢出的理论研究。另一方面，作者利用动态面板 SYS-GMM 和中介效应模型，实证检验金融科技对商业银行效率的影响；采用固定效应和门限回归模型，实证检验金融科技对实体经济增长的影响。合理、科学的研究方法保证了本书研究结果的真实性、精确性和可检验性。

三是研究资料翔实。纵观全书，可以发现作者在研究过程中花费了大量时间和精力搜集研究所需的各种资料、数据。一方面，该书在研究金融科技先进国家的监管经验及趋势性特征、美国 GAFA[①] 和中国 BATJ[②] 大科技金融业务比较、监管科技基本原理和技术应用、英国的创新实践等具体内容时，材料和数据资料翔实，可信度较强。另一方面，作者将所涉及的产业经济学、生态经济学和制度经济学等不同领域及学科的问题结合起来研究，体现了作者广泛、深入的知识视野。

四是研究结论鲜明。针对国内金融科技创新过度、监管不足

---

① 指谷歌、亚马逊、脸书、苹果四家公司。
② 指百度、阿里巴巴、腾讯、京东四家公司。

序　一

的失衡困境，该书从生态环境和生态主体两方面，提出构建更富活力与效率的金融科技创新新生态的政策路径，作为学术研究，丰富了适应高质量发展要求的包容审慎监管的理论体系；作为应用研究，该成果为我国相关监管机构实现对金融科技创新的有效监管提供了决策参考依据，也为金融科技公司和金融机构等生态主体依托优势、共融发展提供了应用策略指导。

该书的观点和结论有助于落实党的十九大以来中央在金融科技领域的系列方针政策。希望该书的出版对相关决策者、科研和教学工作者有所帮助，也希望作者在理论和实践上取得更有创新意义的成果。

2021 年 10 月于南京大学

序 二

当前，美国、英国、澳大利亚、新加坡等金融科技发达国家均已在实质层面将发展金融科技提升到国家战略高度，推动本国金融业全面转型，抢占全球金融科技高地。我国金融科技领域的发展后来居上，已经处于世界前列，尤其是在电子支付等领域。2015年7月18日，央行等十部门发布《关于促进互联网金融健康发展的指导意见》，以鼓励金融创新，促进互联网金融健康发展。2019年9月6日，央行发布《金融科技（FinTech）发展规划（2019—2021年）》，首次从国家层面对金融科技发展做出全局性规划。银行、证券、保险等细分领域的金融科技顶层规划与管理机制也在不断完善。北京、上海、深圳、杭州等地对金融科技的重视程度不断提升，相继出台相关扶持政策，对项目、企业和产业进行发展规划，提出打造全球金融科技中心的目标。

然而，金融科技创新的"双刃剑"效应明显。一方面，金融科技创新能够显著提升金融效率，提高金融体系的透明度和促进经济增长。另一方面，金融科技作为一种"破坏式创新"，又具有很强的风险特征，带来更多的不确定性，如流动性风险、信用风险等传统的金融风险依然存在；信息科技风险等操作风险更加突出；混业与跨界属性使得金融风险更加隐蔽，产生监管套利和监管空白；对金融机构和金融系统带来潜在风险等。在金融领域强监管、防风险的背景下，亟须通过体制机制创新，转换监管模式与优化监管路径，以更好地应对金融科技创新风险及其引发的监管挑战。

卜亚副教授等的《金融科技创新监管机制构建研究》一书正是在这种背景下推出的，具有较强的现实意义。该书立足于当前金融科技创新的新阶段，深入研究我国金融科技创新监管机制构建，以更好地平衡"金融创新"与"风险防范"的关系。

本书的结构安排别具匠心，作者首先基于适度监管、演化博弈、激励相容、金融生态等理论，构建一个相对完整的金融科技创新与监管的分析框架，然后从创新和监管两大视角系统研究金融科技创新生态体系的运行现状、金融科技创新对实体经济增长及商业银行效率的影响、金融科技创新监管的跨国经验、监管科技的基本原理及技术运用等核心内容，在此基础上，提出构建金融科技创新新生态的政策路径，以促进我国金融科技创新的高质量发展。

此外，该书具有以下两个特色。

第一，引入生态体系的内涵对金融科技创新进行研究。当前，全球金融科技市场竞争日趋激烈，其竞争不再是金融个体间的竞争，而逐渐转变为金融科技创新生态体系之间的竞争。在金融领域强监管、防风险的背景下，该书引入生态体系的内涵对金融科技创新进行研究，可以较为全面地考察整个金融科技创新的生态环境及主体构建，从而有助于构建一个更富活力与效率的金融科技创新新生态，更好地防范金融科技创新的潜在风险。

第二，强化监管科技与金融科技的协同创新。监管科技（RegTech）是一种"技术"为本位的全新监管范式，是在金融与科技更加紧密结合的背景下，以更高效的合规和更有效的监管为价值导向的解决方案。该书系统研究了金融科技创新监管的跨国经验、监管科技的基本原理及技术运用、英国监管科技的创新实践等，创新监管政策设计，统筹金融科技发展"安全—效率"的动态均衡，有利于促进金融科技创新与监管的激励相容。

我们正处于金融技术巨大跃迁的时代，金融科技的迅猛发展和风险隐患突出的制度背景必然要以高质量发展观为指导，卜亚副教授等的《金融科技创新监管机制构建研究》一书正是在高质量发展观的指导下，给了我们提供了一个可以参考的依据、可以借鉴的方法和可以创新的基础。

谨以为序。

2021 年 11 月于苏州大学

目 录

第一章　导论 ………………………………………………………… 1
　　第一节　选题背景和研究意义 …………………………………… 1
　　第二节　相关文献综述 …………………………………………… 3
　　第三节　研究思路、研究内容和方法 …………………………… 16
　　第四节　可能的创新和不足之处 ………………………………… 20

第二章　金融科技创新监管的理论基础 …………………………… 22
　　第一节　适度监管视角下金融科技创新监管理论 ……………… 22
　　第二节　演化博弈视角下金融科技创新监管理论 ……………… 29
　　第三节　激励相容视角下金融科技创新监管理论 ……………… 36
　　第四节　生态体系视角下金融科技创新监管理论 ……………… 41
　　第五节　本章小结 ………………………………………………… 50

第三章　我国金融科技创新生态体系的运行现状 ………………… 52
　　第一节　我国金融科技创新的生态环境 ………………………… 52
　　第二节　我国金融科技创新的生态主体 ………………………… 59
　　第三节　我国金融科技创新的生态主体失衡 …………………… 71
　　第四节　本章小结 ………………………………………………… 77

第四章　金融科技创新对实体经济增长的影响 …………………… 78
　　第一节　理论分析与研究假说 …………………………………… 78
　　第二节　模型构建与变量选择 …………………………………… 82
　　第三节　实证检验与结果分析 …………………………………… 84

第四节　研究结论与政策建议 …………………………………… 92
　　第五节　本章小结 ………………………………………………… 94

第五章　金融科技创新对商业银行效率的影响 ……………………… 95
　　第一节　理论分析与研究假说 …………………………………… 95
　　第二节　变量选取与模型设定 …………………………………… 99
　　第三节　实证检验与结果分析 …………………………………… 106
　　第四节　研究结论与政策建议 …………………………………… 112
　　第五节　本章小结 ………………………………………………… 114

第六章　金融科技创新监管的跨国经验比较 ………………………… 115
　　第一节　金融科技创新的潜在风险 ……………………………… 115
　　第二节　国外金融科技创新监管 ………………………………… 120
　　第三节　金融科技创新监管的跨国经验比较 …………………… 132
　　第四节　金融科技创新监管的经验启示 ………………………… 134
　　第五节　本章小结 ………………………………………………… 136

第七章　中美大科技金融比较及风险监管 …………………………… 138
　　第一节　大科技金融发展原因 …………………………………… 138
　　第二节　美国 GAFA 金融业务模式 ……………………………… 141
　　第三节　中国 BATJ 金融业务模式 ……………………………… 146
　　第四节　中美大科技金融业务比较 ……………………………… 152
　　第五节　大科技金融风险与监管 ………………………………… 154
　　第六节　本章小结 ………………………………………………… 159

第八章　监管科技的基本原理及技术运用 …………………………… 160
　　第一节　监管科技的基本内涵 …………………………………… 160
　　第二节　监管科技的基本原理 …………………………………… 162
　　第三节　监管科技的技术应用 …………………………………… 166
　　第四节　监管科技的风险及对策 ………………………………… 173
　　第五节　本章小结 ………………………………………………… 177

第九章　英国监管科技的创新实践 ······ 179
第一节　全球监管科技的发展现状 ······ 179
第二节　英国监管科技的创新发展 ······ 182
第三节　我国监管科技的现状及问题 ······ 190
第四节　英国监管科技的经验启示 ······ 193
第五节　本章小结 ······ 195

第十章　我国金融科技创新新生态构建 ······ 197
第一节　金融科技创新新生态的内涵 ······ 197
第二节　我国金融科技创新的生态环境建设 ······ 200
第三节　我国金融科技创新的生态主体构建 ······ 206
第四节　本章小结 ······ 214

参考文献 ······ 216
后记 ······ 229

第一章 导　　论

第一节　选题背景和研究意义

一、选题背景

进入21世纪以来，我国抓住了人工智能、大数据等新一代信息技术加速突破应用的新趋势，金融科技行业实现了举世瞩目的跨越式发展，已由初期的"小而被忽视"（too small to care）到目前的少数"大而不能倒"（too big to fall）的金融科技巨头阶段，成为全球领先国家，极大地提高了金融业务的效率和金融服务实体经济的能力。毕马威和金融科技投资公司H2 Ventures联合发布的研究报告《2019年全球金融科技100强榜单》显示，中国的金融科技公司在前十名中占据三位，蚂蚁金融居首位，京东金融、百度分列第三、第六位。但与此同时，我国监管科技的发展却明显滞后于英美等主要发达国家。世界四大会计师事务所之一德勤的研究报告《监管在路上》（the RegTech Universe）显示，截至2021年7月，在全球20多个国家和地区的439家监管科技公司中，英国的监管科技公司最多，达117家，美国有100家监管科技公司,[①] 但是没有一家中国的监管科技公司，显示了国内监管科技发展的严重不足。

中国传统监管框架下的监管模式与思维方式难以有效应对新兴技术驱

[①] https://www2.deloitte.com/lu/en/pages/technology/articles/regtech-companies-compliance.html.

动的金融创新的潜在风险，导致风险隐患突出。特别是一些大科技公司（以下也称 BigTech）利用其垄断优势广泛开展金融业务，更多地服务于长尾人群，一旦出现风险暴露，将引发严重的风险传染，形成系统性金融风险。但是，过于严格的监管将会阻碍创新。因此，平衡金融科技的创新与监管的关系尤其重要。

生态体系作为一个开放性、动态性、整体性的系统，其实质是一个生态环境与生态主体有机互动、相互作用的统一体。在金融领域强监管、防风险的背景下，亟须构建一个更富活力与效率的金融科技创新新生态，以解决金融科技发展过程中的系列问题。

二、选题意义

（一）学术价值

第一，本书从国内金融科技创新过度、监管不足的实际出发，基于适度监管、演化博弈、激励相容、金融生态等视角，构建一个相对完整的金融科技创新与监管的分析框架，有助于延展和拓宽金融科技创新高质量发展的理论研究。

第二，本书以统筹"安全—效率"的动态均衡为主线，系统研究金融科技创新生态体系、金融科技创新与实体经济增长、金融科技创新与商业银行效率、金融科技创新监管的跨国经验、监管科技的基本原理及技术运用等内容，科学诠释新时代金融科技创新和监管的协调发展逻辑。

第三，本书在清晰界定生态体系、金融生态、金融科技生态内涵的基础上，深入研究我国金融科技创新生态体系的生态环境与主体构建，分析其存在的问题，提出构建更富活力与效率的金融科技创新新生态的政策路径，丰富了适应高质量发展要求的包容审慎监管的理论体系。

（二）应用价值

第一，本书提出构建一个更富活力与效率的金融科技创新新生态的政策路径，有利于为我国相关监管部门实现对金融科技创新的有效监管、促进金融科技创新的高质量发展提供决策参考依据。

第二，本书提出构建一个更富活力与效率的金融科技创新新生态的政策路径，有利于为金融科技公司和金融机构等以金融消费者为核心，依托优势、找准定位、良性互动、共融发展提供应用策略指导。

第三，本书构建了一个相对完整的金融科技创新与监管的分析框架，有利于各级政府、相关企业及社会公众等了解我国当前金融科技迅猛发展所带来的机遇和挑战。

第二节 相关文献综述

为了更好地研究金融科技发展的创新与监管问题，本节重点梳理了国内外金融科技的内涵、发展、风险及监管方面的相关文献。

一、金融科技的内涵

"金融科技"（以下也称 FinTech）一词为英文"financial technology"合并后的缩写，可以简单理解成为"finance"（金融）加"technology"（科技）。这一词源于 20 世纪 90 年代的美国，2016 年以来开始受到国内的广泛关注。金融科技以金融稳定委员会的解释最为权威。金融稳定委员会（FSB，2016）指出，金融科技是指技术驱动的金融创新，它产生了新的模式、应用、产品，能对金融市场、金融机构或金融服务产生重大影响。国外研究方面，海恩（Hayen，2016）认为，技术是金融科技的核心，而金融是技术的服务对象，金融科技应更侧重于科技。普施曼（Puschmann，2017）指出，金融科技是一种覆盖金融领域的新型金融业态，实质上是一种金融创新，是能够改变金融服务行业中各种创新的商业模式和新兴技术。米利安等（Milian et al.，2019）指出，金融科技描述了与互联网相关的现代技术与金融服务行业的连接。撒克（Thakor，2020）则认为，金融科技的核心是使用新兴技术提供新的产品和金融服务。

国内研究方面，李扬和孙国峰（2017）指出，金融科技是在传统金融服务不足、普惠金融诉求迫切的情况下互联网金融快速发展的产物。皮天雷等（2018）认为，金融科技是以众多新兴科技为支撑的金融创新，通过增加支付手段、改进投融资机制及提升金融效率来推动金融与科技的有机融合。乔海曙和黄荐轩（2019）则认为，金融科技是信息技术应用于金融产品改善、金融服务提质、金融机构治理以及金融市场提效而形成的金融创新。金融稳定协会（FSI，2019）提出"金融科技树"（FinTech tree）的概念框架。同时，"金融科技"的相关内涵与"互联网金融"（internet finance）、"数字金融"（digital finance）、"大科技金融"（BigTech in finance）等词相联系。

（一）金融科技树

国际清算银行（BIS，2019）下属机构金融稳定协会对31个国家和地区的金融科技政策进行比较后提出"金融科技树"的概念框架。其中，树根是指支持金融科技行为发展和扶持技术的公共政策措施、举措，它们对金融稳定与健康至关重要，包含数据保护、网络安全等数字基础设施，以及一些促进金融系统创新的举措，如创新中心、监管沙盒和创新加速器等；树干是指在提供金融服务方面使创新成为可能的技术，如应用程序编程接口（API）、人工智能（AI）和机器学习（ML）、基于生物特征的识别和身份验证（生物特征）、云计算（CC）和分布式记账技术（DLT）等，这些技术正在推动金融领域的创新；树梢是金融科技应用，可以采取多种形式，涵盖金融业的不同部门。

（二）互联网金融

"互联网金融"一词是国内2012年才开始出现的一个本土化概念。谢平和邹传伟（2012）首次提出互联网金融的概念，认为它涵盖受互联网技术和互联网精神的影响，从传统银行、证券、保险、交易所等金融中介和市场到瓦尔拉斯一般均衡对应的无金融中介或市场情形之间的所有组织形式。杨涛（2013）认为互联网金融只是将线下传统金融模式披上互联网外衣。罗明雄等（2013）认为互联网金融是利用互联网技术和移动通信技术等一系列现代信息技术实现资金融通的一种新兴金融服务模式。中国人民银行（2015）则将互联网金融定义为，传统金融机构与互联网企业利用互联网技术和信息通信技术实现资金融通、支付、投资和信息中介服务的新型金融业务模式。

（三）数字金融

作为数字技术与传统金融相结合的新一代金融服务，德默茨等（Demertzis et al.，2018）认为，数字金融通过智能算法、云计算等赋能新商业模式，能显著降低金融服务成本，颠覆传统金融中介的运行模式。也有研究者认为，数字金融借助大数据、人工智能等新兴技术，在提高金融机构业务效率、拓宽资金供给来源等方面发挥有益补充（Lu，2018）。黄益平和黄卓（2018）认为，数字金融泛指传统金融机构与互联网公司利用数字技术实现融资、支付、投资和其他新型金融业务模式。封思贤和郭仁静（2019）指出，数字金融是指将移动互联、大数据、云计算等各类数字技术与传统金融服务深度融合的一种新型金融服务，其中数字是手段、金融是本质，主要特征是信息化、网络化和智能化。

（四）大科技金融

大科技金融是金融与科技深度融合的必然趋势，也是基于数字技术的新金融业态不断前行的重要推动力。近年来，大科技公司凭借其独特优势不断向金融领域渗透，形成特色鲜明的大科技金融业务模式和服务生态。巴塞尔委员会（BCBS，2017）指出，包括美国的 GAFA（谷歌、亚马逊、脸书和苹果四家公司简称"GAFA"）和中国的 BAT（百度、阿里和腾讯三家公司简称"BAT"）在内的七家公司都属于大科技公司的范畴。"大科技金融"一词由世界经济论坛（WEF，2017）最早提出，认为"金融科技"可被认为是金融科技影响面相对较小的创新型金融科技企业，而"大科技金融"是在已经很大的互联网生态孕育下成长起来的金融服务，它可能对整个金融生态有比较大的影响。"大科技金融"一词自 2018 年底开始受到国内的高度关注。尹振涛和冯心歌（2020）认为，大科技金融是指大科技公司利用其技术平台等优势开展的以线上服务为主的各类金融业务。

（五）相关联系及区别

"金融科技""互联网金融""数字金融""大科技金融"它们之间既有联系又有区别。巴曙松等（2019）及尹振涛和冯心歌（2020）认为，它们均体现金融与科技的深度融合。区别主要体现在四个方面。第一，

"金融科技"强调更多技术的推动和变革（FSB，2016；Arner et al.，2017），"互联网金融"则更突出"互联网+"背景下的模式和场景（谢平、邹传伟，2012）。第二，"互联网金融"更多地被看作互联网公司从事金融业务，并未从根本上变革金融业的生产方式，"金融科技"则给传统金融带来颠覆性的改变（Arner et al.，2016；易宪容，2017）。第三，广义角度下，金融科技的参与主体既包括各类科技公司，也包括各类传统金融机构，而狭义角度下，金融科技特指一种小型的、技术能力强的金融服务新进入者（胡滨、尹振涛，2020）。第四，相较于"金融科技"和"互联网金融"等词，"数字金融"更加中性，所涵盖的面也更广泛（黄益平、黄卓，2018）。随着金融与科技的深度融合，金融科技的内涵也在不断丰富和拓展。

二、金融科技的发展

近年来，全球金融科技创新发展迅猛，在服务实体经济和促进普惠金融等方面发挥重要作用，引起国内外众多学者的关注并进行深入研究。

（一）国外相关文献

国外学者主要关注金融科技的发展应用及对传统金融带来的影响。

对于金融科技的发展应用方面，古拉姆胡辛瓦拉等（Gulamhuseinwala et al.，2015）通过调查发现，金融科技快速发展主要来源于消费者的认可程度，金融科技和传统金融机构将逐步实现融合发展。阿纳等（Arner et al.，2017）认为，当前金融科技的应用场景主要在金融投资、风险管理、支付和基础设施建设、数据保护和货币化等方面。贡贝尔等（Gomber et al.，2018）指出，无法有效地与"金融技术革命"挂钩的领先公司的长期主导地位岌岌可危。米利安等（2019）指出，金融科技的发展可以分为"持续性金融科技创新"和"颠覆性金融科技创新"两类，二者是同时进行的。荣格尔和米茨纳（Jünger and Mietzner，2020）利用德国金融科技公司的数据分析家庭采用的金融科技服务，结果表明，家庭对新技术的信任度和舒适度、金融素养和总体透明度会影响其转向金融科技的倾向。也有研究者利用来自中国的家庭调查数据，对金融科技发展的增长和分布效应进行研究，研究发现，金融科技发展与家庭收入正相关，金融科技发展有助于缩小城乡收入差距（Zhang et al.，2020）。

金融科技对传统金融的影响方面，加提亚尼和勒米厄（Jagtiani and Lemieux，2018）根据来自 LendingClub 和美国银行的数据，研究金融科技在塑造金融和银行业格局方面的重要作用。吉姆佩尔和劳伊（Gimpel and Rau，2018）发现金融业正面临根本性转变，金融科技初创企业正在资产管理、贷款或保险等领域涌现。有研究者利用 2008~2017 年中国商业银行的数据探讨银行金融科技的发展，结果表明，国有银行金融科技发展速度快于其他银行（Cheng et al.，2020）。还有研究表明，当考虑金融科技发展的影响时，金融科技创新不仅提高银行的成本效率，而且提高银行使用的技术，这种双重效益在市场支持服务创新的情况下更为显著（Lee et al.，2021）。阿巴西等（Abbasi et al.，2021）利用广义矩量法和经合组织国家的中小企业库研究发现，金融科技与中小企业效率呈正相关，因此各国需要出台支持金融科技初创企业的政策，以提高中小企业的效率。

（二）国内相关文献

我国的金融科技起步相对较晚，但近几年发展迅猛。我国已成为全球领先国家。

对于金融科技的发展应用方面，刘志坚（2017）指出，全球金融科技在商业模式上的创新主要集中在电子支付、互联网银行、P2P、众筹、征信等领域。李文红和蒋则沈（2017）认为，金融科技可分为支付结算、存贷款与资本筹集、投资管理、市场设施四类，其中，分布式账户被认为是最具发展潜力的技术。香港交易所（2018）的研究报告指出，金融科技最为关注的领域主要是人工智能和区块链，以及这些新技术在证券业务中的具体运用。道口金科（2018）以金融科技数据库所涵盖的 15000 余家金融科技企业作为分析对象，研究发现，中国 P2P、互联网资产管理、金融信息服务等行业发展较快，而互联网银行、互联网券商、数字货币、信用评估与征信等行业发展较慢。乔海曙和黄荐轩（2019）通过构建金融科技发展动力指数对 10 个国家进行比较，发现中国金融科技发展综合动力水平领先金砖五国，但与发达国家还存在一定差距。

金融科技对传统金融的影响方面，赵鹞（2016）强调，金融科技可以充分发挥金融现有的功能,并深刻变革金融服务的提供和获取方式。李扬和孙国峰(2017)将金融科技阐释为互联网金融的高级阶段,是传统金融服务不足的情况下互联网金融快速发展的产物。邱晗等(2018)基于银行年报数据和数字金融普惠指数的研究发现,金融科技的发展实质上推动一种变相的利率市场化,改变银行的负债端结构,使得银行负债端越来越依赖于同业拆借等批发性资金。杨望和徐慧琳(2020)利用 DEA-Malmquist模型测算我国商业银行的全要素生产率,研究发现,金融科技通过金融创新、技术溢出和市场竞争驱动商业银行战略转型,显著提升了商业银行的效率。郭丽虹和朱柯达(2021)分析了金融科技对银行风险及业绩的影响,研究发现,金融科技提升银行发放普惠贷款的意愿,银行运用金融科技手段降低普惠贷款带来的风险。

（三）大科技金融的发展

大科技公司是金融科技的重要组成部分。近年来,大科技公司利用其独特的优势广泛开展金融业务,受到国内外的高度关注。全球市值排名前十的大科技公司共提供约50种金融服务,涉及支付、信贷等多个金融领域,对提高金融体系效率发挥着积极作用。

国外研究方面,加提亚尼和勒米厄(2018)指出,大科技公司更加全面地覆盖传统金融机构触及不到的人群。弗罗斯特等(Frost et al.,2019)指出,大科技公司以支付业务为起点,直接或间接地与传统金融机构合作,开展信用、保险、投资等业务。根据国际清算银行(2019)统计,虽然大科技金融发展迅速,业务规模不断壮大,但金融板块只是大科技公司核心数字经济业务中的小部分。国际清算银行同时指出,数据分析(data analytics)、网络外部性(network externalities)、场景互通(interwoven activities)(合称"DNA")是构成大科技公司商业模式的关键的特征,金融服务既受益于 DNA 反馈循环,也为其提供动力。金融稳定委员会(2020)强调,与发达经济体相比,在新兴市场和发展中经济体中提供金融科技服务的大型科技公司拓展业务更为迅速和广泛。

国内研究方面,徐忠(2018)认为,金融科技在全球范围内已是一个普遍发展趋势,金融科技的影响已经从支付、身份管理、征信、信息安全等金融设施领域深入到风险管理、资源配置等核心业务环节。汪静

(2019)认为,大科技公司专注于为庞大的客户网络提供基本金融服务,并为第三方提供商提供分销渠道(如提供财富管理或保险产品),与银行既存在竞争,也存在合作。宋玉颖和刘志洋(2020)研究了大科技公司进入金融市场的主要原因,即数据可获得性较强、技术优势较为突出、在竞争中处于相对有利的位置等。李广子(2020)指出,大科技金融发展是金融与科技的相互结合,是底层技术在金融领域内的应用,并以提高金融服务效率为最终目标。尹振涛和冯心歌(2020)认为,具有数字技术优势的大科技公司,在多种因素的影响下,不断向金融领域大规模进军,进而打造出独特的商业模式和运营模式。

三、金融科技的风险

金融科技具有明显的"双刃剑"效应。一方面,金融科技创新能够显著提升金融服务效率和促进实体经济增长。另一方面,金融科技本质上仍是金融,传统金融的风险依然存在,而且信息科技等风险更加突出。

（一）国外相关文献

金融科技作为一种"破坏式创新",具有很强的风险性,带来更多的不确定性。道格拉斯等(Douglas et al.,2016)的研究发现,金融科技很大程度上改变传统借贷渠道,很容易引发非法集资和洗钱问题。泽茨基等(Zetzsche et al.,2017)认为,金融科技加大金融系统性风险,同时还存在数据垄断、非法避税、个人隐私保护等问题。金融稳定委员会(2017)指出,金融科技的微观风险包括信用风险、流动性风险、期限错配风险等,宏观风险包括传染性、顺周期性、系统重要性等。李和茜恩(Lee and Shin,2018)认为,金融科技是一种以信息技术驱动金融创新的新范式,它是一种能够颠覆传统金融市场的破坏式创新。李等(Li et al.,2020)的研究发现,金融科技公司对金融机构的风险溢出与金融机构系统性风险的增加呈正相关。程等(2020)利用2008~2017年中国商业银行的数据研究发现,银行金融科技显著降低商业银行的信贷风险。约翰逊等(Johnson et al.,2021)认为,随着金融科技企业提供的金融服务的日益复杂,以及用户金融知识的匮乏,对金融科技消费者的保护刻不容缓。

（二）国内相关文献

随着金融科技在国内的发展迅猛，国内学者也广泛开展对其风险的研究。朱太辉和陈璐（2016）认为，传统金融风险在金融科技业务中变得更加隐蔽，信息科技风险和操作风险更加突出，潜在的系统性、周期性风险不可忽视。邱晗等（2018）利用国内263家银行的年报数据和北京大学的地市级数字金融普惠指数，发现金融科技的发展一定程度上加重了传统银行业的系统性风险。李敏（2019）研究了金融科技引发国内系统性金融风险的潜在路径以及现有监管体系在系统性风险防范方面存在的局限。靳文辉（2019）认为，金融消费者权利的非理性行使、金融科技自由经营权的过度扩张、国家金融管理权运行中的失灵等因素使金融科技风险不断加剧。金洪飞等（2020）考察了金融科技对商业银行风险的异质性影响，研究发现，金融科技的运用显著降低了商业银行的风险水平，但对中小银行的影响相对较弱。冯素玲等（2021）基于沪深两市A股上市公司数据探讨金融科技对企业财务风险的影响，研究发现，金融科技发展对降低企业财务风险存在驱动效应，且二者的关系是非线性的。

（三）大科技金融的风险

近年来，大科技公司凭借其独特优势开始进入金融业务，在带来积极效应的同时，市场垄断、监管套利、数据侵权等潜在风险也不断凸显。

国外研究方面，泽茨基等（2017）强调，大科技金融加大了系统性风险，同时还存在数据垄断、非法避税、个人隐私保护等问题。斯塔尔兹（Stulz，2019）认为，大科技金融易形成网络效应和赢家通吃，造成市场垄断和不公平竞争，影响金融科技的多样化发展和减少消费者福利。金融稳定委员会（2019）指出，大科技公司这种新型金融服务模式给现有市场环境带来一定冲击，提升了市场风险度，但同时强有力的监管能够在支持金融服务创新和降低风险方面发挥积极作用。科尔内利和弗罗斯特（Cornelli and Frost，2020）认为，部分大科技公司"大而不倒"，一旦出现风险暴露，容易出现群体非理性行为，长尾风险可能迅速扩散，形成系统性金融风险。国际清算银行（2020）指出，大科技公司利用市场力量和网络外部性来增加用户转换成本或排除潜在竞争对手，造成事实上的垄断行为，如"产品捆绑""交叉补贴""数字垄断"等。

国内研究方面，朱隽和徐忠（2018）认为，大科技公司广泛运用云计算、大数据等信息技术，经营模式和算法趋同，以及与更广泛的金融体系相互作用，增强金融风险的传染性。曾晓立和蔡文德（2019）强调，大科技公司涉足金融领域有助于提升普惠金融水平，但长期游离于金融监管、"大而不能倒"等风险逐步显现。张非鱼（2020）认为，大科技金融易导致金融价值观扭曲，在未对客户进行充分评估情况下，诱导过度负债消费，积聚经济金融风险。闫晗和边鹏（2020）指出，大科技公司的进入为传统大型银行带来挑战，如挤压大型银行的利润空间、破坏大型银行已建立的市场平衡等。周矍铄（2020）认为，大科技金融并未从根本上改变金融的本质特征，信用风险、流动性风险等传统风险依然存在。尹振涛和冯心歌（2020）指出，大科技金融的风险主要有网络技术的风险威胁、数字时代的隐私挑战、市场垄断的若隐若现、监管边界的模糊等。

四、金融科技的监管

随着金融科技的迅猛发展以及潜在风险的日益凸显，国际监管机构对金融科技可能引发的新风险予以高度关注，美国、英国、澳大利亚和新加坡等金融科技领先国家也先后出台一系列政策框架和监管创新工具，国内外众多学者也高度关注金融科技风险的监管问题。

（一）"监管适度说"的应用

作为一种"破坏式创新"，金融科技对金融监管提出极大挑战。在金融科技监管过程中，协调与平衡好创新与监管的关系尤其重要。

关于金融创新与金融监管关系的研究有三类观点：一是"监管促进说"（Silber，1983；Kane，1984），认为金融监管能够促进金融创新的发展；二是"监管抑制说"（Herring，2004；Hoenig，2008），认为由于监管总是跟不上创新的步伐，实际上抑制创新的发展；三是"监管适度说"（Carter，1989；Stiglitz，2008），认为过于严格或宽松的监管都不利于金融创新的发展，而适度的监管有利于金融创新的发展，这也是目前比较一致的观点。作为平衡金融科技创新与风险的积极探索，英国金融行为监管局（FCA，2015）于全球范围内首创监管沙盒制度，并已被澳大利亚、新加坡等国家（地区）监管机构效仿。英格尔（Ingle，2018）认为，监管沙盒能兼顾金融创新和金融监管，能够在一定程度上解决企业和监管部门的不平衡问题。

国内研究方面，陆岷峰和葛和平（2017）从金融和科技的本质出发，提出对金融科技实施渐进适度的监管原则，在防范风险和鼓励创新中寻找平衡。王雯等（2018）提出借鉴国外经验，探索我国金融科技创新与风险监管协同发展的监管路径。廖凡（2019）强调，对金融科技的监管应当遵循包容审慎原则，包容审慎监管意在兼顾金融、科技、创新这三个关键词，在创新与规范、效率与安全、操作弹性与制度刚性之间寻求恰当平衡。中国人民银行（也称"央行"）科技司李伟司长（2019）指出，金融科技创新监管的重点就是探索打造包容审慎的新型监管工具，在风险可控的前提下推动金融科技创新，给真正有价值的创新预留充分空间。侯东德和田少帅（2020）认为，包容审慎监管秉持包容与审慎两大监管理念，与金融科技的创新性与风险性相契合，成为金融科技监管的新思路。

（二）监管科技的发展

监管科技是监管与科技的深度融合，为更好地应对金融科技的潜在风险，需要以科技的手段应对科技的风险，监管科技的必要性随之提升。

国外研究方面，英国金融行为监管局（FCA，2015）将监管科技解释为"运用新技术，促进达成监管要求"。阿纳等（2016）认为，监管科技不是静态的、滞后的应对型监管，而是与金融科技同步演进、保持高度的可预见力和前瞻性，是诱发金融科技和金融监管发生变革的关键变量。进一步地，阿纳等（2017）指出，监管科技使一种接近实时和相称的监管制度成为可能，这种制度能够识别和处理风险，同时促进更有效的合规监管。国际清算银行（2018）指出，监管科技是监管部门使用新技术来为监管提供支持的过程。巴克利等（Buckley et al.，2020）分析了欧洲监管的四大支柱：广泛的报告要求、严格的数据保护、开放银行的便利、数字身份的认证，它们共同支撑欧洲监管科技生态的发展。

国内研究方面，李敏（2018）认为，借助监管科技，构建与金融科技发展阶段和风险程度相匹配的递进性监管包容制度，是有效平衡创新与风险的有效监管路径。杨东（2018）认为，面对金融科技的创新，如果监管机构不采用监管科技，将面临更严重的信息不对称问题和监管套利、更复杂的系统性风险。卜亚和李晖（2019）指出，我国金融科技监管始终跟不上创新发展的步伐，提出运用监管科技降低监管成本。张红伟和陈小辉（2019）认为，基于区块链的伞形监管沙盒通过拓展监管资源可促进金融科技创新。刘春航（2020）认为，传统监管方式采集和分析数据的能力有限，为从根本上提高风险监测和处置的前瞻性和有效性，监管部门应积极探索监管科技工具的开发应用。

（三）监管沙盒的应用

英国金融行为监管局于全球范围内首创监管沙盒制度，并于2016年3月开始正式实施，现已被全球主要监管机构效仿。目前，全球已推行监管沙盒的国家和地区有25个，[①] 计划推行监管沙盒的国家有18个。

国外研究方面，泽茨基等（2017）提出，通过采取监管沙盒等创新型监管模式可以寻找发展与监管之间的动态平衡。谷和赫尔（Goo and Heo，2020）对选择采用监管沙盒的9个领先国家或地区进行比较分析和回归分析，研究发现，通过消除监管不确定性，采用监管沙盒对金融科技风险投资的增长有非常积极的影响。阿拉萨尔等（Alaassar et al.，2021）认为，监管沙盒使得符合条件的申请人能够在一段时间内测试其技术支持的金融解决方案（受监管机构施加的条件限制），其重要意义在于这些工具允许创新，同时防止由系统风险造成的金融市场的严重不稳定。

国内研究方面，张景智（2018）在对各国家和地区监管沙盒制度比较研究的基础上指出，为了实现在有效防控风险前提下鼓励金融科技创新，应建立我国的监管沙盒制度。黄震和张夏明（2018）在分析国际监管实践的基础上，提出采用"中央—地方"双授权的模式，以正规金融机构和准金融机构为测试对象，在改革试点的基础上对监管沙盒进行改造升级。邓建鹏和李雪宁（2019）提出，我国的监管沙盒应该明确监管主体，优化监管政策，加强消费者权益保护，把握监管宽严程度，鼓励公司间合作共

[①] 包括英国、新加坡、澳大利亚、丹麦、荷兰、瑞士、加拿大、挪威、中国香港、中国台湾、日本、美国、韩国、马来西亚、泰国、印度尼西亚、斯里兰卡等。

赢，避免监管沙盒的局限性等。沈艳和龚强（2021）的研究发现，采用传统金融监管框架可能会抑制创新，而金融科技监管沙盒是帮助平衡金融科技创新与风险的有效手段。

（四）大科技金融的监管

随着大科技金融的迅猛发展以及潜在风险的日益凸显，如何更好地完善对大科技金融的监管受到国内外的广泛关注。

国外研究方面，欧盟（EU，2018）指出，欧盟地区监管机构应该打击大型垂直一体化平台的垄断行为，维持市场创新环境，为消费者提供更多选择。马诺加兰和瓦拉撒拉扬（Manogaran and Varatharajan，2018）认为，大科技公司凭借技术优势和数据获取能力容易迅速形成市场垄断地位，金融监管机构应加强反垄断的监管，鼓励竞争，维护公平的市场环境。卡斯滕斯（Carstens，2019）指出，实行以功能而非机构为对象的监管，减少监管套利和监管真空，保证市场竞争环境公平。哈卡宁（Hakkarainen，2019）认为，监管者应该与其他部门加强合作，充分交流相关数据，以便了解大科技公司的运行情况。金融稳定委员会（2019）指出，目前规范大科技金融的监管法规尚未成型，如何对大科技公司进行监管是当前金融稳定工作的一大挑战，大型科技企业的运营活动应该适用"相同风险、相同法规"的监管原则。

国内研究方面，范文仲和王宇（2018）提出，大科技公司监管的平衡点存在于数据开放与反垄断之间。周小川（2019）强调，只有对新兴技术具有高度的前瞻性，同时宽容技术发展中极大的不确定性，才能制定出适用的大科技金融的监管政策。汪静（2019）提出，对大科技公司的金融行为采取与金融机构同样的管理要求，同时要加强各职能管理部门间的沟通合作。彭恒文等（2020）在借鉴监管大科技公司国际经验的基础上，提出通过完善法律法规体系、发挥自律组织作用，切实保障大科技公司的公平竞争。胡萍（2020）提出大科技金融面临的四大监管挑战，即数据治理难题、监管科技的应用、监管标准的差异性、跨界合作与监管协调。胡滨（2021）指出，大科技金融监管应着眼于大科技金融平台风险的特殊性，合理把握对大科技金融平台监管的度和边界，加速推进中国版"监管沙盒"的设计与修正。

五、现有文献的简要述评

综上所述，国内外学者在金融科技"内涵、发展、风险及监管"等方面进行了大量研究，取得了一系列的研究成果，为本书奠定了很好的研究基础，但仍存在进一步拓展研究的空间。

第一，金融科技创新与监管的作用机制有待深化。已有文献对金融科技创新与监管关系的研究不够系统深入，需要进一步从适度监管、演化博弈、激励相容、金融生态等视角加强创新与监管二者之间关系的研究。

第二，金融科技创新对经济金融的影响需要进一步的理论实证支撑。金融科技创新对金融业务效率和服务实体经济能力的促进效果如何，需要利用国内相关经济金融数据加强进一步的理论实证研究。

第三，金融科技创新与监管的跨国经验借鉴不足。近年来，大科技金融模式受到高度关注，但已有文献对其研究较少，需要以美国 GAFA[①] 和中国 BATJ[②] 等大科技公司为研究对象，深入剖析其业务模式与风险监管。

第四，监管科技的基本理论与路径选择研究不够深入。已有文献对监管科技的基本理论与路径选择较少，需要加强监管科技的开发和应用，强化监管科技与金融科技的协同创新，以更好地应对金融科技创新的潜在风险。

第五，金融科技创新监管机制还需系统构建。已有文献对金融科技创新监管机制构建不够全面，需要从生态体系视角探讨如何构建一个更富活力与效率的金融科技创新新生态，以更好防范我国金融科技创新的潜在风险。

因此，本书立足于当前国内金融科技创新所处的新阶段、新水平，基于适度监管、演化博弈、激励相容、金融生态等理论视角，以统筹"安全－效率"的动态均衡为核心主线，在系统研究金融科技创新生态体系的运行现状、金融科技创新对实体经济增长及商业银行效率的影响、金融科技创新监管的跨国经验、监管科技的基本原理及技术运用等核心内容的基础上，提出构建金融科技创新新生态的政策路径，以更好地应对金融科技创新的潜在风险，促进金融科技的高质量发展。

---

① 美国的谷歌、亚马逊、脸书、苹果四家公司的合称。
② 我国的百度、阿里巴巴、腾讯、京东四家公司的合称。

第三节 研究思路、研究内容和方法

一、研究思路

近年来，我国金融科技发展迅猛，已成为全球领先国家。与此同时，我国监管科技的发展却明显滞后，中国传统监管框架下的监管模式与思维方式难以有效应对新兴技术驱动的金融创新的潜在风险，导致风险隐患突出。为了促进金融科技创新的高质量发展，加强对金融科技创新的有效监管、平衡好创新与监管的关系至关重要。

本书综合运用产业经济学、生态经济学和制度经济学等学科领域的理论与方法，根据金融科技"创新→风险→监管"的一体化逻辑，基于适度监管、演化博弈、激励相容、金融生态等理论视角，深入研究构建我国金融科技创新新生态的政策路径。首先，本书系统分析了金融科技创新监管的理论基础；其次，重点研究金融科技创新生态体系的运行现状、金融科技创新对实体经济增长及商业银行效率的影响、金融科技创新监管的跨国经验、监管科技的基本原理及技术运用等核心内容；最后，基于以上分析，提出构建我国金融科技创新新生态的政策路径。

二、研究内容

本书共由以下四部分组成：第一部分（第一章）是导论；第二部分是理论研究（第二章）；第三部分是实证研究，这一部分是本书的重点，包括第三章至第九章；第四部分是对策研究（第十章）。

第一章：导论。本章主要说明本书的选题背景和意义；相关文献综述；研究思路、内容及方法；主要创新和不足之处。

第二章：金融科技创新监管的理论基础。本章主要研究适度监管视角下金融科技创新监管理论、演化博弈视角下金融科技创新监管理论、激励相容视角下金融科技创新监管理论、生态体系视角下金融科技创新监管理论，从而为后文的分析奠定坚实的理论基础。

第三章：我国金融科技创新生态体系的运行现状。引入生态体系的内涵对金融科技创新进行研究，可以较为全面地考察整个金融科技创新的生态环境及主体构建，从而有助于构建一个更富活力与效率的金融科技创新生态体系。本章主要分析我国金融科技创新生态环境和生态主体的运行现状，并指出其存在的主要问题及失衡状况。

第四章：金融科技创新对实体经济增长的影响。本章基于新古典经济增长模型，分析金融科技发展水平和实体经济增长之间的内在联系，并结合我国31个省份（不包括港澳台地区）的面板数据，采用固定效应模型和门限回归模型进行实证检验。研究表明，金融科技进步对实体经济增长具有显著促进作用，这种影响表现为"U"型关系以及双重门限效应。同时，这种非线性特征存在显著的区域性差异。

第五章：金融科技创新对商业银行效率的影响。近年来，随着数字经济的发展，商业银行面临金融科技带来的巨大冲击。本章基于技术溢出理论模型分析金融科技影响商业银行效率的理论机理，借助无导向型DEA-Malmquist指数模型测算全要素生产率，并利用上市银行数据进行面板SYS-GMM模型实证分析，结果表明，金融科技创新的技术溢出具有存在性和异质性。

第六章：金融科技创新监管的跨国经验比较。随着金融科技在全球范围内的迅猛发展，其潜在风险也日益凸显，主要金融科技发达国家也都积极完善金融科技监管，以寻求金融科技的健康发展态势。本章首先分析金融科技创新面临的潜在风险；其次重点研究美国、英国、澳大利亚、新加坡等国金融科技创新监管的跨国经验；在此基础上，提出完善金融科技创新监管的经验启示。

第七章：中美大科技金融比较及风险监管。近年来，拥有成熟技术平台的大科技公司不断向金融领域渗透，形成具有鲜明特色的大科技金融业务模式和服务生态。本章首先重点分析美国GAFA和中国BATJ金融业务模式及二者的发展比较；其次分析大科技金融发展面临的潜在风险；在此基础上，提出完善大科技金融监管的对策建议。

第八章：监管科技的基本原理及技术运用。在金融领域强监管、防风险的背景下，监管科技重要性日益提升。本章首先基于监管科技的参与方及运作情况分析监管科技的基本原理；其次从云计算、大数据、区块链、人工智能、API等方面分析监管科技在全球的技术应用情况；最后基于监管科技的潜在风险，提出监管科技发展的对策建议。

第九章：英国监管科技的创新实践。英国是全球监管科技最为发达的国家，其监管沙盒等重要措施在国际上具有重要影响与借鉴意义。本章首先分析全球监管科技的发展现状；其次从监管沙盒、科技冲刺活动、创新中心、创新加速器等方面，重点分析英国监管科技的创新实践；最后基于我国监管科技的现状和问题，提出英国监管科技的经验启示。

第十章：我国金融科技创新新生态构建。在金融领域强监管、防风险的背景下，一个更富活力与效率的金融科技创新新生态成为关注的焦点。本章首先分析金融科技创新生态体系的内涵及构成要素；其次从外部环境和内部环境两方面分析我国金融科技创新的生态环境建设；最后重点研究我国金融科技创新的生态主体及其构建，以解决生态主体间的发展失衡问题。

三、研究方法

（一）比较研究法和历史研究法

由于我国金融科技创新监管的环境与欧美等国家相比存在较大差异，影响因素错综复杂，因此本书在第一章导论中主要运用比较研究法和历史研究法，对国内外金融科技的内涵、金融科技的发展、金融科技的风险、金融科技的监管等进行文献综述，在此基础上，提出本书的研究思路。

（二）规范分析法和实证分析

规范分析法主要回答"应该怎么样"的问题。本书第二章主要运用信息经济学、生态经济学等原理，分析演化博弈、生态体系等视角下金融科技创新监管理论。实证分析法侧重回答"是什么"的问题。本书第四章主要运用固定效应模型和门限回归模型，实证检验金融科技创新对实体经济增长的非线性关系；第五章借助无导向型DEA-Malmquist指数模型测算全要素生产率，并进行面板SYS-GMM模型分析，实证检验金融科技创新对商业银行效率的影响。

第一章 导　论

（三）归纳分析法和演绎分析法

归纳分析法是指从事物发展的过程中寻找其服从的基本规律，本书第三章至第九章主要归纳我国金融科技创新与监管的基本特征和发展态势。演绎分析法是指以反映客观规律的理论认识为依据，推知事物的未知部分的思维方法。本书第十章在前文金融科技创新监管理论及实证的基础上，采用演绎分析法，从生态环境和生态主体两方面，提出构建金融科技创新新生态的政策路径，以更好地防范金融科技创新的潜在风险。

以上研究思路、研究内容和方法可以用图1-1技术路线来表示。

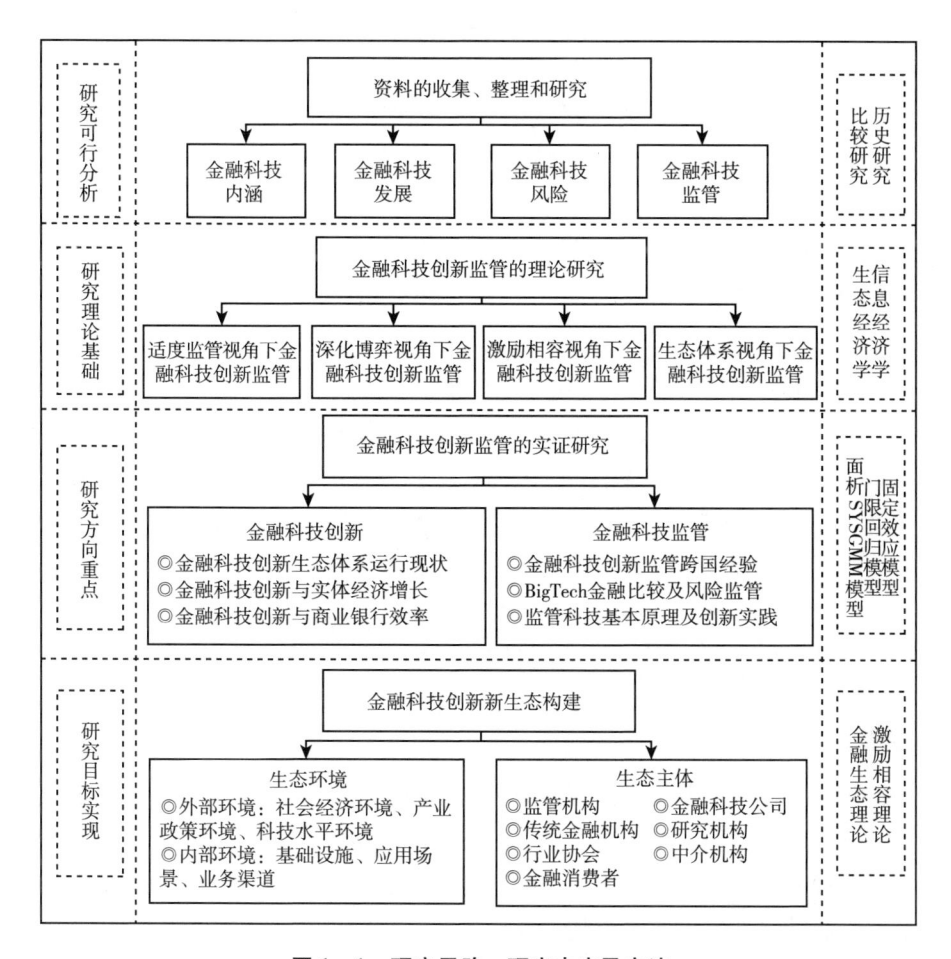

图1-1　研究思路、研究内容及方法

第四节 可能的创新和不足之处

一、可能的创新

我国金融科技创新过度和监管不足的现实情况导致其潜在风险和监管挑战不容忽视。为了促进金融科技创新的高质量发展，加强对金融科技创新的有效监管、平衡好创新与监管的关系至关重要。首先，本书分析了金融科技创新监管的理论基础；其次，重点研究金融科技创新生态体系的运行现状、金融科技创新对实体经济增长及商业银行效率的影响、金融科技创新监管的跨国经验、监管科技的基本原理及技术运用等核心内容；最后，提出构建我国金融科技创新新生态的政策路径。在前人研究的基础上，本书可能的创新包括五个方面。

第一，基于适度监管、演化博弈、激励相容、生态体系等视角，构建一个相对完整的金融科技创新与监管的理论分析框架，厘清金融科技创新与监管的内在机制与基本特征，为全书从生态环境和生态主体两方面构建金融科技创新新生态奠定坚实的理论基础。

第二，基于内生经济增长理论，构建技术溢出、吸引能力与TFP理论模型，系统分析金融科技创新影响商业银行效率的理论机理；并借助无导向型DEA-Malmquist指数模型测算全要素生产率，进行面板SYS-GMM模型分析，实证检验金融科技创新与商业银行效率之间的关系。

第三，近年来，大科技金融风险突出，监管问题备受关注。本书更为关注大科技公司（BigTech）和大科技金融（BigTech in finance）的业务模式和服务生态，深入分析大科技金融面临的潜在风险，在此基础上，提出完善大科技金融监管的对策建议。

第四，在厘清监管科技基本原理的基础上，基于丰富翔实的数据资料深入分析监管科技在全球主要国家的技术应用情况、美国、英国、澳大利亚、新加坡等金融科技先进国家的监管经验及趋势性特征，加强监管科技的开发和应用，突出监管科技与金融科技的协同创新。

第五，引入生态体系的内涵对金融科技创新进行研究，较为全面地考察了整个金融科技创新体系的生态环境及主体构建,从而有助于构建一个更富活力与效率的金融科技创新新生态,更好地防范金融科技创新的潜在风险,丰富了适应高质量发展要求的包容审慎监管的理论体系。

二、不足之处

本书所做的研究仅是阶段性的研究成果,由于学识所限,仍存在许多不足之处。

第一,金融科技创新生态体系是一个生态环境与生态主体有机互动、相互作用的统一体,在金融科技创新生态环境及生态主体构建中,由于时间限制、数据资料获取难度等约束,考虑的因素略显不足。

第二,金融科技创新能够显著提升金融服务效率,提高金融体系的透明度和促进经济增长。本书仅研究金融科技创新对实体经济增长及商业银行效率的促进作用,需要在更广泛的范围内研究金融科技创新的积极意义。

第三,监管科技是一种以"技术"为本位的全新的监管范式。需要通过对国内外大量实践案例的深度剖析,进一步探索监管科技在全息画像、风险预警、风险监测、绩效评价等方向的开发和应用,发掘监管科技潜能,提高监管科技应用于金融科技创新监管的效率。

第二章 金融科技创新监管的理论基础

本章主要从适度监管、演化博弈、激励相容、生态体系等视角构建一个相对完整的金融科技创新与监管的分析框架,从而为全书金融科技创新监管机制构建奠定坚实的理论基础。

第一节 适度监管视角下金融科技创新监管理论

金融科技创新的发展有助于提高金融业务的效率和金融服务实体经济的能力,但同时也带来挑战,金融科技创新重构金融监管与金融业务之间的逻辑,众多新兴业态游离于传统的金融监管体系之外,导致风险隐患突出。过于严格的监管将会阻碍创新,而适当监管有助于平衡金融科技创新与监管的关系,促进金融科技创新的高质量发展。

一、金融科技监管的成本

金融科技监管在带来收益的同时,也具有一定的成本,所谓适度监管,就是使金融科技创新监管的预期收益最大化的监管区域。

(一)金融科技监管的直接成本

金融科技监管的直接成本是指金融科技创新监管的运行成本,包括金融科技监管体系中相关主体为实施和遵守各种制度、法规、政策而耗费的经济资源。金融科技监管的直接成本主要包括执法成本和守法成本两类。

1. 金融科技监管的执法成本

此类成本主要是指金融科技监管机构为制定和实施各种监管制度安排、维持监管体系运行而付出的成本，如金融科技监管部门为掌握监管科技开发与应用所付出的成本等。此外，还有最为重要的信息成本。通常，监管者的行动遵循下述轨迹展开：信息收集→分析决策→制度出台→保证实施→信息反馈。然而，政府只掌握有限信息，这意味着监管机构收集、分析、反馈相关市场信息内含高昂的成本。此外，为了提高金融科技监管的有效性，金融科技监管的人力资源配备及培养也是一项重要的成本支出。

2. 金融科技监管的守法成本

此类成本包括金融科技相关主体为遵守监管制度而额外承担的成本。2015年以来，中国金融科技大致经历"不监管→试验性监管→结构性监管→建立新的监管体系"四个阶段。金融科技公司为履行强制性信息披露义务需支付会计审计、内部管理等费用，守法成本可能非常高。普华永道《2020年中国金融科技调研报告》显示，在监管要求不断加强的环境下，金融科技公司发展业务的主要挑战之一来自金融监管的不确定性。

（二）金融科技监管的间接成本

金融科技监管的间接成本是指因为监管行为干扰市场机制对资源的自动配置作用，限制充分竞争，抑制金融创新，影响市场激励机制而导致有关经济行为主体改变其行为方式所造成的间接效率损失，从而带来整个社会的福利水平下降。间接成本主要包括以下三种。

1. 引起道德风险

道德风险是在信息不对称条件下，不确定或不完全合同使得负有责任的行为主体不承担其行动的全部后果，在最大化自身效用的同时，做出不利于他人行动的现象。金融科技行业基础设施的改善（比如征信体系的建立和完善）有助于缓解信息不对称的程度，但金融科技监管本身并不能完全消除道德风险，甚至由于新兴科技的广泛运用产生更为严重的信息不对称风险，如监管机构对新兴监管科技的应用程度以及监管者自身的道德风险等。

2. 削弱市场竞争

对金融科技公司进行监管的目的就是规范金融科技公司的经营创新行

为,从而最大限度地维护金融科技市场的平稳发展和保护金融消费者利益不受侵害,但这有可能人为地抑制金融科技公司之间的竞争。尽管监管措施的本意是防止金融科技领域内出现恶意竞争,维护正常和公平的业务环境并保护消费者利益,但是,现实中较难把握好监管的尺度,无法排除可能会有一些合理的、有助于增进金融体系效率的竞争行为也会受到遏制。

3. 妨碍金融创新

过于严格的监管则可能抑制金融科技公司的创新空间,妨碍金融科技创新。随着金融科技创新的迅猛发展,传统的监管制度或规则可能会滞后或者有阻碍作用,这就需要顺应形势的最新发展而改变相关的监管规则。如果监管部门继续坚持原有监管措施或执行更加严格的监管政策,则将严重妨碍金融科技创新活动的进行。因此,在金融科技创新与监管的博弈循环中,如果金融科技监管始终具有被动性和滞后性,就会阻碍金融科技创新的发展。

(三)金融科技监管成本的模型化分析

金融科技监管的成本难以进行直接测算,可以通过监管强度来间接分析金融科技监管的成本,即把监管成本看作监管强度的函数。监管部门颁布的监管制度越严格,监管的强度就越高。假定监管的成本函数具有一般成本函数的特征,即监管成本对监管强度的一阶导数和二阶导数均为正。以 x 表示监管强度,$c(x)$ 表示监管成本。则 $c(x)$ 具有如下特征:

$$dc(x)/dx > 0 \qquad (2-1)$$
$$d^2c(x)/dx^2 > 0 \qquad (2-2)$$

监管成本函数的这种性质可以用图 2-1 来表示。

图 2-1 中横轴为金融科技的监管强度 x,代表监管规则的数量和严厉程度,纵轴为金融科技监管的成本,代表实施既定监管强度下金融科技监管成本的变化情况。当监管强度较低时,带来的监管成本也比较小;随着监管强度 x 的增加,监管的成本也会逐步增加,而且边际成本逐渐递增。

二、金融科技创新的收益

熊彼特认为,"创新是生产函数的变动"和"创新是生产要素的新组

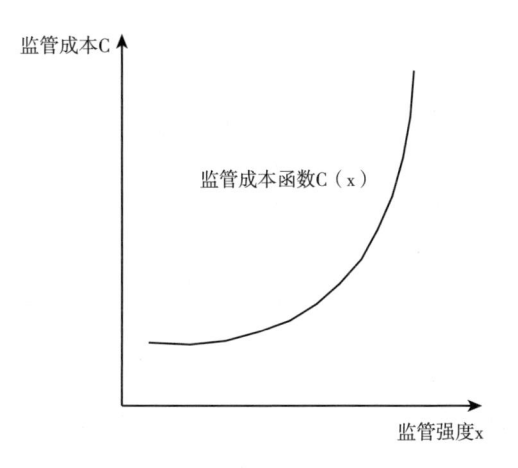

图 2-1　金融科技监管的成本曲线

合"。金融科技是指技术驱动的金融创新，它产生了新的模式、应用、产品，能对金融市场、金融机构或金融服务产生重大影响（FSB，2016）。金融科技创新的收益主要体现在五个方面。

（一）助力小微信贷业务，促进实体经济发展

金融科技创新运用新兴技术将零散的客户数据整合起来，利用大数据对小微企业的风险和信用状况进行评估，使信贷机构全方位了解小微企业的发展状况，减少不良贷款的发生，便于做出是否对小微企业进行贷款的决策。另外，金融科技创新对金融体系进行改进和优化，提升服务实体经济效率，使得金融活动不受时间和空间限制，从而促进实体经济高质量发展。

（二）强化金融服务功能，满足长尾客户需求

金融科技创新通过特有获客渠道、数据维度和反欺诈模型等帮助传统金融机构将金融服务下沉到有信贷需求的长尾人群，让各层次的金融消费者都能享受到多样化的金融服务。同时，通过新型合作伙伴关系，将业务模式、产品和服务等在可能的范围内快速延伸，更好地满足客户需求。金融机构利用数字化、智能化、网络化手段提供多样化的金融服务，更好地满足客户需求。

（三）高效识别监管新规，实现持续合规经营

金融科技具有易合规特性，催生的监管科技有利于增强信息透明度、制定监管规则、降低金融风险和合规成本，并实现合规经营。监管科技的发展为更高效的报告和合规系统提供了强有力的技术激励，金融机构可以采用新兴技术满足监管机构的合规需求，提高金融风险防控能力。同样，新兴技术能够帮助监管机构实现监管效能最大化和监管成本最优化。

（四）加大普惠金融力度，弥合经济分化

金融科技创新推动普惠金融发展，解决融资难、融资贵问题。一方面，数字技术支持下的融资决策，使金融机构大规模服务小微企业；另一方面，大数据、云计算等新兴技术帮助金融机构进行风险识别和分析。疫情期间，"无接触"式金融服务就是数字技术在普惠金融领域应用的生动体现，将进一步释放尚未被开发的经济社会发展潜力，促进经济包容性增长。

（五）金融科技创新收益的模型化分析

大部分金融科技创新所带来的收益都是隐性的或潜在的收益，并不能直接计量。仍然借鉴前面的思路，通过监管强度来分析金融科技创新收益。仍以 x 表示监管强度，以 R 表示在既定监管状态下金融科技创新的收益。假定金融科技创新的收益函数也具有一般收益函数的特征，即金融科技创新收益对监管强度的一阶导数为正，二阶导数为负，有下面的公式：

$$dR(x)/dx > 0 \qquad (2-3)$$
$$d^2R(x)/dx^2 < 0 \qquad (2-4)$$

金融科技创新收益函数的这种性质可以用图 2-2 来表示。

图 2-2 中横轴为金融科技监管强度 x，代表金融科技监管规则的数量和严厉程度，纵轴为金融科技创新收益，代表既定监管强度下金融科技创新带来的收益。随着金融科技监管强度的增加，创新的收益提高。但是随着监管强度的逐步增加，对创新的约束也越来越大，边际收益逐步递减。

三、适度监管视角下金融科技创新监管

金融科技创新监管是一把"双刃剑"，随着金融科技监管强度的提高，

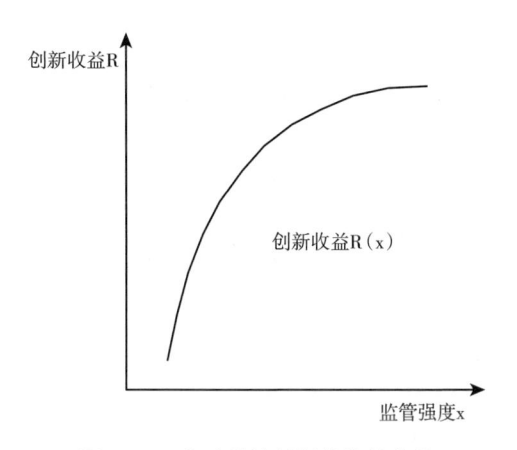

图 2-2 金融科技创新的收益曲线

监管成本增加,针对金融科技监管进行的金融科技创新数量也在增加,收益提高。但是随着监管强度的逐步增加,金融科技创新受到的约束越来越大,创新收益的上升幅度可能会低于监管成本的上升幅度。当金融科技监管强度达到一定程度后,随着监管强度的再增加,带来的净收益将会变为负的,表现为监管过度、严重抑制金融科技创新的发展。所谓适度监管,就是使金融科技监管的预期收益最大化的监管区域。

假定监管强度 x 提高一个单位的预期边际收益为 $MR(x)$;监管强度提高一个单位的预期边际成本为 $MC(x)$。当金融科技创新的预期边际收益等于边际成本时,即 $MR(x)=MC(x)$ 时,金融科技监管的预期净收益 $NR(x)=MR(x)-MC(x)$ 达到最大,此时达到理想的监管均衡状态,监管强度即为理想的监管均衡强度 X^*,此时,金融科技监管是最有效率的。当监管强度低于理想监管均衡 X^* 时,监管预期净收益 $NR(x)$ 随监管强度的提高而增加;当监管强度高于理想均衡强度 X^* 时,监管预期净收益 $NR(x)$ 随监管强度的提高而递减。监管强度恰为理想的监管均衡强度仅仅具有理论意义,因此,只要监管强度处于以均衡强度为核心的监管区域内,就可以认为金融科技监管是有效的,此监管区域即可认为是适度监管区域。

以上分析可用图 2-3 来表示,图 2-3 中横轴为金融科技监管强度 x,纵轴为金融科技监管成本 C 和金融科技创新收益 R,坐标原点表示无监管规则,即不存在监管成本和收益。

金融科技创新监管机制构建研究

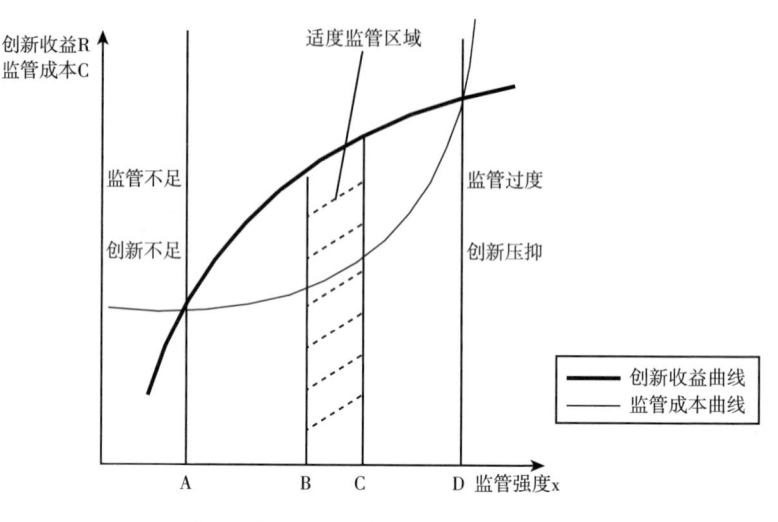

图2-3 金融科技创新适度监管区域

A点左侧为监管和创新都不足的区域，在该区域由于监管的强度很低，金融科技公司针对突破监管规则的创新很少。随着监管强度的提高，监管成本增加，针对监管进行的创新数量增加，收益提高。此时，虽然实施监管规则对金融科技公司造成的成本与创新获得的收益都呈上升趋势，但是金融科技监管带来的成本是大于创新的收益的。

到A点以后，随着金融科技监管强度的继续增加，以及基本监管制度的形成和金融科技公司对监管规则的适应，金融科技创新获得的收益上升幅度加快，并超过监管强度增加带来的成本，表现为金融科技创新的净收益$NR(x)$增加。

在BC区域，金融科技创新的净收益$NR(x)$达到最大值，此为适度监管区域。C点后，越来越严厉的监管造成监管成本上升很快，且严厉的监管已经体现出对金融科技创新的抑制作用，收益增加缓慢，净收益$NR(x)$开始逐步减少。

在D点，金融科技创新的收益恰好等于金融科技监管的成本，净收益$NR(x)$为零。到D点以后，严厉的监管使得成本急剧上升，严重抑制创新的作用，金融科技创新的净收益$NR(x)$大幅减少，变为负数。

因此，在图2-3中，A点左侧为金融科技监管和创新都不足的区域；D点过后金融科技创新的净收益表现为负，表现为监管过度，严重抑制创新的发展；BC 区域为监管适度区域，金融科技创新的净收益 $NR(x)$ 达到最大值。

"监管促进说"认为金融监管能够促进金融创新的发展，"监管抑制说"认为由于监管总是跟不上创新的步伐，实际上抑制创新的发展。"监管适度说"认为，过于严格或宽松的监管都不利于金融科技创新的发展，而适度的监管有利于金融科技创新的发展。

第二节 演化博弈视角下金融科技创新监管理论

金融科技创新过程中，金融科技公司是否选择合规创新是一个复杂的博弈过程，其合规意愿的形成依赖于一定的政策激励和引导。监管部门和金融科技公司之间目标选择、认识能力的异质性以及经济环境的复杂性，不仅决定二者在博弈过程中的有限理性特征，还使得博弈过程充斥着动态性。演化博弈方法是研究不同主体动态博弈关系的重要手段。因此，可以通过构建演化博弈模型分析金融科技市场参与主体的演化博弈行为及其策略选择的影响因素。

一、金融科技创新与管的博弈主体

金融科技市场存在多方参与主体，具体包括金融科技公司、监管部门、传统金融机构等，这些生态主体共同构建了一个完整的金融科技创新生态体系，促进整个金融行业的转型升级。为了便于讨论及研究主题需要，本书将其简化为监管部门与金融科技公司二者之间监管与被监管的博弈关系。

（一）金融科技公司

金融科技公司是指利用新兴技术为金融机构提供风控、营销、客服、投顾等服务的公司。金融科技公司是金融科技市场的监管客体，其创造新的金融业务模式和交易模式。近年来，中国金融科技行业实现了举世瞩目的跨越式发展，中国已成为全球领先国家，金融业务的效率和金融服务实体经济的能力有了极大提高。但与此同时，中国传统监管框架下的监管模式与思维方式难以有效应对金融科技创新的潜在风险，导致风险隐患突出。

（二）监管部门

金融监管部门亦称作金融监管的主体，它是对金融业实施监管的政府或准政府机构。金融科技监管部门主要依据国家相关政策法规对提供金融科技服务的相关企业进行合规监管，其核心目标是维护金融系统稳定和保障消费者权益。2015年以来，中国金融科技行业大致经历"不监管→试验性监管→结构性监管→建立新的监管体系"四个阶段，但仍无法跟上金融科技创新的发展，需要进一步完善监管体制、理念和技术，加强对金融科技创新的有效监管。

（三）二者之间的有限理性

有限理性这一概念是由美国经济学西蒙（Simon，1958）在研究决策问题时提出的，他认为有限理性就是人的行为"既是有意识地理性的，但这种理性又是有限的"。有限理性是指介于完全理性和非完全理性之间的一定限制下的理性。金融科技公司和监管部门在博弈过程中符合"有限理性"的特征。

具体表现在事前选择和事后处理两方面。在事前选择上，金融科技公司的策略选择除了考虑自身收益外，还会受到道德、职业伦理、声誉、个人判断等因素的影响，因此其行为不可能完全理性。监管部门的策略选择除了考虑社会效益外，还会受到惯性、眼前利益和突变的影响，"经济人"假设同样不适用。

在事后处理方面，金融科技公司和监管部门在博弈过程中具有反复学习和调整策略的能力，新一轮博弈的策略选择会根据上一次博弈的收益情况进行重新调整，这些均符合"有限理性"主体的行为特征。在有限理性条件下，一般博弈模型无法满足分析要求，而演化博弈方法正是对有限理性行为的探索。

二、金融科技公司与监管部门的演化博弈行为分析

金融科技的创新与监管博弈过程表现出明显的"有限理性"特征，符

合演化博弈方法的行为逻辑基础。本部分将通过构建金融科技公司与监管部门的双主体演化博弈模型，对二者的策略选择和行为逻辑进行分析。

（一）基本假设

1. 博弈双方的有限理性

在有限理性条件下，金融科技公司和监管部门无法瞬间找到各自的最优策略，而是通过相互模仿和学习不断调整。新一轮博弈的策略选择会根据上一次博弈的收益情况进行重新调整，由此经过反复博弈，最终达到演化稳定点。同时，由于金融科技公司与监管部门的博弈过程涉及集体的决策，博弈个体认识到错误和做出相应调整的速度较慢，因此采用生物进化的复制动态方程来模拟博弈双方的学习和动态调整过程有其合理性。

2. 博弈双方的策略空间

在博弈过程中，金融科技公司和监管部门无法事先判断对方的策略选择，但清楚对方的策略空间。在博弈过程中，金融科技公司面临合规创新和违规创新的选择。监管部门面临严格监管和放松监管的策略选择。因此，金融科技公司的策略空间为（合规创新，违规创新），监管部门的策略空间为（严格监管，放松监管）。假设金融科技公司合规创新的概率为 p，则违规创新的概率为 $1-p$。监管部门严格监管的概率为 q，则放松监管的概率为 $1-q$。

（二）博弈双方的收益支付矩阵

假设金融科技公司合规创新的收益为 m_1，违规创新的收益为 m_2（该收益已扣除成本，且 $m_2 > m_1$）。那么，当金融科技公司选择合规创新时，可以获得奖励 v；当金融科技公司选择违规创新时，若监管部门严格监管，则会受到监管部门的处罚 b，若监管部门放松监管，所获处罚为 0。

假设监管部门严格监管付出的成本为 c，收获的不同社会效应为 l_1 和 l_2，其中，社会效应来自社会对监管部门的正面评价。当金融科技公司合规创新时，监管部门的收益为 l_1；当金融科技公司违规创新时，监管部门的收益为 l_2。

当金融科技公司违规创新时，若监管部门放松监管，这将给监管部门带来负外部效益 t。其中，负外部效应指监管部门的损失成本，如声誉下降等。由此得出金融科技公司与监管部门的收益支付矩阵（见表2-1）。

表2-1　金融科技公司和监管部门演化博弈收益矩阵

参与者		监管部门	
		严格监管（q）	放松监管（$1-q$）
金融科技公司	合规创新（p）	（$m_1+v, -c+l_1$）	（$m_1, 0$）
	违规创新（$1-p$）	（$m_2-b, -c+b+l_2$）	（$m_2, -t$）

（三）演化博弈模型求解

根据博弈双方的收益支付矩阵，得到金融科技公司合规创新的期望收益：

$$U_p = q(m_1+v) + (1-q)m_1 = m_1 + qv \tag{2-5}$$

得到金融科技公司违规创新的期望收益：

$$U_{1-p} = q(m_2-b) + (1-q)m_2 = m_2 - qb \tag{2-6}$$

根据式（2-5）和式（2-6），得到金融科技公司期望收益的均值：

$$\overline{U_1} = pU_p + (1-p)U_{1-p} \tag{2-7}$$

监管部门严格监管的期望收益：

$$U_q = p(-c+l_1) + (1-p)(b+l_2-c) = pl_1 - pl_2 + l_2 + b - c \tag{2-8}$$

监管部门放松监管的期望收益：

$$U_{1-q} = -t(1-p) = pt - t \tag{2-9}$$

根据式（2-8）和式（2-9）得到监管部门期望收益的均值：

$$\overline{U_2} = qU_q + (1-q)U_{1-q} \tag{2-10}$$

将演化博弈的复制动态方程理论用于这个博弈群体，得到金融科技公司和监管部门的复制动态方程：

$$F(p) = \frac{d_p}{d_t} = p(U_p - \overline{U_1}) = p(1-p)(U_p - U_{1-p})$$

$$= p(1-p)(m_1 + qv - m_2 + qb) \tag{2-11}$$

$$F(q) = \frac{d_q}{d_t} = q(U_q - \overline{U_2}) = q(1-q)(U_q - U_{1-q})$$

$$= q(1-q)(pl_1 - pl_2 - pb - pt + l_2 + b + t - c) \tag{2-12}$$

当 $F(p)=0$ 和 $F(q)=0$ 时，意味着比例 p 和 q 不再变化，博弈呈现出一种相对稳定的状态。联立式（2-11）和式（2-12），得到金融科技公司和监管部门两个群体的复制动态方程组：

$$\begin{cases} F(p) = p(1-p)(m_1 + qv - m_2 + qb) \\ F(q) = q(1-q)(pl_1 - pl_2 - pb - pt + l_2 + b + t - c) \end{cases} \quad (2-13)$$

令式（2-13）中 $F(p)=F(q)=0$，得到该复制动态方程的 5 个均衡点，分别为 A(0, 0)、B(0, 1)、C(1, 0)、D(1, 1) 和 $E\left(\dfrac{l_2+b+t-c}{l_2+b+t-l_1}, \dfrac{m_2-m_1}{b+v}\right)$。

（四）演化博弈稳定性分析

由于雅克比矩阵是分析演化系统稳定性的重要方法，根据上述复制动态方程得到演化系统的雅克比矩阵如下：

$$\begin{aligned} J &= \begin{pmatrix} \dfrac{\partial F_1(p,q)}{\partial p}, & \dfrac{\partial F_1(p,q)}{\partial q} \\ \dfrac{\partial F_2(p,q)}{\partial p}, & \dfrac{\partial F_2(p,q)}{\partial q} \end{pmatrix} \\ &= \begin{pmatrix} (1-2p)(m_1+qv-m_2+qb) & p(1-p)(b+v) \\ q(1-q)(l_1-l_2-b-t) & (1-2q)(pl_1-pl_2-pb-pt+l_2+b+t-c) \end{pmatrix} \end{aligned}$$

$$(2-14)$$

该矩阵行列式的值为：

$$Det(J) = (1-2p)(m_1+qv-m_2+qb)(1-2q)(pl_1-pl_2-pb-pt+l_2+b+t-c) - pq(1-p)(1-q)(b+v)(l_1-l_2-b-t) \quad (2-15)$$

该矩阵行列式的迹为：

$$Tr(J) = (1-2p)(m_1+qv-m_2+qb) + (1-2p)(pl_1-pl_2-pb-pt+l_2+b+t-c) \quad (2-16)$$

将均衡点 A、B、C、D、E 的数值代入式（2-15）和式（2-16），得到各均衡点雅克比矩阵行列式的值和迹（见表 2-2）。

表2-2　　　　　　各均衡点的雅克比行列式的值和迹

均衡点	$Det(J)$	$Tr(J)$
A	$(m_1-m_2)(l_2+b+t-c)$	$m_1-m_2+l_2+b+t-c$
B	$(m_1+v-m_2+b)(c-l_2-b-t)$	$m_1-m_2+v+c-l_2-t$
C	$(m_1-m_2)(c-l_1)$	$m_2-m_1+l_1-c$
D	$(m_1+v-m_2+b)(l_1-c)$	$m_2-m_1+c-v-b-l_1$
E	$\dfrac{(l_2+b+t-c)(m_1-m_2)(c-l_1)(b+v+m_1-m_2)}{(b+v)(l_2+b+t-l_1)}$	0

根据弗里德曼（Friedman，1991）提出的方法，只有当某个平衡点同时满足 $Det(J)>0$ 和 $Tr(J)<0$ 时，才可确定它处在局部渐进稳定状态（ESS）。若 $Det(J)>0$ 且 $Tr(J)>0$，则为不稳定点。若 $Det(J)<0$，$Tr(J)$ 的符号不确定，则为鞍点。通过讨论 A 的 B 值，得到各演化稳定策略的演化结果及形成条件（见表2-3）。

表2-3　　　　　　各均衡点的稳定性及形成条件

均衡点	演化结果	形成条件
A	ESS	$l_2+b+t<c$ 且 $m_2>m_1$
B	ESS	$m_2-m_1>b+v$ 且 $c<l_2+b+t$
C	不稳定	—
D	ESS	$m_2-m_1<b+v$ 且 $c<l_1$
E	鞍点	—

由表2-3可知，不同的初始条件下有不同的演化均衡策略。在金融科技公司与监管部门的演化博弈中，形成 A、B、D 三种稳定均衡策略。以下对 A、B、D 三种演化稳定情形进行分类讨论：

（1）情形 A：当 $l_2+b+t<c$ 时，监管部门严格监管的收益之和小于监管成本，监管部门会选择放松监管。同时由于 $m_2>m_1$，金融科技公司违规创新能带来额外利润，因此会不断选择违规创新。系统最终达到（0，0）的演化均衡点，即金融科技公司违规创新，监管部门放松监管。此时，金融科技行业处于混乱状态，金融风险不断加剧。

（2）情形 B：当 $m_2-m_1>b+v$ 时，金融科技公司违规创新所带来的额外收益大于监管惩罚与合规创新奖励之和，金融科技公司会趋于选择违规创新。同时由于 $c < l_2 + b + t$，监管部门严格监管的成本小于因严格监管所能收获的正面社会效应及处罚收益之和，监管部门会选择加强监管。系统最终达到（0，1）的演化均衡状态，即金融科技公司违规创新，监管部门严格监管。这种情况属于"猫捉老鼠"的演化状态，也是我们最不愿意看到的。

（3）情形 D：当 $m_2 - m_1 < b + v$ 时，金融科技公司违规创新所带来的额外收益小于监管惩罚与合规创新奖励之和，金融科技公司选择合规创新。同时由于 $c < l_1$，监管部门严格监管的成本小于因严格监管所能收获的正面社会效应，监管部门选择加强监管。系统最终达到（1，1）的演化均衡状态，即金融科技公司合规创新，监管部门严格监管，这也是我们所追求的演化稳定状态。

（五）演化博弈模型结论

上述演化博弈分析结果表明，要想达到（1，1）的演化均衡状态，必须满足 $m_2 - m_1 < b + v$ 和 $c < l_1$ 的演化初始条件。这表明在有限理性的条件下，第一，金融科技公司的策略选择以及未来调整方向主要受到违规创新额外利润、合规创新奖励、违规创新惩罚等因素的影响。其中，额外利润越高，金融科技公司越有可能选择违规创新；合规创新奖励和违规创新惩罚力度越高，金融科技公司越不会选择违规创新。第二，监管部门的策略选择主要受到监管成本、社会评价及负外部效应的影响。其中，监管成本越高，监管部门更容易选择放松监管；社会评价和负外部效应越高，监管部门越倾向于严格监管。

三、演化博弈视角下金融科技创新监管

根据演化博弈分析结果，需要采取以下措施完善金融科技创新监管。

（一）运用监管科技，降低监管成本

金融科技创新监管的高成本一直是阻碍监管部门严格监管的重要因素之一，如果监管成本较高，监管部门很有可能放松监管并进入"猫捉老鼠"的演化博弈状态。现行的缺乏科技支撑的传统监管模式难以有效应对

金融科技创新的潜在风险，亟须通过监管科技，降低监管成本，提高监管效率。

（二）转变监管方式，树立"激励型"监管理念

目前我国金融科技仍然以被动、响应式监管为主，不仅监管不及时，还会在一定程度上遏制金融科技的创新。应树立"激励型"监管理念，包括外部激励和行业自律：即一方面通过奖励合规创新来降低违规创新概率，另一方面通过行业协会等相关组织进行自我约束与激励。

（三）完善监管规则体系，压缩违规利润空间

演化博弈模型结论表明，现有监管条件下，之所以仍然出现大量违规现象，主要是因为金融科技公司通过违规可以获得额外利润。面对金融科技监管制度滞后的现实情况，监管部门应该充分借鉴国际先进经验，系统梳理现行监管规则，加强金融科技监管顶层设计，压缩违规创新利润空间。

（四）划定监管底线，加大违规惩罚力度

监管部门应该进一步划定监管底线，加大违规处罚力度，提高违法成本。明确界定金融科技公司的业务范围，防止监管套利和监管真空。严格按照监管要求，加强相应管理规范和市场约束。对金融科技公司的违规创新行为进行零容忍打击，深入整治行业乱象，充分发挥政府监管的威慑作用。

（五）重视社会评价，充分发挥舆论监督作用

正面社会评价和负外部效应都能影响监管部门的策略选择。应该对监管部门积极查处违规创新的行为予以充分肯定，对于监管部门的失职渎职行为及时通报批评。同时，监管部门应该完善社会公众参与监管的沟通渠道，并及时反馈处理结果，对有效举报者给予一定奖励，激发其参与监督的积极性。

第三节 激励相容视角下金融科技创新监管理论

如何进行制度设计给经济主体提供正当的激励，已成为当代经济学的

核心问题之一，而激励相容（incentive compatibility）就是试图解决信息不对称条件下集体行动的激励问题。激励相容这一概念是由美国教授维克里（Vickrey）和米尔利斯（Mirrlees）首先引入经济学领域的，由于他们开创了信息不对称条件下的激励理论——委托代理理论，因此获得1996年度的诺贝尔经济学奖。所谓激励相容指的是制度所涉及的各个成员的效用最大化目标（简称"成员目标"）与该项制度的总体目标（简称"制度目标"）保持一致的状态。

一、激励相容理论的主要思想

维克里和米尔利是在信息不对称的环境中、使用委托代理模型讨论激励问题，并使用激励相容概念的。

（一）委托代理框架下的激励理论

委托代理模型中，拥有信息优势的一方称为代理人，不具有信息优势的一方称为委托人。委托代理问题的激励研究是现代经济学最重要、最基本、也是最具有挑战性的问题，因为委托—代理激励理论涉及不同利益主体的利益冲突和信息不对称问题。随着20世纪60~70年代信息经济学、制度经济学的发展，以信息经济学和契约理论为基础的激励理论取得突破性进展。在委托代理的分析框架内，激励问题产生的原因是委托代理关系中由于委托人和代理人之间的信息不对称而导致代理人的机会主义行为。激励问题实际上就是如何减少代理人机会主义行为的问题，其核心就是委托人设计一种激励机制以最大化其效用。

典型的机制是一个三阶段不完全信息博弈。在第一阶段，委托人设计一个"机制""契约"（contract）或"激励方案"（incentive scheme），根据这个机制，代理人发出信号，实现的信号决定配置结果；在第二阶段，代理人选择接受或不接受委托人设计的机制，如果代理人选择不接受，他将得到外生的保留效用；第三阶段，接受机制的代理人按机制的规定进行博弈。委托代理理论有三个基本假设。第一，委托人与代理人的理性行为能力，即假设委托人与代理人都为自身利益而积极行动。第二，委托人与代理人的信息不对称。具有信息优势的市场参与者被称为代理人，处于信息劣势的市场参与者被称为委托人。第三，委托人与代理人的效用函数不一致。

(二) 激励相容理论的主要思想

委托代理理论试图模型化这样一类的问题：一个参与人（称为委托人）想使另一个参与人（称为代理人）按照前者的利益选择行动，但委托人不能直接观测到代理人选择什么行动，能观测到的只是一些变量，这些变量由代理人的行动和其他的外生的随机因素共同决定，因而充其量只是代理人行动的不完全信息。委托人的问题是如何根据这些观测到的信息来奖惩代理人，以激励其选择对委托人最有利的行动。

令 A 表示代理人所有可选择行动的组合，$a \in A$ 表示代理人的一个特定行动（代表努力水平），$\theta \in \Theta$ 是不受代理人（委托人）控制的外生随机变量，θ 在 Θ 上的分布函数和密度函数分别为 $G(\theta)$ 和 $g(\theta)$。在代理人选择行动 α，外生变量 θ 实现，α 和 θ 共同决定一个可观测的结果 $x(a,\theta)$ 和产出 $\pi(a,\theta)$，其中 $\pi(a,\theta)$ 直接归属于委托人。假定 π 是 α 的严格递增的凹函数，即给定 θ，代理人工作越努力，产出越高（$\partial\pi/\partial a > 0$），但努力的边际产出是递减的（$\partial^2\pi/\partial a^2 > 0$）；$\pi$ 是 θ 的严格增函数，即较高的 θ 较有利的自然状态，即产出越高（$\partial\pi/\partial\theta > 0$）。委托人的问题就是设计一个激励合同 $s(x)$，根据观察到的 x 对代理人进行奖惩，关键是要分析 $s(x)$ 具有什么样的特征。

假定委托人和代理人的 v-N-M 期望效用函数分别为 $v(\pi - s(x))$ 和 $u(s(\pi) - c(a))$，其中，$v' > 0, v'' \leq 0; u' > 0, u'' < 0; c' > 0, c'' \leq 0$，即委托人和代理人都是风险规避者或风险中性者，努力的边际负效用是递增的。委托人与代理人的利益冲突首先来自假设 $\partial\pi/\partial\theta > 0$ 和 $c' > 0$：$\partial\pi/\partial\theta > 0$ 意味着委托人希望代理人多努力，而 $c' > 0$ 意味着代理人希望少努力。因此，除非委托人能对代理人提供足够的激励，否则，代理人不会如委托人希望的那样努力工作。假定分布函数 $G(\theta)$、生产技术 $x(a,\theta)$ 和 $\pi(a,\theta)$ 以及效用函数 $v(\cdot)$、$u(\cdot)$ 和 $c(\cdot)$ 都是共同知识；就是说，委托人和代理人在有关这些技术关系上的认识是一致的。$x(a,\theta)$ 是共同知识的假定意味着，如果委托人能观测到 θ，也就可以知道 α，反之亦然。

委托人的期望效用函数可以表示如下：

$$(\mathbf{P}) \int v(\pi(a,\theta) - s(x(a,\theta)))g(\theta)d\theta \qquad (2-17)$$

委托人的问题就是选择 α 和 s(x) 最大化上述期望效用函数。但委托人需满足代理人的两个约束。第一个约束是参与约束（participation constraint），即代理人从接受合同中得到的期望效用不能小于不接受合同时能得到的最大期望效用。代理人"不接受合同时能得到的最大期望效用"由他面临的其他市场机会决定，可以称为保留效用，用 $\bar{u}$ 表示。参与约束又称为个人理性约束（individual rationality constraint，用 IR 表示），可以表示为如下：

$$(\mathbf{IR}) \int u(s(x(a,\theta)))g(\theta)d(\theta) - c(a) \geqslant \bar{u} \qquad (2-18)$$

第二个约束是代理人的激励相容约束（incentive compatibility constraint，用 IC 表示），即给定委托人不能观测到代理人的行动 α 和自然状态 θ，在任何的激励合同下，代理人总是选择使自己的期望效用最大化的行动 α，因此，任何委托人希望的 α 都只能通过代理人的效用最大化行为实现。换言之，如果 a 是委托人希望得到的行动，$a' \in A$ 是代理人可选择的任何行动，那么，只有当代理人从选择 α 中得到的期望效用大于从选择 a' 中得到的期望效用时，代理人才会选择 α。可以表述为如下的 IC：

$$(\mathbf{IC}) \int u(s(x(a,\theta)))g(\theta)d(\theta) - c(a) \geqslant$$

$$\int u(s(x(a',\theta)))g(\theta)d(\theta) - c(a')$$

$$\forall a' \in A \qquad (2-19)$$

因此，委托人的问题就是选择 α 和 s(x) 最大化期望效用函数（**P**），同时满足约束条件（**IR**）和（**IC**），即：

$$\max_{a, s(x)} \int v(\pi(a,\theta) - s(x(a,\theta)))g(\theta)d\theta \qquad (2-20)$$

s. t. $(\mathbf{IR}) \int u(s(x(a,\theta)))g(\theta)d(\theta) - c(a) \geqslant \bar{u} \qquad (2-21)$

$$(\mathbf{IC}) \int u(s(x(a,\theta)))g(\theta)d(\theta) - c(a) \geqslant$$

$$\int u(s(x(a',\theta)))g(\theta)d(\theta) - c(a')$$

$$\forall a' \in A \qquad (2-22)$$

二、金融科技创新监管领域的委托代理关系

金融科技市场存在多方参与主体,具体包括金融科技公司、监管部门、传统金融机构等,这些生态主体共同构建一个完整的金融科技创新生态体系,促进整个金融行业的转型升级。为了便于讨论及研究主题需要,本书将其简化为监管部门与金融科技公司二者之间的委托代理关系。

首先,监管部门与金融科技公司之间存在着效用函数的冲突。监管部门作为社会公众(金融消费者)的代表(假设已经实现该目标),其目标是确保金融科技公司稳健经营、适度创新,从而维护金融市场的稳定,保护金融消费者的权益;而金融科技公司的经营目标是实现自身利润的最大化,存在过度创新的短期利益冲动,从而产生不利于金融消费者利益的行为。在金融科技监管和创新的博弈过程中,监管部门和金融科技公司的效用函数是存在利益冲突的。

其次,金融科技公司与监管部门之间存在信息不对称。金融科技作为新兴技术驱动的金融创新,金融交易可能性边界大大拓展,信息不对称程度大幅下降。但是金融科技不可能完全消除信息不对称,甚至在某些情况下,还会加重信息不对称。由于金融科技交易更加虚拟化和网络化,隐含的风险更加隐蔽和复杂,而我国针对金融科技监管又存在监管体制、监管理念和监管技术等方面的问题。因此,金融科技公司与监管部门之间也存在较为严重的信息不对称问题,监管部门很难对金融科技公司是否采取稳健经营、适度创新的行为进行有效甄别,从而降低了监管的效率。

三、激励相容视角下金融科技创新监管

激励相容是指制度所涉及的各个成员的效用最大化目标(简称"成员目标")与该项制度的总体目标(简称"制度目标")保持一致的状态。也就是说,不能仅仅从监管的目标出发来设置监管措施,而应当考虑监管对象的经营目标,将其内部管理和市场约束纳入监管的范畴,引导这两种力量来支持监管目标的实现。借用信息经济学中激励相容的概念来描述激

励相容的金融科技创新监管。激励相容的金融科技创新监管是指一种最优的包容审慎的金融创新监管机制，它能通过一定的监管机制设计，统筹金融科技发展"创新–监管"与"安全–效率"的动态平衡。

第四节 生态体系视角下金融科技创新监管理论

一、生态体系

（一）生态体系的内涵

生态就是指一切生物的生存状态以及它们之间、它们与环境之间的关系。20世纪以来，生态学的方法广泛运用于分析经济社会体系。国外研究方面，福格特（Vogt，1909）提出"生态平衡论"，认为由于人类活动造成生态平衡的破坏及其严重后果，认为恢复生态平衡是人类的生存之路。坦斯利（Tansley，1935）首次提出"生态系统"的概念，指出生态系统是一定时间和空间内各生物群落与环境组成的一个整体，其间各组成要素借助物种流动、能量流动、物质循环、信息传递和价值流动，形成相互联系制约并能自我调节的复合体。汉南和弗里曼（Hannan and Freeman，1977）提出将生态学的研究视角引入人类组织特征问题研究，建立可以衡量企业个体发展、变迁和演替的数据模型，认为企业变迁（适应）和环境选择是种群演化的主要路径。环境经济核算体系（SEEA，2013）将生态系统服务和生态系统状况的衡量标准纳入国家经济核算范畴。

国内研究方面，陈仲新和张新时（2000）指出，生态系统的功能与效益是地球生命支持系统的重要组成部分和社会与环境可持续发展的基本要素，对其进行价值评价是将其纳入社会经济体系与市场化的必要条件，也是使环境与生态系统保护引起社会重视的重要措施。洪大用（2012）强调，中国在经济增长过程中不断强化环境保护，追求经济增长与环境保护相协调，体现出生态现代化取向。侯鹏等（2015）认为，生态系统作为一个开放性、动态性、整体性的系统，其内部各要素之间通过物质和能量交换过程，不断实现相互作用的动态协调而达到新的平衡，实现生态系统与外部环境的互相适应与自身演化过程。王镝和唐茂钢（2019）研究了经济发展过程中土地城市化对生态环境质量的影响机理，提出"U"型曲线关系的假说。商亮和赵晖（2021）基于生命周期理论，将产业创新生态系统的成长过程划分为系统形成阶段、系统成长阶段、系统成熟阶段和系统衰退（更新）阶段。

由此可见，生态体系作为一个开放性、动态性、整体性的系统，其实质是一个生态环境与生态主体有机互动、相互作用的统一体。

（二）生态体系的构成

生态体系（系统）分为生物群落（生命系统）与物理环境（环境系统）。生物群落分为生产者、消费者与分解者。生产者由绿色植物和自养生物组成，这些生物的特定生理结构决定其只能够从环境中汲取必要的化学成分，通过一系列化学反应从阳光中储存能量，以满足自身生存，它们往往是一些不能行动或行动迟缓的植物或藻类生物。消费者包括草食动物为代表的初级消费者、以中小型肉食动物为代表的次级消费者和以大型肉食动物的高级消费者，其中也存在跨层次的杂食性动物。分解者作为生态系统中必不可少的一环，它由微生物与各种腐食动物构成，其作用是通过对已死亡或将死生物的身体成分进行分解以获取自身生存所需的物质与能量，并将多余成分释放入自然生态圈中。分解者实现生物群落中物质与能量循环的最后一环，将其归还给物理环境，实现新一轮的循环。

物理环境由温度、阳光、土壤、水、二氧化碳、氧气有机物等因素构成，多种因素根据长时间的历史演变组合在一起，形成不同的生态环境，并决定环境中物种的进化与演变。

20世纪60年代以来，生态系统已经成为现代生态学的重要研究对象，研究内容主要集中于自然生态系统功能和结构；自然生态系统的保护和利用；生态系统调控机制的研究；生态系统退化的机制、恢复及其修复的研究；全球性生态问题的研究；生态系统可持续发展的研究。

生态体系的构成如图2-4所示。

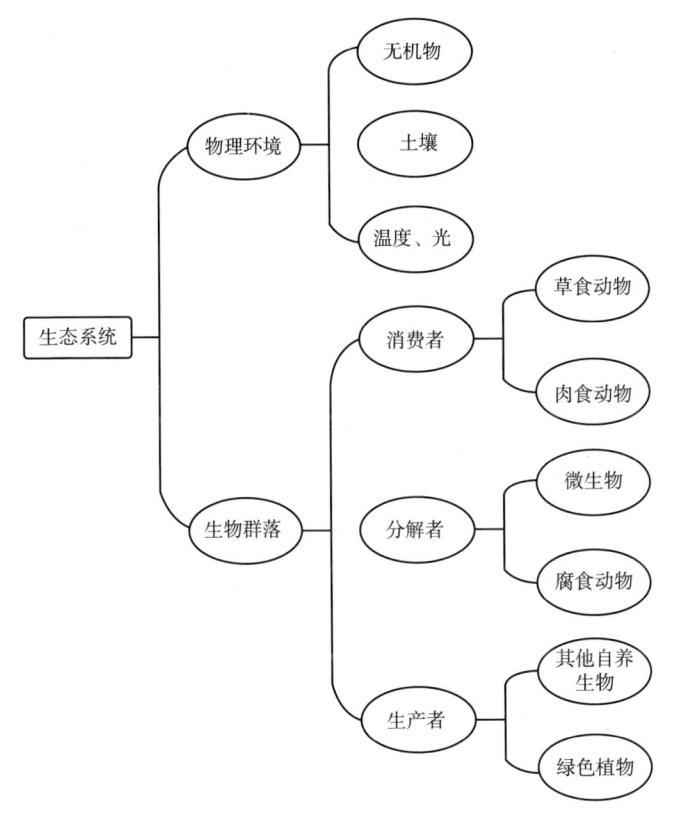

图 2-4　生态体系的构成

二、金融生态

(一) 金融生态的内涵

金融生态是一个仿生学概念，它借用生态学的理论，为我们理解金融体系的运行及其同社会环境之间相互依存、彼此影响的动态关系提供新的科学视角。金融生态提出的背景是国内金融生态环境恶化以及对经济金融发展的潜在威胁。周小川 (2004) 将生态理念引入金融领域，认为金融生态是金融运行的外部环境和基础条件等。徐诺金 (2005) 从生态学层面对比自然生态与金融生态间的关系，并认为金融生态是一个动态平衡系统，是各金融组织通过合作，在与生存环境和内部金融组织长期的联系和相互作用中形成的。齐亚莉 (2006) 从演进过程、结构秩序、生态特征、自我调节性等方面比较自然生态与金融生态的共性，并证明金融生态的仿生性。任森春和彭阳（2012）认为，金融生态理论起源于生态学与仿生学，其伴随系统观和生态观引入金融理论研究而发展起来，因此必须把握好金融生态中的系统性与生态型。逯进和朱顺杰（2015）认为，金融生态是所有金融生态活动者与所有可对其产生影响的环境因素间由于相互作用和印象构成的一个具有自我修复功能的系统。

部分学者研究金融生态环境与融资效率之间的关系。吴昊旻和靳亭亭（2017）实证检验金融生态环境及其不同维度与企业创新效率之间的关系，研究表明，金融生态环境的优化有利于提高金融资源的配置效率，改善企业的外部治理环境，进而促进企业创新效率水平的提升。王晓亮等（2019）分析了金融生态环境对投资效率的影响，发现企业所处的金融生态环境越好，该地区实体经济基础越发达、金融发展与政府治理水平越高、法律制度环境越好，平台企业融资成本越低，这有助于缓解融资约束造成的投资不足现象。李媛媛等（2019）基于制造业上市公司微观样本数据，研究金融生态环境、企业风险承担与企业创新效率之间的动态关系，发现金融生态环境与制造业的企业创新效率之间为双向促进作用。余珮和彭思凯（2021）构建金融生态环境评估体系，从微观层面深入分析东道国金融生态环境对中国对外直接投资（OFDI）企业经营绩效影响的机理，发现东道国良好的金融生态环境有助于提升企业的生存能力，并缓解企业内部融资约束。

国外直接涉及金融生态领域的研究尚少，主要是其他领域的生态问题，如穆尔（Moore，1993）提出"商业生态系统"概念，称其是由具有一定利益关系的群体构成的动态结构系统。伊恩希提和雷文（Iansiti and Levien，2014）指出，复杂的商业网络可以被看作相互依赖的生态系统，客户和供应商的相互依赖性和参与度至关重要。

由此可见，金融生态是指对金融的生态特征和规律的系统性抽象，本质反映金融内外部各因素之间相互依存、相互制约的有机的价值关系，其实质是金融利益共同体通过竞争与合作维持平衡的动态结构系统。

（二）金融生态的构成

与一般的自然生态不同，金融生态由一定的社会组织和社会关系构成，金融生态体系的各个组成部分都是由一定的社会组织（居民、企业、政府、国外）或者社会人的特性沉积（社会、经济、法治、文化、习俗等）组成的。社会组织是整个金融生态系统的核心要素。金融体系并非仅是一个独立创造金融产品和金融服务的系统，它的运行更广泛地涉及其赖以活动区域的政治、经济、文化、法治等基本环境要素，还涉及这种环境的构成及其变化，以及它们导致的主体行为异化对整个金融生态系统造成的影响。

自然生态体系中物种大多为捕食与被捕食的关系，例如"寄生""共生"之类的关系较少。而金融生态体系与自然生态系统的食物链不完全相同，其价值链上各环节物种关系并非是吃与被吃的关系，而是超越生物链，更多的是一种共生关系，其理想情况接近于经济学中的帕累托最优，多种相关要素相互联系、相互支持和相互协同，共同协调发展，任何一个环节都会从中受益。

类似于物种，金融生态中的生物为各种金融机构，是专门从事各种金融活动的组织者，可分为资金供给者、资金需求者、金融中介，各种金融机构有机结合形成金融机构体系。正如自然生态总是在一定自然环境下形成的，金融生态也是在一定政治、经济、文化、法制环境下形成的，也具有鲜明的制度结构特征。一个良好的政治、经济、文化、法制环境有利于金融生态的结构优化、功能强化。反之，政治、经济、文化、法制环境的不利变化会影响到金融生态的内部结构变化，并产生弱化金融功能，甚至破坏金融生态平衡的影响。

因此，金融生态又有着不同于自然生态的特征，如金融生态具有很强的社会性，必须建立在一定的社会体系之上；金融生态环境比自然生态环境更加复杂，生态主体和生态环境之间的互动关系是立体的和多样化；不同的环境要素会对生态主体产生不同的约束并决定其选择空间，从而使得金融主体的行为出现不同的特征。借鉴生态学的观点，通过完善金融体系参与主体以及金融环境来提高金融市场发展效率以及管理其运作风险，使得金融资源按照市场化规则运行，具有极为重要的意义。

金融生态体系的构成如图2-5所示。

三、金融科技生态

受益于云计算、大数据、区块链等新兴底层技术的快速发展、庞大的互联网用户规模，以及相对宽松的监管环境，我国金融科技进入全球"第

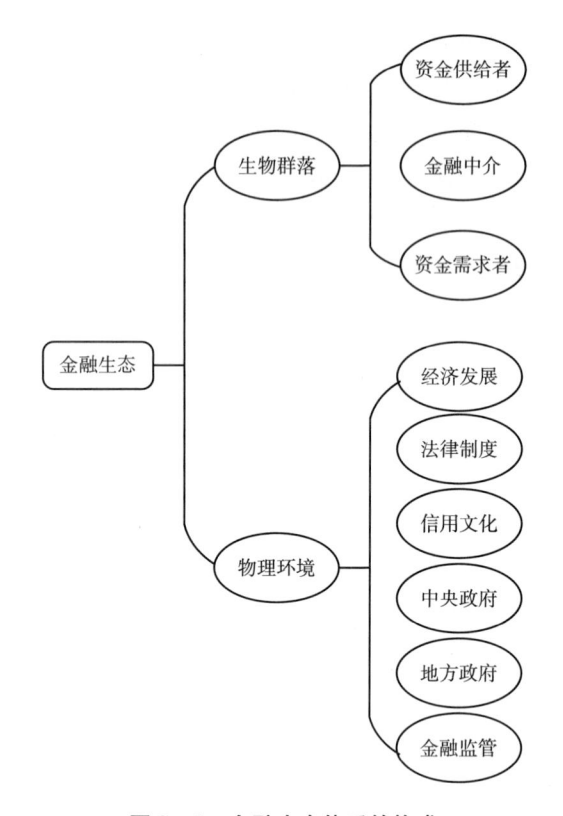

```
金融生态 ─┬─ 生物群落 ─┬─ 资金供给者
         │           ├─ 金融中介
         │           └─ 资金需求者
         └─ 物理环境 ─┬─ 经济发展
                     ├─ 法律制度
                     ├─ 信用文化
                     ├─ 中央政府
                     ├─ 地方政府
                     └─ 金融监管
```

图 2-5　金融生态体系的构成

一梯队",金融科技投融资、大科技公司估值、专利申请数量、应用范围、用户规模等方面均居于世界前列。然而,全球金融科技市场竞争日趋激烈,其竞争不再是金融个体间的竞争,而逐渐转变为金融科技创新生态体系之间的竞争。构建和完善生态环境及生态主体和谐共存、良性互动的金融科技创新生态体系,有利于增强我国金融业发展动能,实现我国金融业在全球竞争中的"弯道超车"。

（一）金融科技生态的内涵

随着金融科技在全球范围内的迅猛发展,国内外学者也广泛开展对金融科技生态的研究。国外研究方面,迪默斯等（Diemers et al., 2015）认为,企业家、政府和金融机构是金融科技生态系统的参与者。里昂等（Leong et al., 2017）认为,金融科技是指金融产品和服务的设计和交付,它对金融机构、监管机构、客户和众多公司带来重要影响。李和茜恩（Lee and Shin，2018）的研究发现，金融科技生态系统中的各要素促进金融业的合作和竞争，最终使金融消费者受益。阿纳格诺斯托普洛斯（Anagnostopoulos，2018）指出，银行和金融科技的竞争要让位于金融科技和监管科技生态系统的合作。

国内研究方面，李东荣（2016）强调，互联网金融各类从业机构应该建设兼具包容性和竞争性的互联网金融生态圈和产业链。孙国峰（2017）认为，一个良性互动的生态环境有助于金融科技在风险可控的前提下实现健康、可持续的发展。朱民（2017）强调，竞争和监管会决定未来金融生态的格局，金融科技再塑未来金融生态是必然的事情。费方域（2018）指出，一个充满活力的金融科技生态体系要求具有政府参与和支持、监管环境、人才以及基础设施等六个关键要素。普华永道（2018）指出，科技全面赋能传统金融机构转型，多主体开展金融生态圈合作。李由（2019）认为，构建金融科技生态系统需要全面防范风险，构建有效监管模式；重视主体地位，建立高效的协同机制；加快金融创新，促进传统金融的转型。骆品亮和周依仿（2020）提出从生态内部治理与外部监管创新两方面构建金融科技生态治理体系。

由此可见，金融科技创新生态体系是通过构建群体合作共赢机制，使得一系列关系密切的从事或参与金融科技业务的组织机构和个人，在一定的生态环境背景下，通过有机协同方式形成的创新生态体系。

（二）金融科技生态的构成

类似于金融生态，金融科技生态体系包括生态环境和生态主体，实质是一个生态环境与生态主体有机互动、相互作用的统一体。

1. 金融科技创新的生态环境

（1）外部环境。金融科技生态的外部环境主要包括社会经济环境、产业政策环境、科技水平环境等。其中，社会经济环境包括政治气候、社会安定程度、经济政策、经济法规、经济文化发达程度等。一个稳定、健康、可持续发展的社会经济环境有利于形成良好的金融科技创新氛围，从而为金融科技创新构建一个良好的外部环境。产业政策是政府制定的，引导产业发展方向，推动产业结构升级，促进经济可持续高质量发展。如何制定合理的产业政策环境，更好地平衡金融科技发展创新与有效监管的关系，是当前推进包容审慎监管的重大议题。随着新兴技术在金融行业的深入应用，新兴底层技术对金融的作用将被不断强化，金融科技发展进入新的阶段。应该加强金融科技底层技术基础理论研究，不断提升金融科技发展的科技水平环境，确保我国金融科技发展始终处于世界前列。

（2）内部环境。金融科技生态的内部环境主要包括指开展金融科技创新的基础设施、业务渠道、应用场景等。其中，基础设施主要指开展金融科技创新业务所必须拥有的支付、征信、风控等设施，金融基础设施是金融市场稳健高效运行的基础性保障。业务渠道是各类金融科技创新业务的展现方式，即通过移动端App、PC端网页或线下推广员等各种路径，给人们使用金融科技创新业务的方式。同时，金融科技创新业务必须存在于人们众多的生活场景中，这要求金融科技创新产品或服务必须与生活场景具有较好的契合度。金融科技只有跟场景结合，才可以真正地发挥作用。

2. 金融科技创新的生态主体

金融科技创新的生态主体可以分为新兴技术的供给者、需求者、服务中介三大类。其中，金融科技公司是新兴技术的供给者，监管部门和传统金融机构是新兴技术的需求者，服务中介则包括行业协会、研究机构、中介机构等。

具体来说，监管部门、金融科技公司和传统金融机构是金融科技创新生态体系的主要参加者。其中，监管部门作为金融科技市场的管理者，其主要目标是利用监管科技提升监管效率，维护金融系统稳定、保障消费者权益。金融机构是指从事金融业有关的金融中介机构，是金融体系的一部分，我国的金融机构主要包括银行业金融机构、证券机构和保险机构三大类。当前，传统金融机构亟须借助新兴技术提供创新金融服务，从而实现转型升级。金融科技公司利用自身优势提供新兴技术服务，助力金融机构提高服务效率以及监管机构提升监管效率。

此外，一个更富活力与效率的金融科技创新生态体系还离不开行业协会、中介机构、研究机构等生态主体的积极参与。行业协会是指为政府和企业提供咨询、沟通、监督、自律、协调等服务的中介组织，金融科技行业协会是政府和金融科技公司在金融科技领域交流合作的桥梁和纽带。中介机构是指依法通过专业知识和技术服务，提供融资担保、资产评估、信息咨询、信用评级等中介服务的机构，这些机构在减少金融市场的信息不对称方面起到积极的作用。研究机构是指有明确的研究方向和任务、长期从事研究与开发活动的机构，金融科技研究机构对于推进金融科技领域理论和实践研究具有重要作用。

金融科技创新生态体系是一个生态环境与生态主体有机互动、相互作用的统一体。目前我国的金融科技创新生态体系正处在不断形成和完善中（见图2-6）。

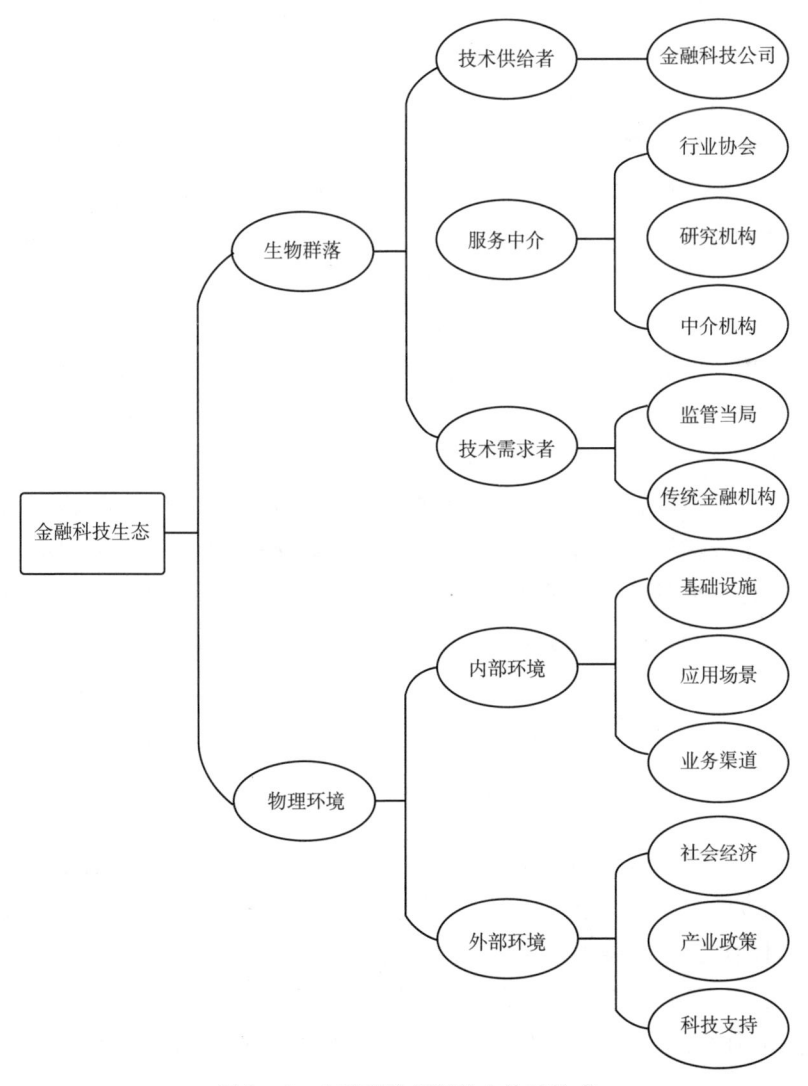

图2-6 金融科技创新生态体系构成

四、生态体系视角下金融科技创新监管

金融科技创新生态体系通过构建群体合作共赢机制，使得一系列关系密切的从事或参与金融科技业务的组织机构和个人，在一定的生态环境背景下，通过有机协同方式形成的创新生态体系。

金融科技创新生态体系中，生态环境包括基础设施、业务渠道、应用场景等内部环境，以及社会经济环境、产业政策环境、科技水平环境等外部环境。它们分别影响金融科技发展创新的运行过程本身和大致发展方向。金融科技创新生态主体包括监管部门、金融科技公司、金融机构等，各生态主体策略选择相互依赖、相互影响，金融科技创新生态体系构建离不开各生态主体的和谐共融发展。作为一个开放性、动态性、整体性的系统，金融科技创新生态体系实质是一个生态环境与生态主体有机互动、相互作用的统一体。

作为一种"破坏式创新"，金融科技具有很强的风险特征。在金融领域强监管、防风险的背景下，亟须构建一个更富活力与效率的金融科技创新生态体系，以更好地防范金融科技创新的潜在风险。其中，生态环境为金融科技创新发展与有效风险防控提供一个健康可持续发展的环境氛围，它们决定金融科技创新的运行过程本身和大致发展方向。生态主体以金融风险防控和消费者利益为核心目标，充分借鉴国际监管实践，大力发展监管科技，良性互动、共融发展，共同推动金融科技行业的高质量发展。

第五节　本章小结

金融科技监管在带来收益的同时，也具有一定的成本。随着金融科技监管强度的提高，金融科技创新的收益提高。但是随着监管强度的逐步增加，对创新的约束越来越大。当监管强度达到一定程度后，随着监管强度的再增加，带来的净收益将会变为负的，表现为监管过度，严重抑制金融科技创新的发展。所谓适度监管，就是使监管的预期收益最大化的监管区域。

演化博弈方法是研究不同主体动态博弈关系的重要手段。可以通过构建演化博弈模型分析金融科技市场参与主体的演化博弈行为及其策略选择的影响因素。根据演化博弈分析结果，需要采取以下措施完善金融科技创新监管：运用监管科技，降低监管成本；转变监管方式，树立"激励型"监管理念；完善监管规则体系，压缩违规利润空间；划定监管底线，加大违规惩罚力度。

激励相容是指制度所涉及的各个成员的效用最大化目标与该项制度的总体目标保持一致的状态。借用信息经济学中激励相容的概念来描述激励相容的金融科技创新监管。激励相容的金融科技创新监管是指一种最优的包容审慎的金融创新监管机制，它能通过一定的监管机制设计，达到金融科技发展"创新-监管"与"安全-效率"的动态平衡。

生态体系作为一个开放性、动态性、整体性的系统，其实质是一个生态环境与生态主体有机互动、相互作用的统一体。在金融领域强监管、防风险的背景下，亟须构建一个更富活力与效率的金融科技创新生态体系，以更好地防范金融科技创新的潜在风险。

本书主要基于生态体系视角研究金融科技创新监管机制的构建，从根本上来讲，生态体系作为一个开放性、动态性、整体性的系统，其内涵也体现了适度监管、演化博弈以及激励相容的监管理念。

第三章 我国金融科技创新生态体系的运行现状

近年来，国内金融科技发展迅猛，但同时又存在一系列潜在风险。在金融领域强监管、防风险的背景下，一个更富活力与效率的金融科技创新生态体系成为人们关注的焦点。引入生态体系的内涵对金融科技创新进行研究，可以较为全面地考察整个金融科技的生态环境及主体构建，从而有助于构建一个更富活力与效率的金融科技创新生态体系，更好地防范金融科技创新的潜在风险。

第一节 我国金融科技创新的生态环境

金融科技创新的生态环境分为外部环境和内部环境，其中，外部环境主要是指社会经济环境、产业政策环境、科技水平环境等，内部环境是指开展金融科技创新的基础设施、应用场景等。

一、金融科技创新生态体系的外部环境

近年来，国家陆续出台一系列经济金融政策，来保障科技创新和支持金融科技发展，为金融科技在我国的实际应用创造良好的外部环境。

（一）良好的经济环境

我国金融科技的宏观经济环境良好，金融和科技的周期性渗透与融合

推动金融科技创新，由此催生金融生态的变革。

2015年，经济新常态背景下，国内经济下行压力增大，进入转型升级关键期。互联网金融成长助力普惠金融发展，随着互联网的普及，金融科技行业参与者爆发式增长。

2016年，国民经济运行缓中趋稳、稳中向好，金融科技逐步取代互联网金融成为行业热点，科技与金融结合更加紧密。京东金融研究院数据显示，当年中国金融科技行业融资达到77亿美元，居全球首位。

2017年，国民经济稳中向好、好于预期，经济活力不断释放，这一年被称为"中国金融科技元年"。埃森哲数据显示，当年国内金融科技融资额约115亿美元，占全球57%，居于首位。

2018年，国民经济运行平稳，稳中有变，金融科技发展进入3.0阶段。埃森哲数据显示，当年中国金融科技投资额达到255亿美元。其中一半以上来自5月蚂蚁金服获得的140亿美元融资。

2019年，面对国内外风险挑战明显上升的复杂局面，我国经济社会保持健康发展，三大攻坚战取得关键进展，金融风险有效防控。2019年中国金融科技投资下降92%，降至19亿美元。

2020年，受席卷全球的新冠肺炎疫情影响，全球经济受到沉重打击。中国有效控制疫情，经济运行逐步恢复常态。由于科技巨头主导市场及监管加强，中国金融科技投资继续下降，投资总额仅达16亿美元。但投资下降侧面反映中国金融科技行业已相当成熟，尤其是在少数科技巨头主导的支付领域。

（二）宽松的监管环境

美国对金融科技的监管主要是功能监管与限制性监管，如美国网贷平台借贷俱乐部（Lending Club）从成立伊始就接受美国证监会的严格监管。有效地规范网贷行业，使得行业保持一定的活力，又避免行业的无序发展。

与美国相比，中国政府实施鼓励创新的整体战略，金融科技行业在发展初期几乎不受约束，互联网金融的主要业态几乎都处于无准入门槛、无行业标准、无监管机构的"三无"状态，使得国内的互联网金融在短短几年内快速发展。在2011～2015年的五年时间里，央行共发放第三方支付牌照270家，网贷运营平台从50家增加到2356家，互联网保险公司从28家增加到110家。①

但这种宽松的监管环境造成行业无序发展，也带来一系列问题，如金融风险有所加大、行业发展良莠不齐等。为构建良好的金融科技生态体系，确保金融科技创新的可持续性，国家开始加强对金融科技的监管。

2015年7月，中国人民银行等十部门发布《关于促进互联网金融健康发展的指导意见》，按照"依法监管、适度监管、分类监管、协同监管、创新监管"的原则，落实监管责任，明确各类业务边界。该指导意见揭开了中国金融科技监管的序幕。随后，相关监管部门开展一系列的金融科技领域强监管、防风险的整治工作。

为进一步促进中国金融科技创新的健康可持续发展，2019年9月6日，央行正式发布《金融科技（FinTech）发展规划（2019—2021年）》，作为全球首个国家层面的金融科技规划，该规划从战略、机构、产业、风险、监管、消费者权益等多个角度全面阐述金融科技的构想，这标志着中国金融科技监管规则体系将逐步建立。

总体说来，首先，央行发布金融科技规划标志着我国金融科技政策的顶层规划正在趋于完善。与此同时，银行、证券、保险细分领域的金融科技顶层规划与管理机制也在不断完善。其次，国内金融科技发展在多领域采取"试点先行"的探索模式，体现"先试点，再推广"的政策导向。最后，随着金融科技国家顶层规划的逐步明确，各地对于发展金融科技产业的积极性更加突出，重视程度不断提升，相继出台相关专项政策支持金融科技创新的发展。

（三）全面的科技支持

随着云计算、大数据、人工智能和区块链等新兴技术在金融行业的深入应用，科技对于金融的作用被不断强化，创新性的金融解决方案层出不穷，金融科技发展进入新阶段。技术领域的不断创新快速催生金融科技的新模式和新业态，我国金融科技的迅速变革也得益于国家全面的科技支持。

2015年7月，国务院发布《关于积极推进"互联网+"行动的指导

---

① 刘福寿：P2P网贷机构到今年11月中旬已完全归零［DB/OL］. 每日经济新闻，http：//www.nbd.com.cn/articles/2020-11-27/1558001.html.

意见》，提出实施"互联网＋"普惠金融重点行动，促进互联网金融健康发展，全面提升互联网金融服务能力和普惠水平。

2016年12月，国务院发布《关于印发"十三五"国家战略性新兴产业发展规划的通知》，提出实施网络强国战略，加快建设"数字中国"，推动物联网、云计算和人工智能等技术向各行业全面融合渗透，构建万物互联、融合创新、智能协同、安全可控的新一代信息技术产业体系。

2017年1月，国务院发布《关于促进移动互联网健康有序发展的意见》，提出加紧人工智能、虚拟现实等新兴移动互联网关键技术布局，尽快实现部分前沿技术、颠覆性技术在全球率先取得突破。

2017年6月，中国人民银行发布《中国金融业信息技术"十三五"发展规划》，提出贯彻落实"互联网＋"战略，促进金融业合理利用新技术，建设云计算、大数据应用基础平台及互联网公共服务可信平台，研究区块链、人工智能等热点新技术应用，实现新技术对金融业务创新有力支撑和持续驱动。

2019年6月，中国人民银行发布《金融科技（FinTech）发展规划（2019—2021年）》，提出以重点突破带动全局，探索新兴技术在金融领域安全应用，加快扭转关键核心技术和产品受制于人的局面，全面提升金融科技应用水平，将金融科技打造成为金融高质量发展的"新引擎"。

2019年10月，央行上海总部印发《关于促进金融科技发展支持上海建设金融科技中心的指导意见》，从打造具有全球影响力的金融科技生态圈、深化金融科技成果应用、加大新兴技术研发等八个方面提出40项指导意见，旨在着力挖掘上海金融科技发展潜能，深度激发金融科技发展活力。

2020年11月3日，新华社受权发布《中共中央关于制定国民经济和社会发展第十四个五年规划和二〇三五年远景目标的建议》，提出构建金融有效支持实体经济的体制机制，提升金融科技水平，增强金融普惠性。

二、金融科技创新生态体系的内部环境

金融科技创新的内部环境是指开展金融科技创新的基础设施、应用场景等。近年来，我国金融科技创新发展迅猛，其基础设施、应用场景等内部环境也处在不断改善和提高中，但同时也存在一系列的问题。

（一）基础设施

金融基础设施有狭义和广义两种概念。狭义金融基础设施包括支付、清算、结算和征信等方面，广义金融基础设施还包括会计准则、信用环境、定价机制等。金融基础设施是金融市场稳健高效运行的基础性保障，金融基础设施的质量在很大程度上决定了金融体系的运行效率。

很多国家和地区已经认识到现存的金融基础设施较难支撑未来金融科技创新的不断发展，数字货币、虚拟银行、智能金融等创新金融模式也需要新型金融基础设施来支撑，推动金融业基础设施的数字化转型成为各国政策关注重点，主要国家和地区也都在加强金融基础设施建设（见表3-1）。

表3-1　　　　　全球部分国家金融基础设施建设情况

领域	国家	金融基础设施建设成果
支付清算系统	美国	建立联邦储备通信系统（Fedwire）和纽约清算所同业支付清算系统（CHIPS）两大主要大额支付系统和自动清算中心（ACH）、实时支付（RTP）等小额支付清算系统
	英国	大额支付系统包括央行账户系统（RTGS）和大额支付系统（CHAPS）两个独立的系统，以及直接借记和工资支付（CREST和Bacs）、网络和移动支付（Faster Payments）等零售支付系统
	新加坡	创建区块链支付系统（Ubin）项目，旨在探索使用区块链和分布式账本技术（DLT）对支付和证券进行清算结算
	中国	建立领先的中国现代化支付系统（CNAPS），包括大额实时支付系统（HVPS）、网上支付跨行清算系统（IBPS）、跨境支付系统（CIPS）等
基础征信系统	美国	政府建立"双级多头"的征信监管系统，双级是指联邦监管机构+各州监管机构；多头是指多个部门+行业协会的自律管理
	德国	其社会信用体系包括公共征信系统、私营信用服务系统、行业协会三部分，私营信用服务系统是德国社会信用体系的主体
	中国	已建立"政府+市场"双轮驱动的全球规模最大征信系统，包括中国人民银行征信中心（pbccrc）、百行征信等市场化征信机构
账户体系和客户身份识别系统	美国	建立庞大的监管范畴和完善的监管手段，覆盖汇款渠道、金融业务以及机构风险监控等多方面
	新加坡	包含往来账户、储蓄账户、多币种结算账户等
	中国	通过反洗钱金融行动特别工作组（FATF）布局多层次的现代化账户体系与身份识别系统

资料来源：中国信通院.中国金融科技生态白皮书（2020年）[R].2020.

第三章　我国金融科技创新生态体系的运行现状

近年来，在央行等监管机构的大力推动下，我国金融基础设施建设得到快速提升，国家级金融科技基础设施正在加快布局，央行正在推动建设国家级金融科技认证中心、测评中心、发展中心以及风险监控中心等重要基础设施。

2017年1月，国务院发布《关于促进移动互联网健康有序发展的意见》，提出加快信息基础设施演进升级，全面推进第四代移动通信（4G）网络在城市地区深度覆盖、在农村地区逐步覆盖、在贫困地区优先覆盖。

2017年6月，央行发布《中国金融业信息技术"十三五"发展规划》，提出对照国际先进标准，统筹推进金融信息基础设施建设与转型，优化金融信息基础设施布局，提高安全性、运行可靠性、可扩展能力和业务连续性管理水平。

2019年2月，习近平总书记在中央第十三次集体学习时强调，要加快金融市场基础设施建设，稳步推进金融业关键信息基础设施国产化。要不断探索推进金融基础设施建设的新思路，从而为金融科技高质量发展提供基础支撑。

2019年8月22日，央行印发《金融科技（FinTech）发展规划（2019—2021年）》，提出夯实金融科技基础支撑，持续完善金融科技产业生态，优化产业治理体系，从技术攻关、信用服务、标准规范等方面支撑金融科技健康有序发展。

经过多年的建设，我国支付、清算、结算和征信等金融基础设施运行稳健，功能也不断完善。但是，随着金融科技在各类型金融机构和多领域金融业务方面的广泛普及和深入应用，金融科技基础设施也面临一系列问题，如立法规范亟待完善、监管体系亟待优化、功能发挥亟待增强等。

尤其是在新冠肺炎疫情的影响下，随着"零接触式"金融服务的全面推进，全国支付清算、国库收支、货币发行、征信系统等重要金融业基础设施都承受着越来越大的运行压力，运用科技手段提升金融业基础设施的数字化转型正在成为金融科技应用深化的重要趋势。

（二）应用场景

金融科技创新业务必须存在于人们众多的生活场景中，这要求金融科技创新产品或服务必须与生活场景有较好的契合度。金融科技只有与场景结合才能够真正发挥作用。当前，我国金融科技创新在支付业务、信贷业务、大数据分析、精准营销、智能投顾、保险科技等诸多方面都具有广泛的应用场景。

1. 信贷业务方面

通过大数据和云计算，以及深度学习和神经网络等新型分析工具，金融科技能够在信贷业务中实现全流程应用，贯穿贷前评估、贷中监测、贷后反馈等各个环节。贷前评估环节，辅助放贷机构对客户信贷行为和信用特征进行分析和画像；贷中监测环节，辅助放贷机构对已贷项目进行动态管理和实时预警；贷后反馈环节，辅助放贷机构实现逾期催收和征信模型迭代。

2. 保险科技方面

随着大数据、人工智能、区块链等新兴技术在保险行业的应用，保险科技蕴含巨大的发展潜力。基于大数据技术，保险公司可以应用大数据建立模型，快速深入分析用户的真实需求，为用户提供更加个性化的保险产品。应用人工智能技术，可以逐步使得保险业务条线实现智能自动化，大大提升业务流程效率。应用区块链技术，可以将保险业务流程自动化，减少人为错误，解决会员与平台的信任问题，从而推动网络互助平台的发展。

中国银行业协会联合普华永道联合发布的《中国银行家调查报告（2019）》显示，在金融科技创新的诸多应用场景中，基于大数据分析的产品创新、精准营销和风险管理受到的关注度最高（71.0%），应用移动互联网技术增加客户接触点、创新获客手段也受到较高关注（63.6%），而应用物联网技术创新贷款产品（11.2%）和应用区块链技术实现数据安全管理（10.0%）受到关注度较低（见图3-1）。

应用场景	占比
基于大数据分析的产品创新、精准营销和风险管理	71.0%
应用移动互联网技术增加客户接触点、创新获客手段	63.6%
利用互联网社交提升客户黏性	41.9%
基于互联网技术的贷款业务线上化	36.9%
应用机器人/人工智能代替真人，降低成本	18.8%
应用物联网技术创新贷款产品	11.2%
应用区块链技术实现数据安全管理	10.0%

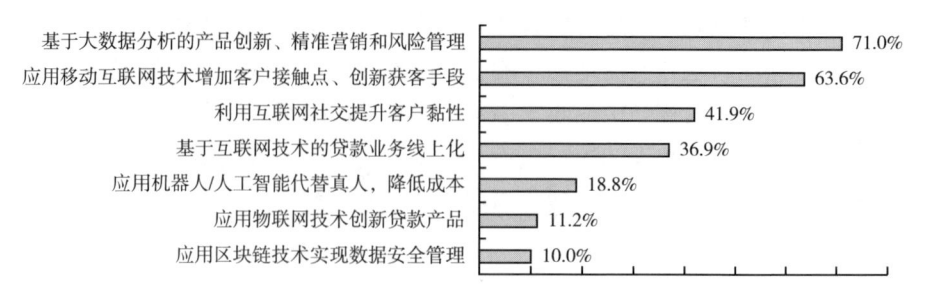

图3-1 金融科技主要应用场景

资料来源：中国银行业协会和普华永道. 中国银行家调查报告（2019）[R]. 2020.

第三章　我国金融科技创新生态体系的运行现状

在金融领域强监管、防风险的背景下，需要进一步开发和完善金融科技的应用场景，并对可能产生的金融风险做好相应的应对措施。

第二节　我国金融科技创新的生态主体

金融科技市场存在多方参与主体，具体包括监管机构、金融科技公司、传统金融机构等。金融科技创新生态体系构建离不开各生态主体的和谐共融发展，目前我国金融科技创新生态体系正处在不断形成和完善中。

一、监管部门

金融监管部门亦称作金融监管的主体，它是对金融业实施监管的政府或准政府机构。金融科技监管部门主要依据国家相关政策法规对提供金融科技服务的相关企业进行合规监管，其核心目标是维护金融系统稳定和保障消费者权益。从监管方式来看，2015年以来，中国金融科技行业大致经历"不监管→试验性监管→结构性监管→建立新的监管体系"四个阶段。

2015年7月，中国人民银行等十部门发布《关于促进互联网金融健康发展的指导意见》，揭开金融科技监管的序幕。该指导意见提出，在监管职责划分上，人民银行负责互联网支付业务的监督管理；银监会负责网络借贷、互联网信托和互联网消费金融的监督管理；证监会负责股权众筹融资和互联网基金销售的监督管理；保监会负责互联网保险的监督管理。

2016年4月，国务院召开14个部委参加的电视会议，在全国范围内开展为期一年的互联网金融领域专项整治行动。目标是规范各类互联网金融业态，优化市场竞争环境，扭转互联网金融某些业态偏离正确创新方向的局面，遏制互联网金融风险案件高发频发势头，提高投资者风险防范意识，建立和完善适应互联网金融发展特点的监管长效机制。

2018年7月，央行会同有关部门召开坚决打赢互联网金融风险专项整治攻坚战动员会，强调互联网金融风险是金融风险的重要方面，为贯彻落实中央决策部署，按照打好防范化解重大风险攻坚战总体安排，再用1~2年时间完成互联网金融风险专项整治，化解存量风险，消除风险隐患，初步建立适应互联网金融特点的监管制度体系。这标志着我国进入金融科技的严格监管阶段。

2018年12月，央行等六部门决定在北京、上海、江苏、浙江等地开展金融科技应用试点，兼顾鼓励创新发展和维护金融安全的双重要求，探索符合中国国情的监管沙盒制度。截至2020年8月末，已推出60个试点项目，试点项目聚焦人工智能、大数据、区块链、物联网、5G等前沿技术，涵盖数字金融、普惠金融、供应链金融等应用场景。

为进一步促进中国金融科技的健康可持续发展，2019年9月6日，央行正式发布《金融科技（FinTech）发展规划（2019—2021年）》，明确提出未来三年中国金融科技工作的指导思想、基本原则、发展目标、重点任务和保障措施，进一步增强金融业科技应用能力，实现金融与科技深度融合、协调发展。这标志着中国金融科技监管规则体系将逐步建立。

2020年1月，银保监会发布《关于推动银行业和保险业高质量发展的指导意见》，再次明确"深入开展互联网金融风险专项整治，推动不合规网络借贷机构良性退出"，对2020年网络借贷行业的监管思路和发展方向给出更加明确的预期。

作为金融科技公司的一个重要组成部分，近年来，大科技公司（Big-Tech）利用其独特优势广泛开展金融业务，其潜在风险受到国内外的高度关注。我国政府及相关金融管理部门高度重视大科技公司的监管工作，先后发布监管文件，并多次约谈蚂蚁集团等金融科技公司，标志着大科技公司强监管时代的到来。

2020年9月，国务院发布《关于实施金融控股公司准入管理的决定》，明确要求规范金融综合经营和产融结合，加强金融控股公司统筹监管，加快补齐监管制度短板，深化金融制度改革，规范市场秩序，防范化解风险，增强金融服务实体经济能力。

2021年2月，国务院发布《关于平台经济领域的反垄断指南》，以预防和制止平台经济领域垄断行为，保护市场公平竞争，促进平台经济规范有序创新健康发展，维护消费者利益和社会公共利益。

2021年4月，人民银行、银保监会、证监会、外汇局等金融管理部门联合对部分从事金融业务的网络平台企业进行监管约谈。腾讯、度小满金融、京东金融、陆金所等13家网络平台企业实际控制人或代表参加约谈。

近年来，我国出台的金融科技行业主要监管政策见表3-2。

表 3-2　　　　　　　金融科技行业主要监管政策

时间	机构	监管政策
2015 年 7 月	央行等十部委	《关于促进互联网金融健康发展的指导意见》
2016 年 4 月	国务院办公厅	《互联网金融风险专项整治工作实施方案》
2016 年 4 月	央行等十四部门	《非银行支付机构风险专项整治工作实施方案》
2016 年 4 月	银监会等十五部委	《P2P 网络借贷风险专项整治工作实施方案》
2016 年 12 月	央行等十七部门	《通过互联网开展资产管理及跨界从事金融业务风险专项整治工作实施方案》
2017 年 6 月	央行等十七部门	《关于进一步做好互联网金融风险专项整治清理整顿工作的通知》
2017 年 8 月	银监会	《网络借贷信息中介机构业务活动信息披露指引》
2017 年 9 月	央行等七部委	《关于防范代币发行融资风险的公告》
2018 年 1 月	中国互联网金融协会	《关于防范境外 ICO 与"虚拟货币"交易风险提示》
2018 年 4 月	央行等四部门	《关于规范金融机构资产管理业务的指导意见》
2018 年 8 月	银保监会等 5 部门	《关于防范以"虚拟货币""区块链"名义进行非法集资的风险提示》
2019 年 9 月	中国人民银行	《金融科技（FinTech）发展规划（2019—2021 年）》
2020 年 1 月	银保监会	《关于推动银行业和保险业高质量发展的指导见》
2020 年 9 月	国务院	《关于实施金融控股公司准入管理的决定》
2021 年 2 月	国务院	《关于平台经济领域的反垄断指南》

资料来源：根据相关官网整理。

金融科技监管部门对维护金融系统稳定和保障消费者权益等起到重要作用，当前主要问题是：现行的分业监管体制以及缺乏科技支撑的传统监管模式难以有效应对金融科技创新的潜在风险，亟须充分借鉴国际监管实践，大力发展监管科技，不断提升监管的实时性、精准性和穿透性。

二、金融科技公司

金融科技公司作为云计算、大数据等新兴技术的供给者，[①] 一方面，利用新兴技术为金融机构提供风控、营销、客服、投顾等服务，提高服务效率并降低合规成本；另一方面，利用新兴技术为监管部门提供监管科技

---

① 从广义范围上来讲，监管科技公司可以视为金融科技公司的一部分。金融科技公司是技术的提供者，监管部门和金融机构是技术的需求者。

服务，丰富监管手段、提升监管效率。

目前，国内金融科技公司发展迅猛，在全球范围内呈领先态势。毕马威和金融科技投资公司 H2 Ventures 联合发布的《2019 年全球金融科技 100 强榜单》显示，中国的金融科技公司在前十名中占据三位，蚂蚁金融居首位，京东金融、百度分列第 3 位、第 6 位。领先 50 强中还包括陆金所（排名第 11 位）、金融壹账通（排名第 18 位）、汇立集团（WeLab）（排名第 35 位）、众安保险（排名第 50 位）（见表 3 – 3）。

表 3 – 3　《2019 年全球金融科技 100 强榜单》领先 50 强

排序	企业名称	国家	排序	企业名称	国家
1	蚂蚁金服（Ant Financial）	中国	26	Revolut	英国
2	Grab	新加坡	27	Monzo	英国
3	京东数字科技（JD Digits）	中国	28	Banco Inter	巴西
4	GoJek	印度尼西亚	29	Toss	韩国
5	Paytm	印度	30	Wealthsimple	加拿大
6	度小满金融（Du Xiaoman Financial）	中国	31	Affirm	美国
7	Compass	美国	32	Airwallex	澳大利亚
8	Ola	印度	33	Judo Capital	澳大利亚
9	Opendoor	美国	34	Coinbase	美国
10	OakNorth	英国	35	汇立集团（WeLab）	中国
11	陆金所（Lufax）	中国	36	MoMo	越南
12	Klarna	瑞典	37	Kreditech	德国
13	N26	德国	38	Liquid	日本
14	Robinhood	美国	39	Neyber	英国
15	SoFi	美国	40	Inglife	新加坡
16	Nubank	巴西	41	Creditas	巴西
17	TransferWise	英国	42	Bankera	立陶宛
18	金融壹账通（OneConnnect）	中国	43	Abbage	美国
19	Clover Health	美国	44	Raisin	德国
20	Oscar Health	美国	45	Metromile	美国
21	Policy Bazaar	印度	46	urCrowd	以色列
22	Atom Bank	英国	47	AfterPay Touch	澳大利亚
23	Lendingkart	印度	48	Collective Health	美国
24	Stripe	美国	49	Folio	日本
25	Lemonade	美国	50	众安保险（ZhongAn）	中国

资料来源：毕马威和 H2 Ventures. 2019 年全球金融科技 100 强榜单［R］. 2019 – 11 – 7.

第三章 我国金融科技创新生态体系的运行现状

世界知识产权组织（WIPO）发布的《2020年全球金融科技专利排行榜TOP100》显示，榜单前四名企业——阿里巴巴（798项专利）、平安科技（681项专利）、金融壹账通（363项专利）、腾讯科技（302项专利）均来自中国，说明在金融科技领域，中国的技术实力已经居于领先地位。

2021年1月18日，毕马威（KPMG）正式发布《2020中国领先金融科技企业50》报告及评选入围榜单。榜单围绕科技与数据、创新与变革、金融服务普及、资本市场认可度、发展前瞻度五大维度对企业进行量化评估。榜单顺应金融科技的发展趋势，首次采用"双50"概念，提名上榜100家金融科技公司。按其专业领域的不同，可以分为以下七类：综合金融科技（8家）、科技创新金融机构（8家）、支付科技（6家）、信用科技（20家）、财富科技（20家）、保险科技（11家）、监管科技（7家）、底层技术（20家）。

当前，金融科技发展表现出以下趋势：全业务环节变革深化，综合金融科技生态圈持续更新迭代；传统金融痛点引导科技解决方案，金融企业对金融科技的投入加大；支付产业规模不断扩大，连续多年居全球首位；数字化信用服务领域发展迅猛，多模式创新促进融资"降本增效"；资管行业全面科技化，细分领域"科技含量"持续升级；保险行业数字化转型大势所趋，政府、产业、科技共同推动全流程创新；科技创新推动监管变革，监管科技发展迎来热潮；安全性与普惠性凸显，底层技术与业务深度融合加速。

金融科技的快速发展提升了金融服务的效率，满足了不同消费者对金融服务多样性和个性化的需求。然而不容忽视的是，随着金融与科技的深度融合，各类借助科技手段的伪金融创新、金融诈骗的隐蔽性越来越强，危害涉众性也越来越大。一些金融科技公司在利益驱动之下，常常伴随着虚假宣传、非法集资、倒卖数据、内幕交易、侵害消费者利益等违法经营行为。

近年来，P2P网贷风险事件频发，对行业健康发展造成强烈冲击。2018年11月，信通院发布的《数字金融反欺诈——洞察与攻略》白皮书显示，在金融科技创新背景下，"数字金融"欺诈事件时有发生，并且日趋产业化、技术化和精准化。中国消费者协会发布的《100款App个人信息收集与隐私政策测评报告》显示，近一半App隐私政策不符合《个人信息安全规范》的要求。

金融科技所依托技术的开放性、扩散性和隐蔽性将会放大金融外部传染性风险，增加金融市场的脆弱性。在金融科技创新迅猛发展的同时，需切实采取有效措施，防范金融科技创新的衍生风险。

三、传统金融机构

金融机构是指从事金融业有关的金融中介机构，是金融体系的一部分。金融机构主要包括银行业金融机构、证券机构和保险机构三大类。近年来，中国金融业随着科技进步发生了巨大的变革。金融与科技结合，不仅颠覆了银行、保险、证券等细分领域原有的商业模式与逻辑，更重构了传统金融机构的战略、运营、产品、渠道和风控等各个环节。

（一）商业银行

近年来，商业银行充分利用其在业务资质、风险防控以及客户基础等方面的优势，积极布局金融科技，促进商业银行传统经营模式的转型升级。其中，大型商业银行纷纷设立金融科技子公司（见表3-4）。

表3-4　　　　　　　　银行系金融科技公司

商业银行	设立的金融科技公司	成立日期
兴业银行	兴业数字金融服务（上海）股份有限公司	2015年11月10日
招商银行	招银云创（深圳）信息技术有限公司	2016年2月23日
光大银行	光大科技有限公司	2016年12月20日
建设银行	建信金融科技有限责任公司	2018年4月18日
民生银行	民生科技有限公司	2018年4月26日
工商银行	工银科技有限公司	2019年3月25日
北京银行	北银金融科技有限责任公司	2019年5月16日
中国银行	中银金融科技有限公司	2019年6月11日
华夏银行	龙盈智达（深圳）科技有限公司	2019年10月31日
农业银行	农银金融科技有限责任公司	2020年7月28日
交通银行	交银金融科技有限公司	2020年8月25日

资料来源：根据相关资料整理。

同时，商业银行发展金融科技也存在一些劣势和困境，比如缺乏高效组织架构、信息科技系统难兼容、金融科技发展不充分等。中国银行业协会联合普华永道联合发布的《中国银行家调查报告（2019）》显示，团队技能不足、技术发展的前瞻性研究不够是制约银行发展金融科技的主要短板（见图3-2）。

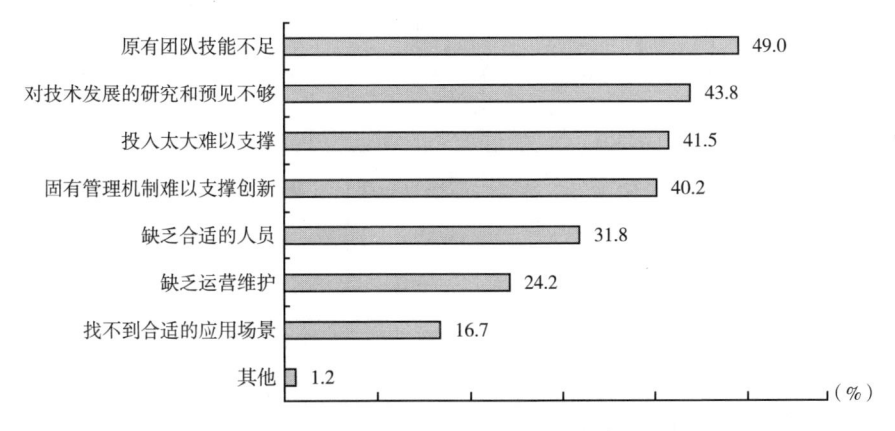

项目	百分比(%)
原有团队技能不足	49.0
对技术发展的研究和预见不够	43.8
投入太大难以支撑	41.5
固有管理机制难以支撑创新	40.2
缺乏合适的人员	31.8
缺乏运营维护	24.2
找不到合适的应用场景	16.7
其他	1.2

图3-2 银行业发展金融科技面临的困难

资料来源：中国银行业协会和普华永道. 中国银行家调查报告（2019）[R]. 2020.

（二）证券公司

随着金融供给侧结构性改革的深入与资本市场双向开放力度加大，内外部竞争环境变化使得证券公司竞争压力日趋激烈，行业竞争的升级与科技浪潮的来袭，均倒逼证券公司加大信息系统建设与人才储备、扩大科研投入力度、打造自身核心优势。同时，我国的监管政策也是金融科技转型趋势的催化剂，监管压力加大也促进了证券行业对信息技术的投入。2017年以来，证券行业对信息技术的投入力度呈稳步增长之势（见图3-3）。

目前证券行业数字化转型已经进入到智慧券商阶段，但国内证券行业对金融科技的应用仍然不够深入，与国外存在较大差距。将来，深度挖掘数据价值、提高财富管理智能化水平以及发挥类区块链技术的功能等方面将是我国智慧券商发展的主要方向。

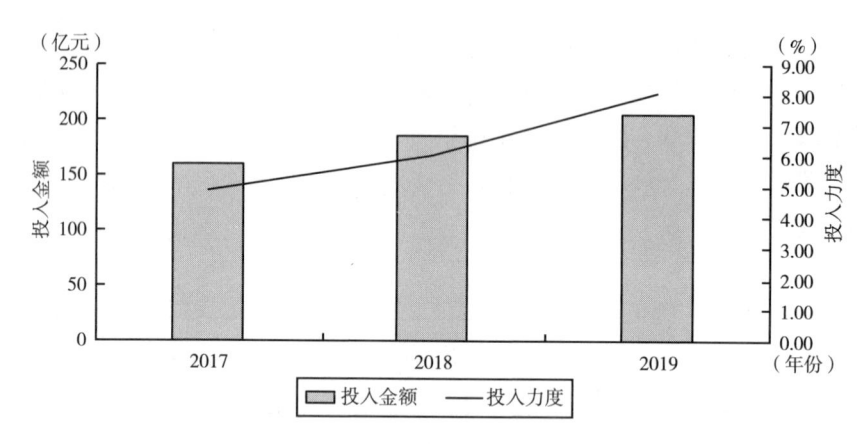

图 3-3　证券行业信息技术投入情况

资料来源：根据相关资料整理。

（三）保险公司

随着大数据、区块链、云计算、人工智能等新兴前沿技术带动，保险业正从人力密集型、资本密集型向科技密集型发展。各大保险公司纷纷加大科技投入。中国平安、中国太保等大型保险集团积极对接场景化、规模化、个性化的消费需求，纷纷布局人工智能、云技术、区块链等。科技对保险业的变革已经"由表及里"，从保险渠道变革逐步深入到保险中后台的基础设施变革。保险科技催生了新的保险需求，重塑了保险价值链，构筑新的保险生态。2019~2020年，受疫情影响，互联网保险业务得到飞速发展。截至2020年底，我国共有134家保险公司经营互联网保险业务。其中，61家保险公司经营互联网人身险业务，73家保险公司经营互联网财产险业务。

传统金融机构拥有广泛的金融牌照、雄厚的资金支持、完善的风险管理、优质的客户资源等，但是缺乏金融科技公司的科学技术和创新环境。对以银行为代表的传统金融机构来说，金融科技公司的迅猛发展既是颠覆性的挑战，也提供了抢占风口的机遇。普华永道《2017年全球金融科技调查报告中国概要》显示，68%的传统金融机构表示未来三至五年内加强与金融科技公司的合作；58%的中国受访者认为未来五年内传统金融机构最具有颠覆性，这体现出我国金融机构对自身的转型升级具有迫切的渴望。

普华永道《2020年中国金融科技调研报告》还显示，银行与金融科技公司合作的三个挑战依次为：数据的可获性和合规性、信息科技系统的安全性和兼容性、监管的不确定性。保险业与金融科技公司合作的挑战集中在三个领域：数据的可获性和合规性、商业模式的差异、信息科技系统的安全性和兼容性。金控公司与金融科技公司合作的挑战主要有：数据的可获性和合规性、管理方式与企业文化的差异、必要的财务方面。该调研报告反映出，数据的可获性和合规性是金融机构与金融科技公司合作亟待克服的最大挑战。

四、研究机构

研究机构是指有明确的研究方向和任务，长期从事研究与开发活动的机构。金融科技研究机构对于推进金融科技领域的实践总结、理论创新和政策研究具有重要意义和作用。例如，中国人民银行成立金融科技委员会，加强金融科技的研究规划和统筹协调。中国工商银行成立金融科技研究院，开展金融科技新技术前瞻性研究及技术储备。BATJ成立研究部门或研究院，如百度研究院、阿里研究院、腾讯研究院、京东数字科技研究院等。国内主要高校也相继成立金融科技研究机构，进行金融科技基础理论和创新应用的研究。

（一）北京大学数字金融研究中心

北京大学数字金融研究中心成立于2015年10月，由北京大学中国社会科学调查中心、上海新金融研究院和蚂蚁金服集团共同发起成立。研究中心定期举办学术与政策研讨会，提供交流平台，研讨数字金融领域的最新进展。此外，研究中心还积极推进国际学术交流与合作，与国际货币基金组织、国际清算银行等分别组建联合课题组，就中国数字金融问题展开深入研究。

（二）中国人民大学金融科技研究所

中国人民大学金融科技研究所成立于2018年12月，是专注于金融科技理论、应用与政策的新型智库和研究机构。研究所充分利用中国人民大学在金融、经济、管理、统计、法律以及计算机科学等方面的跨学科优势，打破学科壁垒，加强交叉融合，不断推进金融科技的前沿研究，为推动金融科技行业健康可持续发展提供决策参考。

（三）中央财经大学中国金融科技研究中心

中央财经大学中国金融科技研究中心成立于2017年，中心依托中央财经大学金融学院国家重点学科的优势，整合金融、保险精算、数学、计算机和人工智能等多学科研究力量，定位于一流智库，与行业保持密切合作，在积极进行基础理论和创新应用研究的同时，为金融机构、金融科技企业和相关组织等提供信息咨询和决策参考服务。

国内代表性的金融科技研究机构见表3-5。

表3-5　　　　　　　　　主要金融科技研究机构

序号	研究机构	成立机构	城市
1	央行金融科技委员会	中国人民银行	北京
2	金融科技研究院	中国工商银行	北京
3	金融科技创新中心	中国农业银行	北京
4	阿里研究院	阿里巴巴集团	杭州
5	京东数字科技研究院	京东数科集团	北京
6	清华大学五道口金融学院互联网金融实验室	清华大学五道口金融学院	北京
7	北京大学数字金融研究中心	北京大学中国社会科学调查中心、上海新金融研究院、蚂蚁金服	北京
8	中国人民大学金融科技与互联网安全研究中心	中国人民大学法学院	北京
9	国家金融与发展研究室	中国社会科学院	北京
10	上海新金融研究院	中国金融四十人论坛（CF40）	上海

资料来源：根据相关官网整理。

但是，当前国内主要的金融科技研究机构也存在一系列问题，主要是金融科技的相关研究大多数属于应用研究，云计算、区块链、大数据、人工智能、分布式、5G、物联网、信息安全等新技术前瞻性研究不足，基础理论研究发展存在滞后；相当多的研究机构成立时间短，发展经验不足，建立金融科技专业研究优势的路径仍在摸索之中。

五、行业协会

行业协会是指为政府和企业提供咨询、沟通、监督、自律、协调等服务的中介组织。行业自律在政府监管和金融科技公司之间起到良好的缓冲和调节作用，它有利于营造效率更高、方式更灵活的监管环境，提高监管的弹性和有效性。央行等十部委联合发布的《关于促进互联网金融健康发展的指导意见》明确了互联网金融协会的职能，将在行业发展中发挥重要作用。

金融科技行业协会是政府和金融科技公司在金融科技领域交流合作的桥梁和纽带，行业协会已经成为金融科技生态体系中的一个重要组成部分。一些国家和地区已经成立金融科技行业协会开展自律管理等工作。国外的金融科技行业协会主要有：英国P2P金融协会（P2PFA）、[①] 美国网络借贷行业协会（MLA）、新加坡金融科技协会（SFA）、澳大利亚金融科技协会（FinTech Australia）等。这些金融科技行业协会的成立对加强行业与监管机构合作、推动自律管理和标准制定等都起到积极作用。

在国内，国家级行业协会受中国人民银行等部门的指导，如中国互联网金融协会、中国支付清算协会等。其中，中国互联网金融协会在金融科技发展方面已经做出的大量尝试和探索，包括加强基础设施建设、开展金融科技前沿研究、推动金融科技领域标准化建设、做好金融消费者保护等。地方性行业协会主要受当地金融办的指导，如广东互联网金融协会、江苏省互联网金融协会、浙江省金融科技协会等。其中，广东互联网金融协会的业务范围包括加强行业自律、维护会员权益、围绕金融热点开展研讨等。

当前，国内金融科技协会、互联网金融协会存在的主要问题是协会规范性有待加强、协会行政色彩浓厚、会员惩罚激励力度不足、行业自律的管理作用未受到足够重视等。

[①] 英国P2P金融协会（P2PFA）成立于2011年，创始成员包括Funding Circle、Zopa等诸多P2P行业领军机构。这个行业自律组织的成立对英国P2P行业与监管机构合作等都做出了积极的贡献。2020年1月，该机构正式宣布关闭。

六、中介机构

中介机构是指依法通过专业知识和技术服务提供融资担保、资产评估、信息咨询、信用评级等中介服务的机构，这些机构在减少金融市场的信息不对称方面起到积极作用。

金融科技中介机构包括：担保机构、信用评级机构、律师事务所、会计师事务所等。金融科技是金融和科技的深度融合，需要担保机制解决信息不对称和融资难问题；需要一个独立、有效、公正的信用评级机构促成对金融科技公司的信用约束与监督机制的形成；需要律师事务所等中介机构提供金融和科技复合专业知识的咨询服务；需要会计师事务所提供相应的会计审计等服务。

目前金融科技中介机构存在的主要问题是市场参与度不高、专业素质和服务质量有待提高、市场竞争力不强。

七、消费者

消费者是金融科技创新生态体系的核心，也是金融服务的根本目标和内在动力。金融科技在金融服务中的广泛应用可有效覆盖传统金融机构未能覆盖的低收入者、小微企业等长尾群体。

普惠金融联盟（Alliance for Financial Inclusion）在《玛雅宣言》（Maya Declaration）中强调，金融消费者保护和激发权能是确保所有人都能被纳入自己国家的金融服务中的关键支柱。央行《金融科技（FinTech）发展规划（2019—2021年）》明确提出将消费者保护作为重点之一，有力支撑金融科技健康有序发展。如果消费者权益没有得到有效保护，就可能让一些负面问题在互联网环境下被放大，给金融和网络安全带来风险隐患。

当前，金融科技公司侵害消费者权益的乱象值得高度关注。例如，金融科技公司的消费者权益保护缺乏明确规则和要求，出现监管套利行为，与持牌金融机构形成不当竞争；金融科技公司的消费者作为长尾人群，自我保护意识和风险意识较差、金融知识普及度不高、金融素养不强等。

第三节 我国金融科技创新的生态主体失衡

近年来,我国金融科技创新发展迅猛,在全球居于领先地位,但由于各生态主体适用的竞争环境、政策法规、监管环境和重视程度等不同,造成我国金融科技创新的生态主体失衡。

一、金融科技公司之间发展失衡

金融科技行业具有"赢者通吃"的特征,一些大型金融科技公司往往利用数据及技术垄断优势,阻碍公平竞争市场环境的形成,获取超额收益。在各榜单中排名靠前的金融科技公司具备超级独角兽特征,几乎垄断相关业务的整个市场,从而不利于整个金融科技市场活力和创新精神的形成。

(一)融资方面

部分金融科技公司存在商业模式和科技同质化的现象,应用场景不够清晰,而投资人更关注大型项目,一些金融科技巨头,由此可以获得更大规模的融资,"头部效应"十分明显。诞生于阿里巴巴、京东和百度等金融巨头的金融科技独角兽在技术、数据、流量上有母公司保驾护航,起点高,估值高,竞争力极强。例如,2018 年 6 月,蚂蚁金服完成 140 亿美元的新一轮融资,估值达到 1500 亿美元,这是迄今为止全球最大的单笔私募融资,蚂蚁金服也因此成为全球最大的"超级独角兽"。2018 年 7 月,京东数科获得总额 130 亿元人民币的 B 轮融资,投后估值为 1300 亿元。而其他金融科技公司仍面临着来自监管趋严、同业竞争、投资人审慎态度的较大的融资压力。

(二)第三方支付方面

近年来,随着移动终端的普及和电子商务的发展,我国第三方支付行业交易规模持续增长。2013~2019 年,第三方支付交易规模由 17.75 万亿元增长至 248.51 万亿元，目前已形成支付宝、财付通两大巨头垄断的市场格局。① 2019 年支付宝占第三方支付市场的 54.4%，财付通占第三方支付市场的 39.4%，两者份额合计占 93.80%。② 金融科技行业巨头利用数据和技术钳制市场资源分配，且出于保护商业机密和节约数据整合成本的目的不愿共享信息，形成难以突破的"信息孤岛"。没有足够的数据信息支撑，市场格局呈现出弱小的竞争者不断被并购整合的趋势，很容易导致"马太效应"的出现，不利于金融科技市场良好竞争秩序的形成（见表 3-6）。

表 3-6 近年来我国第三方支付行业并购事件

时间	公司名称	被收购方	收购股权比例（%）
2020 年 11 月	快手	易联支付	60
2020 年 9 月	字节跳动	合众支付	100
2020 年 1 月	拼多多	付费通	50
2019 年 12 月	有线卡	商银信支付	100
2019 年 6 月	京东	哆啦宝	100
2018 年 7 月	神州高铁	优络科技	100
2017 年 11 月	新国都	嘉联支付	100
2017 年 4 月	51 信用卡	雅酷卡	100
2017 年 3 月	滴滴出行	滴滴支付	100
2017 年 3 月	滴滴出行	一九付	100

资料来源：根据相关资料整理。

二、金融科技公司与金融机构发展失衡

金融科技公司和金融机构面临的监管环境并不相同，金融科技公司监管环境相对宽松，能够较方便地涉足金融业务，而金融机构从事金融科技

---

① 朱茜. 中国第三方支付产业全景图谱 [R]. 前瞻经济学人，https://www.qianzhan.com/analyst/detail/220/210223-318b617f.html.
② 智研咨询. 2021-2027 年中国第三方支付行业市场运行状况及发展前景展望报告 [R]. 产业信息网，https://www.chyxx.com/industry/202012/920112.html.

业务监管严格，业务增长缓慢。

一方面，金融科技公司监管环境相对宽松、国家激励措施多样，能够较方便地参与金融业务。2011年5月，财付通与支付宝等37家企业获得首批第三方支付牌照，并在随后几年相继在小贷、基金、银行、保险、证券、征信领域取得金融牌照。2014年1月，央行等六部门联合发布《关于大力推进体制机制创新，扎实做好科技金融服务的意见》，提出加快推进"金融+科技"试点工作。2015年7月，央行等十部门发布《关于促进互联网金融健康发展的指导意见》，落实了监管责任，明确了业务边界。2017年5月，央行成立金融科技委员会，旨在加强金融科技工作的研究规划和统筹协调。

一些大型科技公司大规模进军金融领域，形成特色鲜明的大科技金融业务模式和服务生态。以BATJ为例，百度金融于2013年开始发展金融业务，2015年重整内部结构并成立金融服务事业群组（FSG），金融业务主要涵盖支付、理财、保险、银行、信贷、征信等领域。阿里巴巴于2011年支付宝获得第三方支付牌照后，逐步建立起拥有保险、信贷、理财、银行、征信等金融业务的"蚂蚁帝国"，截至2020年底，蚂蚁金服全球已有13亿用户群体。腾讯公司于2015年整合金融业务成立腾讯金融（FiT），2018年9月，腾讯金融正式命名为"腾讯金融科技"，主要从事理财、支付、证券、创新金融四大业务。京东金融于2012年成立，依托京东电商交易场景和账户体系，为用户提供消费金融、供应链金融、支付、理财、众筹、保险等综合性互联网金融服务。

另一方面，金融机构参与金融科技监管严格、业务增长缓慢。相比金融科技公司优越的牌照和政策条件，传统金融机构进入金融科技市场压力巨大。2015年修订的《中华人民共和国商业银行法》规定，商业银行不得持股金融科技公司，国家另有规定的除外。在金融领域强监管、防风险的背景下，银监会于2017年3月末启动"三违反、三套利、四不当"监管检查，以进一步防范化解和处置金融风险，引导银行业回归本源。此外，金融机构的传统金融业务受惠市场一定程度上趋于饱和，很难实现新的营收，且在风控方面受到信息不对称的影响，亟待结合金融科技公司的技术支持与创新模式进行改革创新。从合作角度来看，头部金融科技公司凭借流量和科技的优势，在与金融机构合作中，很容易把控金融产品和服务的选择，而金融机构无法进行有效的风险控制，极易造成金融风险脱离监管外溢扩张的现象。

从竞争角度来看，商业银行与金融科技公司在内部环境、市场环境、监管环境等方面都有所不同（见表3-7）。

表3-7　金融科技公司与商业银行发展金融科技的比较

比较维度	金融科技公司	商业银行
内部环境	具有互联网背景、丰富的创新机制和人才激励办法、大数据分析等方面的技术优势	金融科技部门职级定位不清、新兴业务技术门槛高、颠覆商业模式、顾虑科技更迭和实际投入产出比
市场环境	获取金融牌照，自由进入金融市场；融资规模持续走高，受风投青睐；部分产品直供用户，实现科技营收	产品和服务标准统一，灵活性欠佳；适应市场化、个性化需求速度慢；获客渠道和产品结构受到威胁
监管环境	监管环境相对宽松，出台的监管法规多是鼓励金融科技公司参与金融业务，但也进入严格监管阶段	因在国民经济发展中的特殊地位，受到资本充足率等严格的监管措施，监管成本较高

资料来源：根据相关资料整理。

三、金融科技与监管科技发展失衡

金融科技与监管科技的发展处于失衡状态，一是金融科技的发展造成监管成本上升，但现行监管科技不足以应对金融科技的风险；二是金融科技监管环境宽松，监管科技顶层设计晚且发展迟缓。

一方面，现行监管难以应对金融科技创新的潜在风险。随着金融科技创新的广泛运用，监管科技的发展滞后造成金融科技风险事件频发，监管负担和成本上升。自金融危机爆发以来，发达市场在2008~2015年监管负担增加了492%。此外，2015年之前国内互联网金融处于监管真空状态，监管责任主体不清晰、监管体制不健全等问题比较严重。随着金融科技的迅猛发展，传统金融监管体制的生态不稳定性上升。同时，由于金融科技产品的创新性和多样性，风险不易被监测，企业也无法及时避险，使得金融科技风险范围扩大，风险的联动性和复杂性增加。普华永道发布的《2018中国金融科技调查报告》显示，鉴于近年来的互联网金融风险事件频发，关于政府部门在金融科技发展中应扮演的角色，67%的受访者表示政府应进行适当监管，避免野蛮生长和套利创新。

另一方面，监管科技起步晚且发展速度慢。进入21世纪以来，我国抓住了人工智能、大数据等新一代信息技术加速突破应用的新趋势，金融科技行业实现了举世瞩目的跨越式发展，成为全球领先国家。毕马威和金融科技投资公司H2 Ventures联合发布的研究报告《2019年全球金融科技100强榜单》显示，中国的金融科技公司在前十名中占据三位，蚂蚁金融居首位，京东、百度分列第3位、第6位。与此同时，我国监管科技的发展却明显滞后于英美等主要发达国家。世界四大会计师事务所之一德勤的研究报告《监管在路上》显示，截至2021年7月，在全球20多个国家和地区的439家监管科技公司中，英国的监管科技公司最多，达到117家，美国有100家监管科技公司，但是却没有一家中国的监管科技公司，显示国内监管科技发展的严重不足。毕马威（LPMG）发布的《金融科技动向》显示，2020年全球监管科技的投资额达到106亿美元，大幅超过2018年的65亿美元最高纪录，但中国由于投资额过少并未上榜。

国内金融科技与监管科技的发展历程见图3-4。

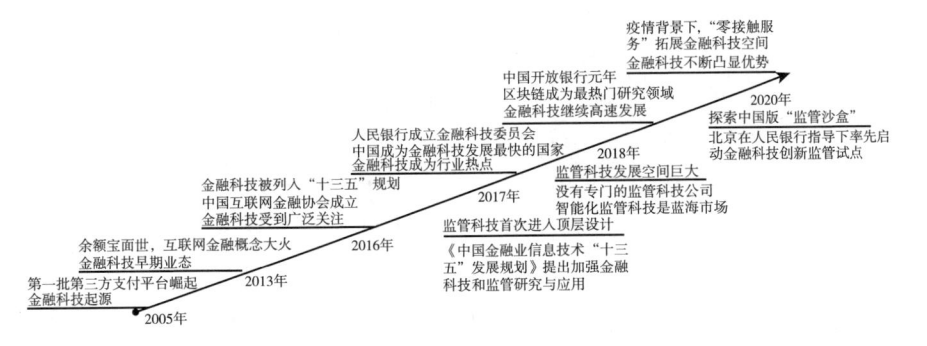

图3-4　国内金融科技和监管科技的发展历程

资料来源：根据相关资料整理。

四、金融科技发展与消费者保护失衡

消费者是金融科技创新生态体系的核心。金融科技为普惠金融的发展提供了新机遇，为消费者提供了更方便快捷的金融产品与服务，理论上可以利用新兴技术覆盖传统金融领域顾及不到的长尾市场。但是金融科技公司的创新产品和服务存在风控不足的情况，在降低消费者获取金融服务门槛、将金融科技产品及服务推向场景化的同时，也带来了收取高额费用、信息披露不规范、个人信息泄露等风险，侵害了金融消费者的权益。

近年来，金融科技公司侵害消费者权益的事件频发。一些金融科技公司利用寡头垄断地位，向消费者收取高额服务费，增加了金融消费者成本，比如"花呗"与信用卡业务基本相同，但分期手续费高于银行，与其普惠金融理念不符，实际上是"普而不惠"。有些金融科技公司推出的产品结构复杂，信息披露不充分，用语过于专业，消费者难以识别其中的风险。销售宣传时，存在夸大收益、风险提示不足等问题。消费者适当性评估不到位，使低风险等级的消费者购买了高风险产品。部分金融科技公司存在过度收集并滥用客户信息、信息管理不当的问题，在消费者不知情的情况下，其信息在平台方、支付机构、出资方等之间流转，侵害了金融消费者的信息安全权（见表3-8）。

表3-8　金融科技发展中消费者权益受侵害的典型案例

年份	典型案例
2015	网贷平台芝麻金融受到攻击，8000多名用户信息遭泄露
	"铜都贷"非法吸资，造成1600余名消费者近亿元经济损失
2016	e租宝非法集资500多亿元，受害用户达到90余万人
	"易乾宁"非法集资参与人数近7万，涉案金额185亿余元
2017	"中晋系"利用庞氏骗局向2.5万名投资者非法集资400余亿元
	钱宝网以高息利诱消费者，"借新还旧"未兑付本金300余亿元
2018	交易量达800亿元的"唐小僧"爆雷，涉及10万余名消费者
	交易规模390余亿元的杭州"牛板金"爆雷，导致挤兑危机
2019	千亿规模的P2P头部平台"团贷网"非法吸收公众存款
	培训机构推销培训贷，退了"网课"退不了"培训贷"
2020	大数据荐股"算计"消费者，大连华讯27亿元炒股骗局
	蛋壳公寓出现危机，租金贷模式长租公寓走到雷区
2021	阿里实施"二选一"行为，被市场监管总局罚款182.28亿元
	"学霸君"变"跑路君"，消费者3000元学费变2万多元分期贷

资料来源：根据相关资料整理。

第三章　我国金融科技创新生态体系的运行现状

因此，应通过强化金融科技公司风险管控、加大侵害消费者权益行为监测、提高金融消费者自身素质等措施不断加强保护金融消费者的权益。

第四节　本章小结

金融科技是金融和科技的深度融合，它能够显著提升金融效率，实现普惠金融和促进经济增长。同时，作为一种破坏式创新，金融科技也具有很强的风险特征。在金融领域强监管、防风险的背景下，一个更富活力与效率的金融科技创新生态体系成为关注的焦点。

金融科技创新的生态环境分为外部环境和内部环境，其中，外部环境主要是指社会经济环境、产业政策环境、科技水平环境等，内部环境是指开展金融科技创新的基础设施、应用场景等。

近年来，国家陆续出台一系列经济金融政策来保障科技创新和支持金融科技发展，为金融科技在我国的实际应用创造良好的外部环境。同时，我国金融科技创新的基础设施、应用场景等内部环境也处在不断改善和提高中。

金融科技市场存在多方参与主体，具体包括监管机构、金融科技公司、传统金融机构等。金融科技创新生态体系构建离不开各生态主体的和谐共融发展，目前我国金融科技创新生态体系正处在不断形成和完善中。

近年来，我国金融科技发展迅猛，在全球居于领先地位，但各生态主体适用的竞争环境、政策法规、监管环境和重视程度等不同，造成金融科技创新生态主体的失衡，主要表现为金融科技公司之间的发展失衡、金融科技公司与金融机构发展失衡、金融科技与监管科技发展失衡、金融科技发展与消费者保护失衡等。

第四章 金融科技创新对实体经济增长的影响

金融科技创新已成为驱动实体经济高质量发展的新引擎。本章基于新古典经济增长模型，运用数理推导和逻辑分析，探讨金融科技创新对实体经济的作用机理，并利用省份面板数据，结合门限模型，研究金融科技创新对实体经济增长的非线性关系，进一步厘清金融科技创新对不同地区实体经济发展的异质性效用，为推动金融科技创新和实体经济发展深度融合，实现金融科技创新的高质量发展提供可行路径。

第一节 理论分析与研究假说

一、作用机制

为了准确考察金融科技发展与实体经济增长之间的内在作用机制，将金融科技作为一种投入要素代入到生产函数中，因此，设定产出函数为：

$$Y = AHK^{\alpha}L^{1-\alpha}(0 < \alpha < 1) \quad (4-1)$$

式中，Y 为实体经济产出，A 为全要素生产率（$A>0$），H 为人力资本投入，K 为资本投入，L 为劳动投入，α 表示资本产出弹性。假设全要素生产率包含科技进步的贡献，因此可以将 A 表示为：

$$A = A_0 F^{\lambda} Z^{1-\lambda} \quad (4-2)$$

式（4-2）中，A 是金融科技（F）的函数。F 代表金融科技发展水平，A_0 为初始状态的科技水平，Z 表示其他可以影响全要素生产率的因素，包括教育水平、财政支出、产业结构等方面。将式（4-2）代入式（4-1）中，两边同时除以 L，可得：

$$\frac{Y}{L} = A_0 F^\lambda Z^{1-\lambda} H \left(\frac{K}{L}\right)^\alpha \quad (4-3)$$

再对式（4-3）两边同时取对数，于是：

$$\ln\left(\frac{Y}{L}\right) = \ln A_0 + \lambda \ln F + (1-\lambda)\ln Z + \ln H + \alpha \ln\left(\frac{K}{L}\right) \quad (4-4)$$

为叙述简便，令人均实体经济产出 $y = \frac{Y}{L}$，人均资本 $k = \frac{K}{L}$。更进一步，式（4-4）两边同时对时间 t 求微分，即得：

$$\frac{\Delta y}{y} = \lambda \frac{\Delta F}{F} + (1-\lambda)\frac{\Delta Z}{Z} + \frac{\Delta H}{H} + \alpha \frac{\Delta k}{k} \quad (4-5)$$

令 $g(\cdot)$ 代表增长率，因此式（4-5）可以调整为：

$$g(y) = \lambda g(F) + (1-\lambda)g(Z) + g(H) + \alpha g(k) \quad (4-6)$$

由式（4-6）可以得出，经济增长率主要取决金融科技发展水平、人力资本增长和人均资本增量。这里重点考察金融科技进步对实体经济增长率的影响，将式（4-6）关于 F 求偏导，可得 $\frac{\partial g(y)}{\partial F} > 0$，表明金融科技水平提升会对实体经济增长具有正向促进作用。

由于生产要素具有稀缺性，因此当金融科技创新的投入要素 λ 增加时，其他对实体经济产出具有积极影响的因素所获得的资源就会减少，即 $\frac{\partial g(F)}{\partial \lambda} > 0$，$\frac{\partial g(Z)}{\partial \lambda} < 0$，说明随着生产要素占比 λ 的改变，可能存在至少一个门限值，使得实体经济的增长率最大化。因此金融科技创新与实体经济发展之间也许呈现出复杂的非线性关系。

二、理论分析

以下将从正向、负向以及区域异质性三个方面来分析金融科技发展对实体经济影响的内在机理，同时提出相应的研究假设。

（一）金融科技推动实体经济发展的理论机制

金融科技作为一种"破坏式创新"，有效打破传统金融的局限，对实体经济的促进作用主要体现在三个方面。

1. 金融科技降低实体经济发展的成本

依托大数据、云计算、人工智能等新兴技术，金融机构正在形成以金融科技为核心的数字化运营模式，传统线下网点业务也已转变为线上作业，不仅有效降低交易成本，并且通过对用户的精准画像，金融机构的获客能力更是大幅增强；此外，金融科技的场景化应用也提升了信息透明度，减少了信息不对称现象发生，实现金融资源的有效配置，为实体经济发展创造必要条件。

2. 金融科技增强创新主体的活力

小微企业作为创新的生力军，是国民经济发展的微观基础。囿于财务不透明、缺乏抵押担保等原因，它们难以获得融资贷款，这是造成我国创新活力不足的重要原因之一。金融科技的深度应用，使小微企业的贷款流程实现线上化、智能化与批量化，减少小微企业融资付息成本，有效解决"最后一公里"的问题，为推动实体经济创新发展增添活力。

3. 金融科技满足实体经济长尾需求

金融科技是促进普惠金融发展的重要途径，低收入群体可以借助金融科技获得个性化的金融服务，从而提高农村地区教育、创业水平，为增加贫困人口收入提供可能；金融科技还拓宽用户的投资理财渠道，使消费者更容易进入金融市场，长尾效应带来的投资影响得以凸显，有利于实现储蓄—投资路径的转化，将资金集中于实体经济发展所必需的生产领域。

根据上述分析，提出如下研究假设：

假设4-1：金融科技发展是影响实体经济增长的重要因素之一，金融科技水平的提升可以有效促进实体经济增长。

（二）金融科技抑制实体经济发展的理论机制

金融科技的本质是金融，因此在重塑传统金融业态的过程中，其负面影响也会暴露出来。

1. 金融科技加剧了系统性风险

金融科技场景化应用正不断延伸金融服务链条，导致风险外溢，并增加新的传染路径。当前金融科技业务呈现明显的顺周期性与波动性，市场受散户等长尾群体的风险偏好影响大，羊群效应显著，一旦出现流动性挤

第四章 金融科技创新对实体经济增长的影响

兑，极易引起风险链式爆发，对实体经济造成极大破坏。

2. 金融科技垄断妨碍了市场公平

一些大型金融科技企业利用所积累的数据要素提高盈利能力，推动经济发展，但同时也会使科技企业依附于平台，不断构筑与固化行业壁垒，对其他缺乏数据赋能的企业形成"降维打击"。当创新开拓者蜕变为创新阻碍者，金融科技就会沦为其形成寡头垄断的工具，导致市场活跃度下降，阻碍经济繁荣发展。

3. 金融科技监管缺位影响了经济发展

金融科技的迅猛发展使金融边界愈加模糊，传统监管规则已跟不上金融科技创新的脚步，政府部门对该领域产生的诸多乱象如何引导约束认知不足，披着"金融科技"的外衣而行违法犯罪之实的企业层出不穷，监管真空及监管套利等问题进一步扰乱了金融市场秩序，导致金融服务实体经济的效率下降。

根据上述分析，提出如下研究假设：

假设4-2：金融科技对实体经济增长的促进作用并非一成不变的，而是具有非线性影响。

（三）金融科技影响实体经济增长的异质性分析

金融科技发展需要一定的技术基础设施，因此在不同区域下，金融科技对实体经济的影响也会存在差异性，不同省份的资源禀赋差异在一定程度上决定了金融科技发挥作用程度的大小。

一般来说，东部地区的互联网普及率较高且产业集聚优势明显，金融科技的发展也更加畅通无阻，资本支撑及政策倾斜也会持续优化金融科技发展的生态环境，形成反哺实体经济发展的良性循环。

相反，中西部地区，由于经济水平落后，复合型人才匮乏，金融科技发展缺少基础性金融要素支持，若不切实际地一味发展金融科技，可能会使经济欠发达省份难以承受其大量的资金投入，金融科技不仅没有起到应有的作用，反而会表现出对经济的负向影响。

根据上述分析，提出如下研究假设：

假设4-3：金融科技对实体经济增长存在显著的异质性特征，不同省份会因资源禀赋表现出差异性。

第二节 模型构建与变量选择

一、模型构建

为了深入探究金融科技对实体经济增长的影响,设定基准模型如下:

$$Y_{it} = \alpha_0 + \alpha_1 Ft_{it} + \alpha_2 Control_{it} + \varepsilon_{it} \qquad (4-7)$$

式中,Y_{it}表示第i个省份在t年的实体经济产出,Ft_{it}代表i省第t年的金融科技发展水平,$Control$为控制变量的集合,ε_{it}为扰动项。

为检验假设4-2,在式(4-7)的基础上,加入金融科技发展的平方项,得到如下模型:

$$Y_{it} = \beta_0 + \beta_1 Ft_{it} + \beta_2 (Ft_{it})^2 + \beta_3 Control_{it} + \varepsilon_{it} \qquad (4-8)$$

式中,$(Ft_{it})^2$为金融科技的二次项,其余变量的含义同式(4-7)。

借鉴汉森(Hansen,1999)的建模方法,在式(4-7)的基础上去除Ft^2,构建以金融科技为门限变量的面板门限回归模型。假设存在单一门限效应,因此模型设定如下:

$$Y_{it} = \varphi_0 + \varphi_1 Ft_{it} \cdot I(Ft_{it} \leq \gamma) + \varphi_2 Ft_{it} \cdot I(Ft_{it} > \gamma) + \varphi_3 Control_{it} + \varepsilon_{it}$$
$$(4-9)$$

式(4-9)中,金融科技发展水平Ft为门限变量,γ表示待估计门限值,$I(\cdot)$为示性函数,当括号内表达式为真时,取值为1,反之为0,其他变量含义与前文一致。若存在双重门限或多重门限效应时,则在此模型基础上进行调整。

二、变量选择

(一)被解释变量

实体经济增长率(Y)。次贷危机之后,美联储频繁提及的"实体经济"是指去除房地产市场和金融市场之外的部分。金融时报辞典中把实体经济定义为实际生产商品和服务的经济活动,在金融市场上的经济活动不属于实体经济的范畴。国内学术界对实体经济的定义较为统一,认为实体经济包括农业、工业、交通通信业、商业服务业、建筑业、文化产业等物质生产和服务部门。因此，本书采用各地区生产总值剔除金融业与房地产业增加值之后的部分来表示地区实体经济增长情况。考虑到人口因素的影响，按照各省份年末常住人口数对实体经济做平均化处理，且在具体实证过程中取对数以减少异方差现象。

（二）核心解释变量

金融科技（FinTech）。目前尚未有具体的数据来衡量这一指标，本书选取2011~2019年北京大学数字普惠金融指数作为各省金融科技发展水平的代理变量（郭峰等，2020）。该指数基于蚂蚁金服交易账户的底层数据，从不同维度刻画我国金融科技发展水平。蚂蚁金服作为当下我国最具影响力的金融科技企业之一，其旗下的支付宝和余额宝等产品早已广为人知，根据毕马威（KPMG）和金融科技投资公司H2 Ventures联合发布的《2019年全球金融科技100强榜单》（FinTech100），蚂蚁金服蝉联榜首，因此采用该套指标可以很好地刻画各省份金融科技的发展程度。对指数除以100以使数据平滑。

（三）控制变量

本书在借鉴前人学者研究的基础上，选取以下可能对实体经济增长产生影响的因素作为控制变量。（1）人力资本投入（Edu），使用每十万人高等学校平均在校生人数表示地区教育发展情况，并对其进行对数处理。（2）技术创新（Innovation），使用各省份专利授权数量的对数值表示地区的科技创新水平。（3）城镇化水平（Urban），以城镇人口占总人口数的比值来衡量。（4）财政支出（Gov），采用一般公共预算支出占GDP的比重表示地方政府财政支出规模。（5）对外开放程度（Open），采用各地区进出口总额占GDP的比重来衡量。（6）产业结构（Is），用第三产业占GDP的比值来表示。

考虑到数据的可得性，以2011~2019年我国31个省份数据为样本构建面板，其中，金融科技指数来自北京大学数字金融研究中心，其他数据均来自《中国统计年鉴》和万得数据库（wind）。处理过后的变量描述性统计如表4-1所示。

表4-1 变量的描述性统计

变量名称	变量含义	样本数	平均值	标准差	最小值	最大值
Y	实体经济增长率	279	9.533	0.995	6.322	11.403
Ft	金融科技	279	2.022	0.914	0.162	4.103
Edu	人力资本	279	7.804	0.289	6.987	8.633
Innovation	技术创新	279	9.863	1.617	4.796	13.176
Urban	城镇化水平	279	0.567	0.131	0.227	0.896
Gov	财政支出	279	0.295	0.216	0.120	1.381
Open	对外开放程度	279	0.304	0.426	0.017	1.716
Is	产业结构	279	0.470	0.099	0.297	0.835

第三节 实证检验与结果分析

一、平稳性检验

为避免伪回归产生的影响，同时选取 LLC 和 ADF-Fisher 检验来验证面板数据的平稳性。表4-2报告了检验结果，所有变量均在1%的水平下通过显著性检验，因此拒绝存在单位根的原假设，表明面板数据是平稳的，可以进行后续实证研究。

表4-2 面板单位根检验结果

变量名称	LLC t值	LLC P值	ADF-Fisher ADF值	ADF-Fisher P值
Y	-16.796	0.000	246.809	0.000
Ft	-24.134	0.000	177.476	0.000
Edu	-9.893	0.000	126.425	0.000
Innovation	-12.119	0.000	212.870	0.000
Urban	-13.782	0.000	201.871	0.000
Gov	-8.983	0.000	125.519	0.000
Open	-19.937	0.000	126.131	0.000
Is	-6.861	0.000	92.404	0.007

注：以上两种检验均考虑加入个体固定效应和线性时间趋势。

二、门限效应检验

为检验是否存在门限效应，利用自举法（Bootstrap）对门限值进行反复抽样以获得 F 统计量及其临界值。由检验结果（见表 4-3）可知，在全样本下，金融科技作为门限变量，在 1% 的显著性水平下通过单一门限检验，在 5% 的水平下通过双重门限检验，而三重门限未通过显著性检验，无法拒绝原假设。因此，金融科技发展对实体经济增长具有双重门限效应，门限值分别为 0.185 和 2.928。

表 4-3　　　　　金融科技门限效应检验结果

模型检验	F 值	P 值	显著性水平 10%	显著性水平 5%	显著性水平 1%	门限值	95% 置信区间
单一门限	29.82	0.000	14.484	16.991	22.678	0.185	[0.183, 0.188]
双重门限	16.73	0.020	12.442	14.213	18.168	2.928	[2.893, 0.929]
三重门限	7.74	0.560	16.226	19.337	28.957	2.458	[2.276, 0.480]

为了更加直观理解门限值的估计及其置信区间，根据检验结果绘制对应的 LR（似然比）函数图，水平虚线为 5% 的显著性水平下 LR 统计量的临界值，曲线和虚线的交点表示 95% 置信区间，若区间越狭窄，则门限估计值越精准。观察图 4-1 和图 4-2 可以发现金融科技的确存在双重门限效应。

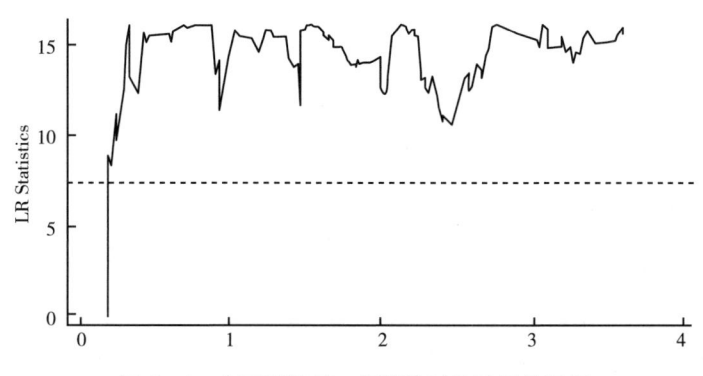

图 4-1　金融科技第一门限估计值及置信区间

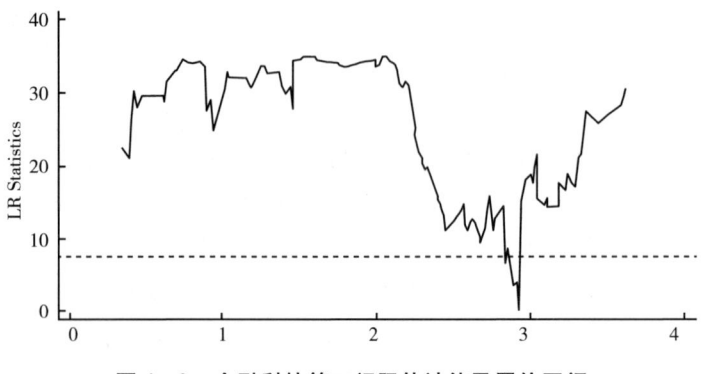

图 4-2　金融科技第二门限估计值及置信区间

三、回归分析

利用上述模型,可以得到表4-4的回归结果。其中,列(1)是使用OLS估计的固定效应模型,列(2)在其基础上加入 Ft 的平方项,用来初步判断金融科技和实体经济间是否存在非线性关系,列(3)为门限回归结果。

表4-4　　　　　　　面板模型和门限模型回归结果

变量	面板模型		门限模型
	(1)	(2)	(3)
Ft	0.103 *** (5.24)	-0.236 ** (-2.18)	—
Ft²	—	0.062 *** (4.72)	—
Ft ≤ 0.185	—	—	-0.678 *** (-3.31)
0.185 < Ft ≤ 2.928	—	—	0.108 *** (8.33)
Ft > 2.928	—	—	0.082 *** (6.86)
Edu	0.244 * (2.02)	0.273 ** (2.24)	0.175 *** (2.60)

续表

变量	面板模型 (1)	面板模型 (2)	门限模型 (3)
Innovation	0.057 ** (2.05)	0.059 ** (2.21)	0.058 *** (3.49)
Urban	2.287 *** (3.96)	2.037 *** (3.58)	2.386 *** (7.21)
Gov	-0.464 (-1.21)	-0.448 (-1.25)	-0.389 *** (-4.35)
Open	-2.133 *** (-5.97)	-1.712 *** (-4.40)	-1.910 *** (-5.46)
Is	-0.177 (-1.60)	-0.208 * (-1.84)	-0.210 *** (-3.01)
cons	5.868 *** (6.79)	5.827 *** (6.66)	6.350 *** (13.55)
N	279	279	279
R^2	0.912	0.934	0.941
Hausman	固定效应	固定效应	

注：(1) *、**、*** 分别表示在10%、5%、1%置信水平下显著；(2) 括号内为对应系数的 t 统计量。

比较表4-4列（1）与列（2）可以发现，在加入金融科技的二次项后，模型的拟合优度有所提高，其中，Ft 的一次项系数显著为负，二次项 Ft^2 的系数显著为正，表明金融科技与实体经济之间呈现出"U"型的关系，即金融科技发展存在一个临界值，当金融科技发展水平小于临界值时，会产生金融抑制问题，从而阻碍实体经济增长；当金融科技发展突破拐点后，其对经济增长才具有显著的促进作用，因此，随着金融科技水平的提升，其对实体经济的积极影响也会愈加强烈，假设4-1得到验证。从表4-4中Ft和Ft^2的系数可以得到临界值为1.903，而根据表4-1，金融科技最小值为0.162，最大值为4.103。因此现阶段我国已有部分省份超越了临界值，处于"U"型的右半段，即金融科技发展较为成熟，有助于实体经济增长，但也有部分省份暂未突破拐点，金融科技的作用尚不能显现。

门限模型回归结果显示，金融科技对实体经济增长存在先负向后正向的非线性影响。具体表现为当金融科技发展水平处于较低阶段时，即 Ft≤0.185 时，其回归系数 -0.678 在 1% 的水平下显著为负，此时会对实体经济发展产生阻碍作用。出现这种现象的原因可能是：当金融科技发展水平较低时，金融体系不健全，金融产品单一且缺乏创新，市场尚未形成金融科技监管框架，政府监管又缺少现成经验与法律法规，致使金融科技公司"野蛮生长"，加上在发展初期金融科技人才匮乏，因此金融科技对实体经济增长起阻碍作用。

当 0.185 < Ft≤2.928 时，即金融科技发展进入到第二阶段，其回归系数 0.108 为正且通过 1% 的显著性水平检验，表明随着金融科技水平的提升，其对实体经济增长的促进作用也得以实现。随着金融科技创新的进一步发展，金融科技人才队伍建设扩大，金融与科技融合程度加深，金融科技的技术优势得以发挥，云计算、大数据、人工智能等新兴技术的应用帮助金融机构降低交易成本，扩大服务范围，提高资源配置效率，金融科技监管沙盒等政策也有效抑制了该领域"杂草丛生"的乱象，实现实体经济的良性发展。

当 Ft > 2.928 时，即金融科技发展达到更高水平后，回归系数 0.082 为正且同样显著，说明其对实体经济依然起积极影响，但是这种作用效果较第二期有所放缓，呈现出边际递减的趋势。当金融科技经历高速发展进入后期时，资本在利益驱动下大量涌入金融科技领域，虚拟经济发展过度，致使资本投机和金融泡沫的产生，造成资源配置不当，抑制了实体经济增长。此外，在惨烈的市场竞争后幸存下来的金融科技企业也已将市场瓜分殆尽，形成"赢者通吃"的垄断局面，加剧对实体经济的挤出效应。至此，假设 4-2 同样得以证明。

接下来分析控制变量对实体经济增长的影响。根据表 4-4 的回归结果，人力资本、技术创新和城镇化水平均能显著促进实体经济增长，说明我国应该继续加大教育经费投入、提升科研创新能力以及推进城乡一体化改革，以助力实体经济增长。政府支出、对外开放以及产业结构均与实体经济呈现显著的负相关系，究其原因，可能在于：政府财政支出结构不合理，地方更青睐于将资金投入房地产等基础设施领域，虽然在短期内形成经济繁荣的局面，但这是以挤占实体经济发展为代价的；在国际贸易中，国外竞争力更强的商品和服务大量涌入，给我国实体企业带来冲击，同时内陆经济欠发达省份开放程度依然较低，因此两者呈现出负相关；随着制造企业的转型升级，第三产业已成为建设现代化经济体系的重中之重，但过分追求第三产业会导致产业结构失衡，导致经济"脱实向虚"。

四、异质性分析

考虑到我国不同地区经济发展水平参差不齐，为排除某一省份金融科技发展水平过高所导致的估计偏差，将样本划分为东部、中部、西部三大区域，进一步探究金融科技发展对实体经济增长的区域差异。与全样本下回归一致，首先对各区域进行门限效应检验（见表4-5）。

表4-5　　　　　　　　分区域的门限效应检验结果

区域	模型检验	F值	P值	显著性水平 10%	显著性水平 5%	显著性水平 1%	门限值	95%置信区间
东部	单一门限	30.05	0.016	18.183	21.653	30.563	0.433	[0.362, 0.455]
东部	双重门限	15.09	0.076	14.094	17.734	23.554	3.051	[2.977, 3.097]
东部	三重门限	9.06	0.370	14.392	17.407	28.468	1.035	[0.911, 1.220]
中部	单一门限	19.63	0.087	17.954	23.298	30.019	0.334	[0.331, 0.336]
中部	双重门限	13.06	0.160	16.037	22.938	39.484	2.927	[2.792, 2.929]
中部	三重门限	6.59	0.533	23.499	26.492	45.359	0.966	[0.937, 1.014]
西部	单一门限	35.39	0.003	12.947	15.048	20.160	0.402	[0.281, 0.410]
西部	双重门限	17.32	0.026	11.605	14.744	22.895	2.935	[2.734, 3.136]
西部	三重门限	10.70	0.340	20.382	27.335	46.630	2.294	[2.201, 2.339]

由表4-5可知，东部和西部地区具有显著的双重门限效应，中部地区则通过单一门限效应检验。因此可以根据各地区的检验结果选择不同的门限模型进行回归（见表4-6）。

表4-6　　　　　　　　分区域的门限回归估计结果

变量	东部地区	中部地区	西部地区
Ft_1	0.249*** (5.12)	0.139*** (6.77)	-0.160*** (-4.40)
Ft_2	0.105*** (4.02)	0.086*** (6.27)	0.097*** (4.87)
Ft_3	-0.013*** (-5.39)	—	0.128*** (5.04)
Edu	0.233** (2.17)	0.165 (1.45)	0.482*** (5.25)
Innovation	0.011 (0.36)	0.042* (1.74)	0.064*** (2.88)
Urban	2.053*** (5.09)	1.844*** (6.39)	2.111*** (3.77)
Gov	-1.131*** (-3.19)	-0.825*** (-8.75)	-0.108 (-1.33)
Open	-2.561*** (-6.15)	-0.042 (-1.30)	-1.261* (-1.69)
Is	-0.043 (-0.55)	-0.237*** (-3.70)	-0.475*** (-3.95)
cons	6.073*** (8.47)	9.928*** (9.41)	3.189*** (5.12)
N	108	81	90
R^2	0.950	0.964	0.973

注：(1) *、**、*** 分别表示在10%、5%、1%置信水平下显著；(2) 括号内为对应系数的 t 统计量；(3) Ft_1、Ft_2、Ft_3 分别表示金融科技发展的三个阶段。

表4-6结果显示，在金融科技发展初期，东部、中部地区均对实体经济增长起促进作用，且随着金融科技发展越过门限值后，其对经济增长的边际效用逐渐降低，东部地区甚至在第三阶段产生负效应；与之相反的是，当金融科技发展水平较低时，西部地区对经济增长起抑制作用，只有当金融科技发展达到更高水平后，西部地区对实体经济的推动作用才会逐

步显现。结合我国现状不难理解,东部、中部地区较西部地区经济发达,在金融科技发展所需的基础设施、产业布局、人力资本和政策举措等方面具有显著优势,因此可以更快地激活金融科技的潜在价值,为实体经济增长提供源源不断的驱动力。

囿于经济发展水平,西部地区金融资源稀缺,金融机构发展相对滞后,较高的服务成本和不完善的市场机制使金融科技难以发挥其核心竞争力,导致实体经济发展缺乏有效支持,但随着经济水平不断提高,数字技术和实体经济融合愈发紧密,金融科技在实体经济发展中的"引擎"功能也体现出来。值得注意的是,金融科技在发展后期对东部地区实体经济产生负向影响,这是因为金融科技的核心是技术,但本质仍是金融,因此要警惕资本游离于生产之外的领域,使金融科技与实体经济产生脱节现象。

总体看来,各区域间金融科技发展均对实体经济增长具有显著的促进作用,在不同的门限条件下,两者表现出复杂的非线性关系,假设4-3得以证明。

五、稳健性检验

为确保门限模型估计结果的准确性,参考科恩克(Koenker,2006)构建分位数回归模型进行稳健性检验。选取0.1、0.5和0.9三个分位点进行分析,其分别对应金融科技发展较低、中等和较高水平(见表4-7)。

表4-7　　　　　　　　　金融科技分位数估计结果

变量	分位点		
	0.1	0.5	0.9
Ft	-0.114 ** (-2.17)	0.171 *** (4.40)	0.142 *** (4.37)
Edu	0.344 ** (1.98)	0.258 *** (2.64)	0.297 *** (4.29)
Innovation	0.266 *** (6.44)	0.179 *** (7.25)	0.136 *** (5.23)

续表

变量	分位点		
	0.1	0.5	0.9
Urban	3.086*** (4.81)	2.094*** (3.89)	1.075** (2.10)
Gov	-0.733*** (-4.48)	-1.051*** (-5.54)	-0.881*** (-5.84)
Open	-2.031* (-1.90)	-1.315 (-0.69)	-0.799 (-1.28)
Is	-0.750 (-1.41)	-0.186 (-0.36)	-0.519* (-1.86)
Cons	5.127 (4.28)	5.767*** (5.93)	9.597*** (8.53)
N	279	279	279

注：(1) *、**、***分别表示在10%、5%、1%置信水平下显著；(2) 括号内为对应系数的t统计量。

从表4-7可以看出，随着分位点水平从0.1过渡到0.5，金融科技的估计系数经历由负转正的变化，即从-0.114提高到0.171，说明只有当金融科技发展达到一定程度后，才能展现出对实体经济增长的促进作用，当分位点从0.5提升至0.9，金融科技系数下降至0.142，较0.5分位数水平下呈现出边际效用递减的趋势，表明金融科技发展对实体经济的影响正在减弱。这说明在不同的发展水平下，金融科技对实体经济增长体现出动态变化的特征，而非简单的线性关系，这再次验证前述的结论是可靠的。

第四节 研究结论与政策建议

一、研究结论

本章从理论层面分析金融科技创新对实体经济增长的影响机制，并运用我国2011~2019年31个省份的面板数据构建固定效应回归和门限回归模型，实证检验金融科技创新对实体经济增长的非线性影响，研究结果如下。

第一，金融科技创新对实体经济增长的影响呈现"U"型特征，当金融科技发展程度较低时会产生抑制作用，阻碍经济增长；当突破拐点之后，其对经济增长的促进作用才会日益凸显。

第二，在全国范围内，金融科技发展具有显著的双重门限效应，在低于门限值时，金融科技对经济增长具有显著负面影响，当跨越门限值以后，金融科技对实体经济增长具有显著的推动作用，且表现出边际效用递减的特点，验证两者之间存在复杂的非线性关系。

第三，金融科技门限效应在区域层面存在明显差异，东部、中部地区回归结果和全样本下近似，但西部地区金融科技发展对实体经济增长呈现出边际效用递增的现象。

二、政策建议

基于上述研究结论，提出金融科技创新促进实体经济增长的对策建议。

（一）深化"金融+科技"融合发展，推动传统金融转型升级

当前我国金融科技发展水平存在东强西弱、城强乡弱的局面，要弥补数字鸿沟，首先，要继续推进金融科技创新发展，坚持科技向善、服务实体经济的基本定位。其次，政府要因地制宜，针对中西部省份和农村等金融资源匮乏区域，可适当给予政策倾斜和财政支持。最后，要加速金融机构的数字化转型，推动金融科技和全链条业务的深度应用。

（二）构建金融科技生态圈，形成具有集聚引领效应的产业集群

"场景+金融"的方式不仅有效满足企业服务需求，也是打造金融科技生态圈的关键路径，对内，金融机构应加强场景应用，降低业务成本，强化风险管控；对外，要推进数字普惠金融，促进行业整体水平提升，持续赋能生态圈布局。同时，产业集群也能够打破空间约束，加快生产要素在周边地区自由流动，形成城市的集聚引领效应，从而帮助经济欠发达地

区加快发展。

（三）把握金融科技与经济增长的非线性关系，统筹兼顾两者结构匹配度

金融科技要注重高质量发展，提高与经济结构的匹配度，片面强调速度和广度反而会对实体经济增长带来负外部效应。同时，在数字经济背景下，技术与业务融合进程加快，金融科技风险也更具传染性、隐蔽性和突发性等特征，政府应及时改变监管理念，由被动型监管转向"适应性监管"有效实现金融科技创新与风险防控的协调统一，保持经济平稳运行。

第五节　本章小结

随着数字经济的蓬勃兴起，以云计算、大数据、区块链以及人工智能为代表的金融科技正在与实体经济深度融合，给传统金融行业带来颠覆性改变，成为金融服务实体经济的新途径。当前，金融科技创新已成为驱动实体经济高质量发展的新引擎。

本章基于新古典经济增长模型，运用数理推导和逻辑分析，探讨金融科技创新的作用机制，并利用省份面板数据，结合门限模型，研究金融科技创新对实体经济增长的非线性关系。研究表明：金融科技创新对实体经济增长具有显著促进作用，这种影响表现为"U"型关系以及双重门限效应，在金融科技发展初期会对经济增长产生抑制作用，随着金融科技发展水平不断提高，金融科技会对经济增长起积极影响，且该效应呈现出边际递减的规律。同时，这种非线性特征存在显著的区域性差异。因此，政府应不断深化"金融+科技"融合发展，推动传统金融转型升级；构建金融科技生态圈，形成具有集聚引领效应的金融科技产业集群；把握金融科技与经济增长之间的非线性关系，统筹兼顾两者结构匹配度。

第五章　金融科技创新对商业银行效率的影响

金融科技创新能够提高商业银行的业务创新能力和服务水平，降低运营成本，促进经营效率的提升。然而，金融科技创新也给商业银行带来一定的消极影响，通过侵占传统商业银行的核心产品及业务市场，形成新兴业态和服务模式，削弱商业银行在信用、支付中介等方面的优势，阻碍效率提升。金融科技创新究竟对商业银行效率有着怎样的影响？这种影响是否会因商业银行类型的不同而存在差异？这些问题的解答对于商业银行的数字化转型、促进金融科技的高质量发展都具有重要的理论与现实意义。

第一节　理论分析与研究假说

在内生增长理论框架下，利用吸收能力理论补充金融科技技术溢出与商业银行全要素生产率的吸收能力环节，构建出技术溢出、吸收能力与全要素生产率的内生化理论模型，可以更好地刻画金融科技创新对商业银行效率的影响。

一、技术溢出与 TFP 理论模型

定义全要素生产率（total factor productivity，TFP）表示技术水平的进步程度，则有：

$$TFP = Y/L^\alpha K^\beta \tag{5-1}$$

式中，L表示劳动力，K表示物资资本，Y表示产出。

科和海普曼（Coe and Helpman，1995）提出的C-H模型已成为学术界研究国际研发溢出的基础，且经完善已成为技术溢出理论研究方面的基本框架。他们将含有技术知识的创新活动内生化为企业的研发活动，并提出在开放经济环境下，技术进步不仅与国际研发资本存量有关，也与本国研发资本存量有关，构建进口贸易获得的研发资本溢出对国内技术进步影响的C-H模型：

$$\ln TFP_t = \alpha_t + \lambda_1 \ln S_t^f + \lambda_2 \ln S_t^d + \varepsilon_t \qquad (5-2)$$

式中，S_t^f表示国外研发资本存量，S_t^d表示国内研发资本存量。

假设我国各省区均处于一个开放且紧密联系的经济系统中，其中$i = 1,2,\cdots,N$表示商业银行，$t = 1,2,\cdots,T$，表示时间，且不考虑时间趋势和常数项，则可得第t期商业银行i的生产函数：

$$Y_{it} = A_{it} F(L_{it}, K_{it}) \qquad (5-3)$$

其中，A表示技术水平，$F(\cdot)$表示生产要素同质，且边际报酬递减。

假设金融科技溢出的先进技术是希克斯中性（Hichs-neutral）的，金融科技主要通过技术溢出效应作用于商业银行的全要素生产率，技术水平可能依靠来自外部（金融科技）的技术溢出，也可能依赖内部（商业银行自身的技术吸收能力），可得：

$$A_{it} = A(S_{it}^m, AC_{it}) \qquad (5-4)$$

式中，S_{it}^m表示第t期商业银行i获取的金融科技溢出的先进技术，AC_{it}表示第t期商业银行i自身拥有的技术吸收能力，$A(\cdot)$表示技术进步的函数。

假设式（5-4）中希克斯效率项$A(\cdot)$及其组成部分是多元组合，则可得：

$$A(S_{it}^m, AC_{it}) = A_{i0} (S_{it}^m)^{\lambda_i} (AC_{it})^{\varsigma_i} \qquad (5-5)$$

式中，A_{i0}表示商业银行i的初始生产效率，λ表示技术溢出对商业银行全要素生产率的影响，ς表示技术吸收能力对全要素生产率的影响。

将式（5-5）代入式（5-3），则可得生产函数：

$$Y_{it} = A_{i0} (S_{it}^m)^{\lambda_i} (AC_{it})^{\varsigma_i} F(L_{it}, K_{it}) \qquad (5-6)$$

借鉴李小平、朱钟棣（2006）和程惠芳、陆嘉俊（2014）的思路，设TFP为除物资资本和劳动力投入外的其他因素对产出的影响，可得：

第五章 金融科技创新对商业银行效率的影响

$$TFP_{it} = Y_{it} / L_{it}^{\alpha_i} K_{it}^{\beta_i} \tag{5-7}$$

根据柯布—道格拉斯（Cobb-Douglas）生产函数的基本形式，假设某个行业的劳动力为 L，物质资本为 K，可得：

$$Y = AL^{\alpha} K^{\beta} \tag{5-8}$$

假设 $F(\cdot)$ 是以柯布—道格拉斯生产函数作为投入产出分析的基本模型，则可得到第 t 期商业银行 i 的生产函数：

$$Y_{it} = A_{i0} (S_{it}^m)^{\lambda_i} (AC_{it})^{\varsigma_i} L_{it}^{\alpha_i} K_{it}^{(1-\alpha)_i} \tag{5-9}$$

将式（5-9）两边同时除以 $L_{it}^{\alpha_i} K_{it}^{(1-\alpha)_i}$，则可得：

$$TFP_{it} = A_{i0} (S_{it}^m)^{\lambda_i} (AC_{it})^{\varsigma_i} \tag{5-10}$$

将式（5-10）两边同时取自然对数，则可得：

$$\ln TFP_{it} = \ln A_{i0} + \lambda_i \ln S_{it}^m + \varsigma_i \ln AC_{it} \tag{5-11}$$

现实问题研究中，有两大因素影响技术吸收效应。一是吸收方对技术引进和学习的强烈程度；二是吸收方对新技术的获取、消化、转换和应用能力。技术溢出过程中，商业银行吸收能力对技术溢出也具有反馈机制，莎拉和乔治（Zahra and George, 2002）的"两部分四维度"法，将吸收能力分为两类——潜在吸收能力（获取和消化）和现实吸收能力（转换和应用），二者相互独立、相互补充。

将潜在吸收能力（$AC1$）和现实吸收能力（$AC2$）分别代入式（5-4），可得：

$$A_{it} = A(S_{it}^m, AC1_{it}, AC2_{it}) \tag{5-12}$$

商业银行潜在吸收能力能够直接影响全要素生产率，也能够对外部先进技术、知识和经验进行识别、获取和消化。根据罗默（Romer, 1986）的内生增长理论和卢卡斯（Lucas, 1988）的人力资本理论，本书选取商业银行的研发资本存量（S_{it}^n）和人力资本存量（H_{it}）两个指标来衡量潜在吸收能力，可得：

$$AC1_{it} = Z_1(S_{it}^n, H_{it}) \tag{5-13}$$

将式（5-13）代入式（5-12），则可得：

$$A_{it} = A(S_{it}^m, S_{it}^n, H_{it}, AC2_{it}) \tag{5-14}$$

假设式（5-14）中希克斯效率项 $A(\cdot)$ 及其组成部分是多元组合，则可得：

$$A(S_{it}^m, S_{it}^n, H_{it}, AC2_{it}) = A_{i0} (S_{it}^m)^{\lambda_i} (S_{it}^n)^{\mu_i} (H_{it})^{\varphi_i} AC2_{it}^{\omega_i} \tag{5-15}$$

将式（5-15）代入式（5-10），可得：
$$TFP_{it} = A_{i0}(S_{it}^m)^{\lambda_i}(S_{it}^n)^{\mu_i}(H_{it})^{\varphi_i}AC2_{it}^{\omega_i} \qquad (5-16)$$

将式（5-16）两边同时取自然对数，可得：
$$\ln TFP_{it} = \ln A_{i0} + \lambda_i \ln S_{it}^m + \mu_i \ln S_{it}^n + \varphi_i \ln H_{it} + \omega_i \ln AC2_{it} \qquad (5-17)$$

由式（5-17）可以看出，商业银行的全要素生产率不仅取决于金融科技溢出的先进技术，也依赖于商业银行自身的技术吸收能力，其中，研发资本存量、人力资本存量及二者相互作用能够直接影响全要素生产率，但该理论无法解释金融科技溢出的先进技术到底有多少能被商业银行获取并进行转化和利用，因此需要将式（5-17）中的现实吸收能力（$AC2$）进行转换。

假设现实吸收能力是潜在吸收能力对外部技术、知识及经验的转化、利用和再创新的过程，即金融科技溢出的先进技术经过潜在吸收能力识别、获取后转化为现实吸收能力对商业银行全要素生产率的影响，且外部技术、知识及经验仅来自金融科技的溢出，则可得：
$$AC2_{it} = Z_2(S_{it}^m, AC1_{it}) \qquad (5-18)$$

为简化模型，使其具有可操作性，本书参考格里利克斯（Griliches，1979）的区域知识资本模型（KCM），将现实吸收能力的函数采用如下指数形式：
$$AC2_{it} = Z_2(S_{it}^m, AC1_{it}) = v_i e^{\ln S_{it}^m \ln AC1_{it}} \qquad (5-19)$$

同理，假设商业银行潜在吸收能力是以柯布—道格拉斯生产函数为投入产出分析的基本模型，可得：
$$AC1_{it} = Z_1(S_{it}^n, H_{it}) = (S_{it}^n)^{\rho_i}(H_{it})^{\theta_i} \qquad (5-20)$$

将式（5-20）代入式（5-16），则可得：
$$TFP_{it} = A_{i0}(S_{it}^m)^{\lambda_i}(S_{it}^n)^{\mu_i}(H_{it})^{\varphi_i}(v_i e^{\ln S_{it}^m \ln AC1_{it}})^{\omega_i} \qquad (5-21)$$

将式（5-21）两边同时取自然对数，则可得：
$$\ln TFP_{it} = \ln A_{i0} + \lambda_i \ln S_{it}^m + \mu_i \ln S_{it}^n + \varphi_i \ln H_{it} + \omega_i \ln v_i + \omega_i \ln S_{it}^m \ln AC1_{it} \qquad (5-22)$$

将式（5-20）代入式（5-22），则可得：
$$\ln TFP_{it} = \ln A_{i0} + \lambda_i \ln S_{it}^m + \mu_i \ln S_{it}^n + \varphi_i \ln H_{it} + \omega_i \ln v_i \\ + \omega_i \rho_i \ln S_{it}^m \ln S_{it}^n + \omega_i \theta_i \ln S_{it}^m \ln H_{it} \qquad (5-23)$$

令 $\phi_{i0} = \ln A_{i0} + \omega_i \ln v_i$，$\gamma_i = w_i \rho_i$，$\eta_i = \theta_i \rho_i$，整理可得理论模型：

$$\ln TFP_{it} = \phi_{i0} + \underbrace{\lambda_i \ln S_{it}^m}_{①} + \underbrace{\mu_i \ln S_{it}^n + \varphi_i \ln H_{it}}_{②} + \underbrace{\gamma_i \ln S_{it}^m \ln S_{it}^n + \eta_i \ln S_{it}^m \ln H_{it}}_{③}$$

$$(5-24)$$

理论模型（5-24）中，①、②、③分别、表示金融科技技术溢出、商业银行潜在吸收能力和现实吸收能力，它们共同促进全要素生产率的提升。

为便于计量分析，对式（5-24）进行以下变形，但并不改变原方程的经济含义。令 $\zeta_i \ln X = \mu_i \ln S_{it}^n + \varphi_i \ln H_{it}$，$\Psi_i \ln T = \gamma_i \ln S_{it}^m \ln S_{it}^n + \omega_i \eta_i \ln S_{it}^m \ln H_{it}$，则可得表达式：

$$\ln TFP_{it} = \phi_{i0} + \lambda_i \ln S_{it}^m + \zeta_i \ln X + \Psi_i \ln T \quad (5-25)$$

技术溢出是有条件的，商业银行必须具有一定的吸收能力，才能模仿、吸收和消化金融科技溢出的先进技术。作为金融科技企业的潜在受益者，不同持股背景、不同经济区域的吸收主体吸收能力各不相同，导致所产生的技术溢出效果也不同。另外，为了更好地检验金融科技技术溢出效应对商业银行全要素生产率的影响机制，本书引入网上银行交易规模增速作为中介变量，通过构建中介效应模型探究金融科技技术溢出的中介传导路径。

二、研究假说

基于以上分析，提出如下假说。

假说5-1：金融科技技术溢出对商业银行全要素生产率具有直接效应。

假说5-2：金融科技技术溢出对商业银行全要素生产率具有间接效应。

假说5-3：不同持股背景的商业银行对金融科技技术溢出的吸收能力存在差异。

假说5-4：不同经济区域的商业银行对金融科技技术溢出的吸收能力存在差异。

第二节　变量选取与模型设定

一、研究样本及数据来源

综合考虑相关数据可得性，并剔除数据缺失严重的城市商业银行（城商行）和农村商业银行（农商行），本书选取110家商业银行作为样本，其中6家国有商业银行、12家股份制银行、45家城商行和47家农商行。数据来源于万得（wind）数据库、国泰安数据库、商业银行年报，样本区间为2013~2020年。

二、变量选取与说明

（一）被解释变量：全要素生产率

关于全要素生产率的测度，本书通过建立存款视角下的无导向DEA-Malmquist指数模型，将多目标决策转变为单目标决策问题，规避存款角色界定的难题及主观性集结方式对全要素生产率测定的偏差，构建动态分析体系，以便客观全面分析全要素生产率的变化情况，具体运营过程见图5–1。

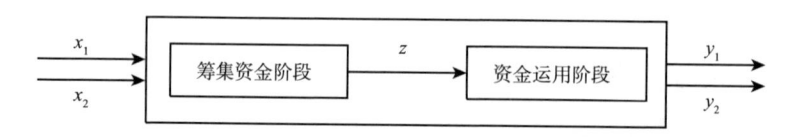

图5–1 商业银行运营过程

其中，x_1和x_2分别表示商业银行的人力、财力等投入要素；y_1和y_2分别表示商业银行的盈利、贷款等产出要素；z表示商业银行的存款。商业银行的经营目标可表述为：在满足决策单元中间产品保持不变（即存款总额一定）的前提条件下，追求最小投入和最大产出。

假定时期t，商业银行q的投入、产出、中间变量依次为x_q^t、y_q^t、z_q^t。若仅考虑决策单元的投入和产出，指数可表示为：

$$TFP^{t,t+1}(x_q^t, y_q^t, x_q^{t+1}, y_q^{t+1}) = \left[\frac{D^t(x_q^{t+1}, y_q^{t+1})}{D^t(x_q^t, y_q^t)} \times \frac{D^{t+1}(x_q^{t+1}, y_q^{t+1})}{D^{t+1}(x_q^t, y_q^t)} \right]^{1/2}$$

(5–26)

式中，D_t和D_{1+t}分别为t、$t+1$期技术前沿面的距离函数。若同时考虑决策单元的投入、产出和中间变量，指数可表示为：

$$TFP^{t,t+1}(x_q^t, y_q^t, z_q^t, x_q^{t+1}, y_q^{t+1}, z_q^{t+1}) = \left[\frac{D^t(x_q^{t+1}, y_q^{t+1}, z_q^{t+1})}{D^t(x_q^t, y_q^t, z_q^t)} \times \frac{D^{t+1}(x_q^{t+1}, y_q^{t+1}, z_q^{t+1})}{D^{t+1}(x_q^t, y_q^t, z_q^t)} \right]^{1/2}$$

(5-27)

在规模报酬不变的前提下，式（5-27）可以分解为技术效率变化（TE）和技术变化（TC），表达式如下：

$$TFP^{t,t+1}(x_q^t, y_q^t, z_q^t, x_q^{t+1}, y_q^{t+1}, z_q^{t+1}) = \frac{D^{t+1}(x_q^{t+1}, y_q^{t+1}, z_q^{t+1})}{D^t(x_q^t, y_q^t, z_q^t)} \left[\frac{D^t(x_q^{t+1}, y_q^{t+1}, z_q^{t+1})}{D^{t+1}(x_q^{t+1}, y_q^{t+1}, z_q^{t+1})} \right.$$

$$\left. \times \frac{D^t(x_q^t, y_q^t, z_q^t)}{D^{t+1}(x_q^t, y_q^t, z_q^t)} \right]^{1/2}$$

$$= TE \times TC \quad (5-28)$$

进一步，构造无导向 DEA-Malmquist 指数模型，求解 $D^t(x_q^t, y_q^t, z_q^t)$ 的线性规划：

$$[D^t(x_q^t, y_q^t, z_q^t)]^{-1} = \text{Max}\theta_q^t \text{ s.t} \begin{cases} \sum_{k=1}^K x_k^t \lambda_k^t \leq x_q^t(2 - \theta_q^t) \\ \sum_{k=1}^K y_k^t \lambda_k^t \geq y_q^t \theta_q^t \\ \sum_{k=1}^K z_k^t \lambda_k^t = z_q^t \\ \lambda_k^t \geq 0, \theta_q^t \geq 1 \end{cases} \quad (5-29)$$

同理，求解 $D^t(x_q^{t+1}, y_q^{t+1}, z_q^{t+1})$ 的线性规划：

$$[D^t(x_q^{t+1}, y_q^{t+1}, z_q^{t+1})]^{-1} = \text{Max}\varepsilon_q^{t+1} \text{ s.t} \begin{cases} \sum_{k=1}^K x_k^t \lambda_k^t \leq x_q^{t+1}(2 - \varepsilon_q^{t+1}) \\ \sum_{k=1}^K y_k^t \lambda_k^t \geq y_q^{t+1} \varepsilon_q^{t+1} \\ \sum_{k=1}^K z_k^t \lambda_k^t = z_q^{t+1} \\ \lambda_k^t \geq 0, \varepsilon_q^{t+1} \geq 1 \end{cases}$$

(5-30)

式中，λ_k^t 为银行 q 在银行 $k(k=1,2,\cdots,K)$ 上的权重，将式（5-29）、式（5-30）中的 t 全部替换为 $t+1$，可得 $D^{t+1}(x_q^{t+1}, y_q^{t+1}, z_q^{t+1})$、$D^{t+1}(x_q^t, y_q^t, z_q^t)$。将距离函数依次代入式（5-27），即可得无导向型 DEA-Malmquist 指数。

在无导向 DEA-Malmquist 指数模型投入产出变量的选取上，本书采用"生产法"和"中介法"相结合的方法，选取资产总额、营业支出作为投入变量，贷款总额、非利息收入作为产出变量，存款总额作为中间变量（见表5-1）。

表5-1 　　　　商业银行全要素生产率各变量选取与设计

变量类型	变量名称	变量符号	变量设计
投入变量	资产总额	X1	商业银行年末资产总规模
	营业支出	X2	商业银行营业费用、税金及附加
产出变量	贷款总额	Y1	商业银行年末贷款总规模
	非利息收入	Y2	除利差收入之外的营业收入
中间变量	存款总额	Z	商业银行年末存款总规模

通过 Matlab R2019a 软件进行编程，计算2013~2020年间我国110家商业银行的全要素生产率（见表5-2）。

表5-2 　　　　商业银行全要素生产率测算结果

时期	全部银行	国有商业银行	股份制商业银行	城市商业银行	农村商业银行
2013~2014年	0.997	0.926	0.976	0.984	0.996
2014~2015年	0.996	0.973	0.935	0.982	0.980
2015~2016年	1.001	1.045	0.982	1.008	1.016
2016~2017年	1.005	0.988	1.056	1.015	0.994
2017~2018年	1.003	0.994	1.036	0.994	1.002
2018~2019年	1.001	0.984	0.977	1.019	1.022
2019~2020年	0.996	0.978	0.966	0.998	1.018
平均值	1.000	0.983	0.989	1.000	1.004

根据表5-2，整体来看，2013~2020年，我国商业银行全要素生产率的均值约为1.000，说明商业银行的整体技术水平进步持稳定状态。分类型来看，城商行与农商行的全要素生产率均值相对较高，可能是城商行与农商行能够依托地缘优势，及时响应金融市场的变化。国有商业银行与股份制银行的全要素生产率均值相对较低，可能是由于其规模庞大、体系复杂且人员管理制度缺乏弹性导致的。

（二）核心解释变量：金融科技发展水平

科学的衡量金融科技发展水平是实证检验的重要前提，但现有研究对于金融科技发展水平的衡量方法主要有三类：一是采用第三方支付金额与网上交易金融的比率；二是采用数字普惠金融指数；三是采用"文本挖掘"构建金融科技指数。结合前人的研究方法，选用如下三个变量衡量金融科技水平。

1. 第三方互联网支付规模增速

第三方支付平台是一个为网络交易提供保障的独立机构，它不仅具有资金传递功能，而且可以对交易双方进行约束和监督，因此选取第三方互联网支付规模增速研究第三方机构对商业银行的影响。

2. 网上银行用户数增速

网上银行是一种以信息技术为依托，通过互联网平台提供金融服务的新型银行机构与服务形式，因此选取网上银行用户数增速测度互联网信息技术对商业银行的影响。

3. 自助机具设备规模增速

自助设备作为商业银行的重要业务和交易渠道，为客户提供全方位服务，符合商业银行网络化、智能化、自助化的发展趋势，因此选取自助机具设备规模增速衡量科技进步对商业银行的影响。

（三）中介变量：网上银行交易规模增速

根据本书研究逻辑，中介变量要满足以下两个条件：一是受到金融科技发展的影响；二是影响商业银行全要素生产率的变动。网上银行是银行金融科技的重要应用，其交易规模在一定程度上能够反映商业银行对于电子银行业务的研发应用，且交易规模增速越快，说明网上银行的市场规模持续增大，是商业银行发展金融科技的直接表现。

（四）控制变量

对于商业银行全要素生产率的影响因素，学者大多从宏观和微观两个角度切入，宏观主要涉及外部经济环境、政策支持等，微观主要是指银行业的内部因素。宏观层面，选取GDP增长率、M2增长率及股票总市值与

GDP 之比，分别控制经济波动、政策变革及资本市场发展的影响。微观层面，选取存贷比、资本资产比、资产规模及成本收入比，分别衡量商业银行的资源配置水平、风险承担能力、风险防控能力及盈利能力。

（五）描述性统计

实证分析中，各变量设计及描述性分析见表 5-3。

表 5-3　　　　　变量设计及描述性分析

变量符号	变量设计	均值	标准差	最大值	最小值
TFP	全要素生产率	1.000	0.018	1.212	0.853
ZFG	第三方互联网支付规模增速	28.251	29.848	65.020	-16.000
WYY	网上银行用户数增速	10.479	0.228	10.730	10.013
ZZG	自助机具规模增速	74.773	38.023	111.080	-11.300
WYG	网上银行交易规模增速	8.644	13.250	24.320	-13.310
GDP	GDP 增长率	6.403	1.609	7.770	2.300
M2	M2 增长率	10.677	2.110	13.590	8.100
FD	股票总市值占 GDP 比	66.720	12.852	88.040	44.010
LD	存贷比	69.106	12.732	118.857	28.670
EA	资本资产比	7.412	1.630	15.829	-1.313
CIR	成本收入比	33.254	7.077	66.470	18.040
SI	总资产规模取对数	26.128	1.921	31.138	21.799

三、模型设定

为检验金融科技技术溢出对商业银行全要素生产率的影响，结合前文技术溢出理论模型的分析，使用变量 ZFG 代替 S_{it}^m，变量 WYY 和 ZZG 分别代替 X 和 T，可得模型：

$$\ln TFP_{it} = \beta_0 + \beta_1 \ln ZFG_t + \beta_2 \ln WYY_t + \beta_3 \ln ZZG_t + \sum_{j=4}^{n} \beta_j control_{jit} + \mu_i + \varepsilon_{it}$$

(5-31)

第五章 金融科技创新对商业银行效率的影响

$$\ln TFP_{it} = \beta_0 + \beta_1 \ln TFP_{i,t-1} + \beta_2 \ln ZFG_t + \beta_3 \ln WYY_t + \beta_4 \ln ZZG_t$$
$$+ \sum_{j=5}^{n} \beta_j control_{jit} + \mu_i + \varepsilon_{it} \qquad (5-32)$$

式中，i 为样本各商业银行，t 为年份，$TFP_{i,t-1}$ 为 TFP_{it} 的一阶滞后项，$control_{jit}$ 为控制变量，u_i 为固定效应，ε_{it} 为随机干扰项，其他变量定义见表 5-3。

为进一步检验金融科技技术溢出对商业银行全要素生产率的影响路径，考察网上银行交易规模增速（WYG）的中介效应，本书在式（5-31）和式（5-32）的基础上构建方程（5-33）至方程（5-35）。

$$\ln TFP_{it} = \beta_0 + \delta_1 \ln TFP_{i,t-1} + \delta_2 \ln ZFG_t + \delta_3 \ln WYY_t + \delta_4 \ln ZZG_t$$
$$+ \sum_{j=5}^{n} \delta_j control_{jit} + \mu_i + \varepsilon_{it} \qquad (5-33)$$

$$\ln WYG_t = \partial_0 + \partial_1 \ln WYG_{t-1} + \partial_2 \ln ZFG_t + \partial_3 \ln WYY_t + \partial_4 \ln ZZG_t$$
$$+ \sum_{j=5}^{n} \partial_j control_{jit} + \mu_i + \varepsilon_{it} \qquad (5-34)$$

$$\ln TFP_{it} = \beta_0 + \beta_1 \ln TFP_{i,t-1} + \beta_2 \ln ZFG_t + \beta_3 \ln WYY_t + \beta_4 \ln ZZG_t$$
$$+ \beta_5 \ln WYG_t + \sum_{j=6}^{n} \beta_j control_{jit} + \mu_i + \varepsilon_{it} \qquad (5-35)$$

对式（5-33）至式（5-35）逐步回归，若系数 δ_1、δ_2、δ_3、δ_4 显著，则依次检验 ∂_1、∂_2、∂_3、∂_4 和 β_5；若 ∂_1、∂_2、∂_3、∂_4 和 β_5 同时显著，进一步检验 β_1、β_2、β_3、β_4，若系数均显著，表明中介变量存在部分中介效应；反之为完全中介效应。

选择估计方法时，需综合考虑计量模型的动态性与内生性。动态面板模型设定中将被解释变量的滞后项作为解释变量，使得模型存在内生性问题。为解决这一问题，本书引入 DIFFGMM 方法，其基本思想是：先对原模型进行一阶差分变换，消除模型中的个体异质项，然后将内生变量的滞后变量看成工具变量，从而降低内生性对模型估计带来的影响，但该方法存在严重的"弱工具变量问题"，导致系数估计结果精度较差。SYS-GMM 方法通过对原模型和差分变换后的模型同时进行估计，能够修正未观察到的个体异质性问题、遗漏变量偏差、测量误差及潜在的内生性问题，因此本书进一步引入 SYS-GMM 方法对模型进行估计。

第三节 实证检验与结果分析

一、存在性检验

为检验金融科技技术溢出的存在性,探究金融科技创新对商业银行全要素生产率的影响,下面将溢出效应分为直接效应和间接效应两种情况:

(一)金融科技技术溢出的直接效应

为检验金融科技技术溢出效应的直接影响,首先采用静态面板模型对式(5-31)进行估计,式(5-32)为动态面板模型(见表5-4)。

表5-4 金融科技技术溢出的存在性检验:直接效应

变量	无控制变量			有控制变量		
	OLS	DIFGMM	SYSGMM	OLS	DIFFGMM	SYSGMM
ZFG	0.0030*** (0.0011)	0.0052*** (0.0012)	0.0050*** (0.0011)	0.0159*** (0.0026)	0.0189*** (0.0016)	0.0179*** (0.0012)
WYY	0.0949*** (0.0328)	0.1614*** (0.0394)	0.2418*** (0.0365)	-0.6842*** (0.1239)	0.3257*** (0.0903)	0.4767*** (0.0777)
ZZG	0.0046 (0.0047)	0.0051 (0.0047)	0.0117*** (0.0045)	-0.0552*** (0.0093)	-0.0026 (0.0047)	0.0085** (0.0042)
GDP	—	—	—	-0.0350*** (0.0070)	0.0243*** (0.0052)	0.0330*** (0.0048)
M2	—	—	—	0.0782*** (0.0094)	0.0382*** (0.0063)	0.0312*** (0.0055)
FD	—	—	—	-0.0532*** (0.0074)	-0.0185*** (0.0036)	-0.0169*** (0.0035)
LD	—	—	—	0.0655* (0.0342)	-0.0702 (0.0602)	-0.0492 (0.0562)

第五章　金融科技创新对商业银行效率的影响

续表

变量	无控制变量			有控制变量		
	OLS	DIFGMM	SYSGMM	OLS	DIFFGMM	SYSGMM
EA	—	—	—	-0.0254 (0.0250)	0.0324 (0.0288)	0.0108 (0.0245)
CIR	—	—	—	-0.0001 (0.0054)	0.0076 (0.0059)	0.0107** (0.0055)
SI	—	—	—	0.0036 (0.0219)	-0.0017 (0.1104)	0.1307*** (0.0485)
L.TFP	—	-0.3737*** (0.0392)	-0.3354*** (0.0288)	—	-0.2274*** (0.0171)	-0.2374*** (0.0149)
N	880	660	770	880	660	770
F	1.0000			1.0000		
AR（1）	—	0.0018	0.0026	—	0.0014	0.0023
AR（2）	—	0.1223	0.1267	—	0.0780	0.0786

注：（1）*、**、***分别表示在10%、5%、1%置信水平下显著；（2）括号内为标准差。

表5-4列出金融科技对商业银行全要素生产率影响的回归结果。F检验接受混合最小二乘估计的原假设，表明可采用混合OLS回归，但回归系数显著性较差，同时考虑到式（5-31）可能存在内生性，且SYS-GMM模型结果比DIFFGMM模型更稳健，下文将根据SYS-GMM的估计结果展开分析。由表5-4可知，不管是否加入控制变量，解释变量的回归系数均显著，表明在现有的投入产出条件下，金融科技对商业银行全要素生产率呈显著正向溢出，证明假说5-1。

控制变量GDP、M2、CIR及SI的系数显著为正，FD系数显著为负，即国内生产总值较快增长为商业银行为银行资产的周转盘活提供有利的宏观环境；宽松的货币政策能够激励银行改变依赖利差的盈利模式，提高全要素生产率；资本市场壮大会加剧银行业竞争，降低全要素生产率；成本收入比的提高有助于提升盈利能力，促进全要素生产率提升；资产总规模的增加有助于风险防控，促进全要素生产率提升。

（二）金融科技技术溢出的间接效应

为检验金融科技技术溢出效应的间接影响，采用中介效应模型分析金融科技技术溢出的中介传导路径（见表5-5）。

表5-5　　　金融科技技术溢出的存在性检验：间接效应

变量	(1) TFP	(2) WYG	(3) TFP
L. TFP	-0.2407*** (0.0147)	—	-0.2340*** (0.0171)
L. WYG	—	0.9042*** (0.0002)	—
ZFG	0.0178*** (0.0012)	0.5067*** (0.0024)	0.0180*** (0.0013)
WYY	0.4734*** (0.0765)	0.0740*** (0.0000)	0.3487** (0.1505)
ZZG	0.0078* (0.0042)	0.5792*** (0.0051)	0.0021* (0.0071)
WYG	—	—	0.0196*** (0.0038)
Controls	控制	控制	控制
N	770	770	770
AR (1)	0.0023	0.0015	0.0026
AR (2)	0.0786	0.0780	0.0772

注：(1) *、**、***分别表示在10%、5%、1%置信水平下显著；(2) 括号内为标准差。

表5-5第（1）列至第（3）列分别对应式（5-33）至式（5-35）的回归结果。根据列（1）可知，解释变量系数均通过显著性检验，说明金融科技技术溢出与商业银行全要素生产率呈显著正相关，这与上文的研究结论一致，再次验证了假说5-1。

根据列（2）可知，解释变量系数均通过显著性检验，且中介变量与商业银行全要素生产率呈显著正相关，说明提高网上银行交易规模增速能显著促进全要素生产率提升。

根据列（3）可知，解释变量系数均通过显著性检验，金融科技技术溢出显著提高网上银行交易规模增速，说明该中介变量存在部分中介效应，且对商业银行为显著的正向传导效应，证明了假说5-2。

二、异质性检验

为检验金融科技技术溢出的异质性，探究不同商业银行的吸收能力，下面考虑不同商业银行的持股背景和经济区域情况，并对样本银行进行划分。

（一）不同持股背景商业银行的吸收能力

表5-6、表5-7列出不同持股背景商业银行吸收能力的回归结果。城商行和股份制银行的解释变量系数均通过显著性检验，但城商行的显著程度明显高于股份制银行，说明城商行对金融科技的反应优于股份制银行，这可能是城商行的地缘优势、客户资源等特质使其能及时响应金融市场的变化。

农商行和国有商业银行的解释变量系数均未同时通过显著性检验，但农商行的显著程度明显高于国有商业银行，说明农商行的吸收能力大于国有商业银行，相对而言，国有商业银行对金融科技的反应最弱。因此，城商行和股份制银行的吸收能力较强，而农商行和国有商业银行的吸收能力相对较弱，证明了假说5-3。

表5-6 金融科技技术溢出的异质性检验：不同持股背景（大型）

变量	国有商业银行		股份制商业银行	
	（1）	（2）	（3）	（4）
L.TFP	-0.2879 (0.2196)	-0.0604 (0.1806)	-0.3735*** (0.1285)	-0.2961** (0.6446)
ZFG	0.0697* (0.0358)	0.5324* (0.3028)	0.0127 (0.0123)	0.0186*** (0.0058)

续表

变量	国有商业银行		股份制商业银行	
	(1)	(2)	(3)	(4)
WYY	-0.0227	0.4622	0.0961	0.9709*
	(1.4804)	(0.8106)	(0.5308)	(0.5064)
ZZG	-0.1979	-0.0915	0.0001	0.0223*
	(0.1342)	(0.1039)	(0.0083)	(0.0134)
Controls	控制	控制	控制	控制
N	36	42	72	84
AR(1)	0.0210	0.0367	0.0674	0.0283
AR(2)	0.3998	0.6624	0.0779	0.0882

注：(1) *、**、*** 分别表示在10％、5％、1％置信水平下显著；(2) 括号内为标准差。

表5-7　金融科技技术溢出的异质性检验：不同持股背景（地方性）

变量	城市商业银行		农村商业银行	
	(1)	(2)	(3)	(4)
L.TFP	-0.3157***	-0.2898***	-0.2816***	-0.2973***
	(0.0359)	(0.0312)	(0.0373)	(0.0278)
ZFG	0.0097**	0.0078***	-0.0028	0.0031
	(0.0041)	(0.0037)	(0.0051)	(0.0048)
WYY	0.2511***	0.1680***	0.6078***	0.8075***
	(0.0519)	(0.0308)	(0.1522)	(0.1311)
ZZG	0.0050***	0.0039***	0.0148***	0.0190***
	(0.0013)	(0.0011)	(0.0036)	(0.0031)
Controls	控制	控制	控制	控制
N	270	315	282	329
AR(1)	0.0008	0.0011	0.0015	0.0055
AR(2)	0.4450	0.3289	0.2146	0.1500

注：(1) *、**、*** 分别表示在10％、5％、1％置信水平下显著；(2) 括号内为标准差。

（二）不同经济区域商业银行的吸收能力

表5-8列出不同经济区域商业银行吸收能力的回归结果。东部区域商业银行的解释变量系数均通过显著性检验，说明东部区域商业银行对金融科技的反应较强，而中西部区域商业银行的解释变量系数未同时通过显著性检验，说明中西部区域商业银行对金融科技的反应相对较弱，这可能是我国东部地区在市场化水平、金融产业链等方面都相对领先，且我国现有金融科技企业大多集中于东部地区。因此，东部区域商业银行的技术吸收能力较强，而中西部区域商业银行的技术吸收能力相对较弱，证明了假说5-4。

表5-8　　金融科技技术溢出的异质性检验：不同经济区域

变量	东部区域商业银行		中西部区域商业银行	
	（1）	（2）	（3）	（4）
L.TFP	-0.3091***	-0.3947***	-0.5063***	-0.5015***
	(0.0394)	(0.0143)	(0.0248)	(0.0147)
ZFG	0.0094***	0.0053***	0.0050	-0.0012
	(0.0025)	(0.0014)	(0.0185)	(0.0164)
WYY	0.2498***	0.2209***	0.1232	0.2422**
	(0.0619)	(0.0463)	(0.2125)	(0.1109)
ZZG	0.0541***	0.0526***	0.0126	0.0152***
	(0.0164)	(0.0123)	(0.0121)	(0.0058)
Controls	控制	控制	控制	控制
N	300	350	252	294
AR（1）	0.0047	0.0056	0.0204	0.0234
AR（2）	0.8007	0.9729	0.9305	0.8805

注：（1）*、**、***分别表示在10%、5%、1%置信水平下显著；（2）括号内为标准差。

三、稳健性检验

为确保研究结论的可靠性，本书采用指标替换法进行以下两方面的稳健性检验。第一，基于无导向 DEA—Malmquist 指数的构成，使用技术效率（TE）替换全要素生产率（TFP）对式（5-31）和式（5-32）进行稳健性检验，结果见表 5-9 的第一列至第三列。第二，加入一个新的控制变量 IPO（商业银行是否上市）对式（5-31）和式（5-32）进行稳健性检验，结果见表 5-9 的第四列至第六列。根据结果可知，各变量系数依旧保持良好的显著性和一致性，进一步证实本书的主要研究结论，因此本书的估计结果是稳健可靠的。

表5-9　　　　　　　　　　稳健性检验

变量	替换全要素生产率			加入控制变量		
	OLS	DIFGMM	SYSGMM	OLS	DIFGMM	SYSGMM
L.TE	—	-0.1775*** (0.0456)	-0.1469*** (0.0343)	—	-0.2237*** (0.0170)	-0.2380*** (0.0148)
ZFG	0.0678** (0.1907)	0.4552*** (0.0637)	0.05158*** (0.0937)	0.0159*** (0.0026)	0.0189*** (0.0015)	0.0179*** (0.0012)
WYY	0.6842* (0.0370)	0.3207** (0.1913)	0.1321** (0.1948)	-0.6849*** (0.1240)	0.2872*** (0.0899)	0.4810*** (0.0789)
ZZG	0.1102 (0.0873)	0.1263* (0.0895)	0.1092** (0.0790)	-0.0553*** (0.0093)	-0.0046 (0.0047)	0.0087** (0.0042)
Controls	控制	控制	控制	控制	控制	控制
N	880	660	770	880	660	770
F-Test	1.0000	—	—	1.0000	—	—
Sargan	—	0.1025	0.1008	—	0.0014	0.0023
AR(2)	—	0.4322	0.5079	—	0.0787	0.0786

注：(1) *、**、*** 分别表示在 10%、5%、1% 置信水平下显著；(2) 括号内为标准差。

第四节　研究结论与政策建议

一、研究结论

本章基于技术溢出与 TFP 理论模型，系统分析金融科技影响商业银行全要素生产率的理论机制，并实证检验金融科技技术溢出效应的存在性和异质性，得出以下结论：

（一）金融科技技术溢出具有存在性

1. 金融科技技术溢出具有直接效应

金融科技的迅猛发展给商业银行带来的技术进步具有正外部效应，能够直接对商业银行的全要素生产率产生正向溢出作用，从而推动商业银行全要素生产率的提升。

2. 金融科技技术溢出具有间接效应

中介变量网上银行交易规模增速具有部分中介效应，且对全要素生产率呈显著的正向传导效应，促使金融科技技术溢出效应间接提升商业银行的全要素生产率。

（二）金融科技技术溢出具有异质性

1. 不同持股背景商业银行的吸收能力存在差异

金融科技对不同持股背景商业银行全要素生产率的技术溢出效应存在显著差异，城商行和股份制银行的吸收能力较强，农商行和国有商业银行的吸收能力相对较弱。

2. 不同经济区域商业银行的吸收能力存在差异

金融科技对不同经济地区商业银行全要素生产率的技术溢出效应存在显著差异，东部区域商业银行的吸收能力较强，中西部区域商业银行的吸收能力相对较弱。

二、政策建议

（一）国有商业银行应深化改革，推动技术创新

大型国有商业银行应积极发挥自身职能，充分运用现代科技，主动融入新格局，优化业务布局，提供综合金融服务，应全面深化市场化改革，摒弃政策保护、资源垄断以及制度依赖，主动出击以谋求竞争优势，探索业务发展的新路劲和新模式，不断引入关键技术增强综合实力。

（二）农村商业银行应积极适应市场，提高风控能力

农村商业银行应积极响应金融市场变化，顺应新形势，充分从自身实际情况出发，通过扩大信贷投放的辐射范围，聚焦三农，深耕小微等措施，实现快速持续获客；应坚持以市场为导向，加快技术进步与金融创新，加强基层商业银行内部管理，着力构建高效率的人力资源管理体系，快速应对金融科技冲击。

（三）中西部商业银行应明确定位，加强人才引进

中西部商业银行要摒弃以往的"追随策略"，根据自身优势进行准确定位，从产品选择、业务选择、跨区经营等方面入手形成竞争优势，改善投入冗余，适当控制自有资本和存款的增长速度，并着力推进中小银行参与市场化债转股，给予适度的政策倾斜，提供"绿色通道"，加大引才力度。

第五节 本章小结

在内生增长理论框架下，利用吸收能力理论补充金融科技技术溢出与商业银行全要素生产率的吸收能力环节，构建出技术溢出、吸收能力与全要素生产率的内生化理论模型，可以更好地刻画金融科技技术溢出对商业银行全要素生产率的影响。

本章基于技术溢出与 TFP 理论模型分析金融科技影响商业银行全要素生产率的理论机理，借助无导向型 DEA-Malmquist 指数模型测算全要素生产率，并利用上市银行数据进行面板 SYS-GMM 模型实证分析。结果显示：整体来看，金融科技对商业银行全要素生产率具有直接的正向溢出作用，且网上银行交易规模增速存在的部分中介效应能够间接推动商业银行全要素生产率的提升；分类型来看，金融科技对不同持股背景和不同经济区域商业银行的全要素生产率具有异质性，其中城商行、股份制银行和位于东部区域的商业银行吸收能力较强。为了进一步促进商业银行应用金融科技提升效率，建议国有商业银行深化改革，促进技术吸收；建议农村商业银行积极适应市场，提高风控能力；建议中西部商业银行明确定位，加强人才引进。

第六章　金融科技创新监管的跨国经验比较

随着金融科技创新在全球范围内的迅猛发展，在带来积极效应的同时，其潜在风险也日益凸显。主要金融科技发达国家都积极完善金融科技创新监管，以寻求金融科技创新的健康发展态势。本章旨在通过分析美国、英国、澳大利亚、新加坡等金融科技先进国家的监管经验，剖析其趋势性特征，从而为我国的金融科技创新监管提供经验借鉴。

第一节　金融科技创新的潜在风险

金融科技以传统金融为基础，是传统金融行业的发展与延伸，它使不同行业不再泾渭分明，给传统金融行业带来颠覆性的影响。金融科技创新在带来信用风险、流动性风险、市场风险等传统金融风险的同时，也会带来信息技术风险、系统性风险、监管风险等潜在风险。

一、传统金融风险

传统金融风险是指传统的可能会导致企业或机构财务损失的风险。金融科技创新是新兴技术的广泛应用，但是金融科技公司面临的传统金融风险并没有因为金融科技的运用而发生实质性变化，传统金融风险依然存在。

（一）信用风险

信用风险又称违约风险，是指金融科技公司因其客户无法履行到期债务而产生的风险。随着金融科技的广泛应用,金融服务的效率得到加强,普惠金融得以实现,但同时也降低了客户准入门槛,带来了大批金融知识不健全、低信用或无信用水平的高风险客户群体,此类客户群体是信用风险的主要来源。此外,由于我国征信体系不完善,征信数据不健全,征信监管不到位,不能对信用违约事件进行有效的监管,也增加了信用风险发生的概率。

(二) 流动性风险

流动性风险是指由于金融科技公司业务过于集中,诱发了资金流量缺口,不能偿还到期债务和实现业务发展而引起的风险。金融科技的发展减轻了信息不对称问题,提高了市场交易频率,越来越多的客户群体要求金融科技公司实现随时兑付的要求,市场反馈速度得到提升,这使得金融科技公司面临着更高的流动性风险。此外,资金错配和网络故障以及高风险投资者非理性的投资行为也给金融科技公司带来更大的流动性风险。

(三) 市场风险

市场风险是指金融科技公司无法对市场价格(如利率、汇率及商品价格等)做出准确的预测,因而无法实现其既定目标而引发的风险。以上市场风险中,利率风险发生的概率最高。为了应对金融科技公司高收益率的冲击并提高竞争力,传统金融机构会放低贷款利率。但是新兴金融科技公司缺乏应对利率波动的风险管理机制和风险管理能力,很容易受到利率风险的影响,引发市场风险。

(四) 操作风险

操作风险是指金融科技公司可能会因工作人员失误、内部程序和系统的不完善或其他外部事件而面临的风险。其中,金融科技公司面临的主要风险是操作不合规和系统不完善。成立时间较短的金融科技公司并没有形成科学有效的内部控制体系,也没有建立合理完备的员工培训系统,这些导致了系统缺陷和操作失误的多发。此外,由于大多金融科技公司尚在起步阶段,其系统正处于研发试用阶段,极有可能出现系统缺陷,诱发操作风险。

（五）法律合规风险

法律合规风险是指金融科技公司的自身行为不符合法律的要求，或违反国家法规，因而造成企业、投资者，乃至社会的损失。目前金融科技行业的法律法规尚不完善，金融科技公司可能会面临着违规行为和法律体系不健全带来的利益受损。普华永道《2020年中国金融科技调研报告》显示，金融科技公司与银行合作的主要挑战之一为监管的不确定性，认为政府应对金融科技适当监管，避免野蛮生长和套利创新。

二、信息技术风险

新型信息技术风险是指新兴技术在金融科技领域的广泛应用带来的风险。新兴技术在金融科技领域的应用依赖于网络和信息技术，增加了技术漏洞、数据盗取、网络攻击等恶性事件发生的概率，从而可能给客户及金融机构带来蒙受经济损失的风险。

（一）技术失灵风险

金融科技公司的发展以云计算、大数据、人工智能、区块链等新兴技术为基础，但由于金融科技发展时间较短，初创型金融科技公司的技术成熟度相对较低，可能会出现技术不完备、算法不完善的问题，以及不能完全规避兼容、容错、连接等状况。在金融科技高频交易中，技术失灵触发的风险容易造成连锁反应，导致风险急剧扩散，从而给金融市场和经济社会带来不可控的负面影响，造成巨大损失。

（二）数据安全风险

数据安全风险主要包括信息完整性被破坏、信息泄露、非法使用、木马、窃听、授权侵犯、物理侵入等。金融科技使得高效、大量采集用户数据成为可能，但同时也滋生数据泄露的风险。在大数据时代，用户数据信息是金融科技公司提供服务的基础。金融科技公司通过深度分析消费者数据信息，挖掘用户消费偏好，从而制定具有针对性、个性化的服务，这也赋予用户数据及个人信息极高的商业价值。同时，由于相关管理法规的不完善，金融科技公司窃取、篡改、兜售用户数据信息等违法现象层出不穷。

（三）网络安全风险

网络安全风险是指金融科技公司及用户在互联网环境中，面临黑客攻击、病毒植入等不法行为的风险。在用户进行账号登录的过程中，存在账号和密码泄露篡改的风险，一旦此类事件发生，金融科技公司将被置于安全盲区。由于金融科技的发展尚处于不成熟的阶段，一些技术及算法并不完善。在提供电子货币结算等业务时，企业系统或客户终端有可能遭受黑客攻击，这不但将给金融科技公司带来巨大的损失，也将极大的损害用户资金安全。此外，由于金融科技的普惠性带来了大量低资质客户群体，用户安全意识的欠缺也增加了网络安全风险。

三、系统性风险

系统性风险是金融市场的波动给金融科技公司带来恐慌情绪而引发连锁反应的风险。新兴技术在金融科技领域的应用增加了金融科技公司的脆弱性，带来新的风险传播途径，增加系统性风险发生的概率。

（一）脆弱性风险

由于金融服务机构高度依靠网络平台，而法律法规并未对大科技公司的部分业务实施监管。例如，阿里巴巴公司的余额宝业务、电子货币支付业务已经深入我国民众的生活，聚集了大量资金进行投资；与此同时，支付宝也面临着流动性风险，因此金融科技公司一定程度上具有脆弱性。如果头部金融科技公司破产，该机构提供的金融服务也将被迫停止，投资于该平台的客户将蒙受巨大损失。同时，如果该大科技公司迅速出售资产，整个金融市场将受到较大的影响，客户将面临巨大的经济损失。

（二）传染性风险

在与金融科技公司的合作中，其他金融机构得以利用新兴技术降低运营成本，提高金融数据安全性，但传统金融机构对合作者高度依赖的同时也会增加风险传染路径。传统金融机构由于受到资本充足率等政策法规的约束,具有较高的抗风险能力。但目前并没有针对金融科技公司需满足的资本充足率等方面的法规,导致金融科技公司缺乏必要的风险管控体系。在面对金融风险时,某一家金融科技公司的倒闭,尤其是大型金融科技公司的破产,风险将同时波及传统金融机构,极其容易造成金融市场的震荡和崩溃。

(三)信息不对称风险

不同于传统金融机构,大部分金融科技公司不需要向外界披露全部信息,如各大理财平台无须公布资金流向,因此投资者没有了解资金流向的渠道,当出现经济危机时,这种信息的不透明将会增加风险传导渠道。此外,在各类金融创新服务方面,云计算、人工智能、区块链等新兴技术虽然在一定程度上为投资者提供了获得信息的渠道,但其基础算法依然不具透明度,若存在算法错误,则会带来重大金融灾难。

四、监管风险

当前我国金融科技创新发展迅猛,已成为全球领先国家。但与此同时,我国金融科技创新监管滞后,监管和创新的不匹配将会带来监管滞后和监管空白等潜在监管风险。

(一)监管滞后

与传统的金融机构不同,金融科技公司的工作流程不具标准化、具有"去中心化"的特征,这就导致过去的传统监管法规的不适用,无法对金融科技公司进行"中心化"监管。长期以来,监管机构对金融行业的监管是在其违反规则后进行惩处。但由于金融科技公司交易高频,风险扩散快,部分金融科技公司极容易被监管部门忽视,传统方法无法有效、实时地监控金融科技风险,由此带来监管滞后的问题。

(二)监管空白

部分金融科技公司以互联网为主营业务,并不持有金融牌照,因此在分业监管框架下，这部分金融科技公司不能被囊括在监管范围之内，在其开发金融业务后，这些业务得以逃避金融监管约束。同时，由于监管规则更新的滞后，在业务合规、技术安全，以及风险防范方面缺乏针对性的监管规则，从而形成了监管空白，滋生了金融风险。

（三）金融科技伪创新

当前，实体经济陷入高成本、低收益的困境。而与实体经济相反，以放贷业务为代表的金融业务让金融科技公司得以在短时间内筹集到大量资本，且具有利润率高、资本周转率高、边际成本低的优势，因此金融科技巨头纷纷加入这种金融科技的"伪创新"。但不同于传统金融机构，在没有资本充足率的制约下，这无疑加大了金融科技公司的流动性风险。同时金融科技公司将风险转嫁给消费者，加大金融杠杆，损害实体经济的发展。

第二节　国外金融科技创新监管

近年来，随着金融科技行业的迅猛发展，主要国家对该行业的监管也进行了进一步探索，致力于引导金融科技行业的良好发展。其中，美国、英国、澳大利亚、新加坡等国是金融科技创新监管具有代表性的国家。

一、美国金融科技创新监管

美国金融科技的发展一直处于全球前列。根据毕马威发布的数据，美国在2019年金融科技行业的总投资额为598亿美元，在全球金融科技投资总额中占比为44%。[①] 2020年，美国拥有高融资未上市企业292家，上市企业市值1.3万亿美元，位于全球首位。[②] 为了维护美国金融科技行业的领先地位，美国建立了科学的监管模式。

---

① https：//home.kpmg/xx/en/home.html.
② 浙江大学-蚂蚁集团金融科技研究中心.2020全球金融科技发展报告［R］.https：//zibs.intl.zju.edu.cn/?s==2020全球金融科技发展报告，2021-2-9.

(一）美国金融科技的监管模式

美国金融科技采用功能性监管，金融科技的监管模式与一般金融机构的监管模式相同。美国没有专门为金融科技领域设立专门的监管机构，而是将金融业务按照其功能进行分类，由现有的金融监管部门分工统一监管。以网络贷款为例，网络贷款人与存款机构之间的合作受到银行服务法案的约束，由美联储（FR）、联邦存款保险公司（FDIC）和全国信贷联盟署（NCUA）监管。面向公众发行证券的贷款人，证券交易委员会（SEC）将利用《证券法》约束其行为。美国消费者金融保护局（CFPB）负责对放贷平台进行监管，直接与消费者合作的贷款人将由消费者金融保护局进行管理。

美国的监管机构主要有四类，分别负责储蓄业务、证券市场、抵押贷款以及消费者保护等方面的监管（见表6-1）。

表6-1　　　　　　美国的金融科技监管模式

业务种类	机构名称
储蓄业务	美联储（FR）
	货币监理署（OCC）
	联邦存款保险公司（FDIC）
	全国信贷联盟署（NCUA）
证券市场	证券交易委员会（SEC）
	商品期货交易委员会（CFTC）
抵押贷款及农业信贷	联邦住房金融局（FHFA）
	农业信贷管理局（FCA）
消费者保护	消费者金融保护局（CFPB）

资料来源：根据官网等相关资料整理。

（二）美国金融科技的监管政策

1999年11月，《金融服务现代化法》的颁布，标志着美国进入混业经营模式，将第三方支付机构明确定为非银行金融机构，由州政府进行检查监管，各州根据《统一货币服务法案》制定了各州电子货币方面的法规。除此之外，《美国金融改革法》等法规从各方面规范了第三方电子结算。2012年，消费者金融保护局启动"催化剂"项目，通过"现场办公"等方式寻求与行业组织、学术界的友好合作，创新监管方式。同年，美国颁布《促进创业企业融资法》，为小微企业网上募资提供便利，同时加强对众筹的管理，标志着美国众筹融资的合法化。2016年，《CFPB创新细则》的颁布推出"无异议函"制度，在加大对消费者的保护力度的同时，也促进了创新。2018年7月，美国货币监理署宣布，将受理金融科技公司的银行牌照申请，若从事银行业务的金融科技公司可满足同类银行标准，则可以获得银行牌照。

美国获得监管科技投资的件数处于世界绝对领先位置，在交易监控、自动化流程等方面获得了长足发展。例如，第三方风险管理公司监管科技公司新兴网络（Prevalent Networks），它通过为用户提供自动化评估对风险进行连续监控，帮助用户降低黑客攻击造成的损失。2019年3月，该公司收购全球领先的风险合规服务与解决方案提供商（3GRC），该提供商的技术与新兴网络公司高度互补，增强了平台风险监控的能力。2019年，美国颁布《金融科技保护法案》，同年3月，《金融科技法案2019》被递交审议。该法案主要针对初创金融科技公司，美国财政部设立了金融科技委员会，专门对初创企业进行审核、评估和监管，设立了金融创新办公室、金融科技董事咨询委员会，同时阐明初创金融科技公司应达到的标准，以及自上而下协调一致的监管原则。

同时，新冠肺炎疫情也刺激了美国金融科技行业的发展。以电子支付为例，美国电子支付行业的头部企业贝宝（PayPal）和盒子（Square）的业务出现爆发式增长，在2020年，贝宝的市值增长了110%，盒子的市值增长了250%。在新冠肺炎疫情期间，美国也持续推进了一系列金融科技公司的帮扶监管政策。2020年3月，美国启动薪资保护计划（PPP），规定如果金融科技公司参与联邦存款保险计划，则该金融科技公司可以向中小企业发放救助贷款。从2020年5月起，为了支持众筹融资的发展，对于受到疫情影响的小微企业，美国证券交易委员会将为其提供相应的融资帮助措施，减少或免除企业众筹融资的部分要求。

（三）美国金融科技的监管特点

1. 监管政策较为宽松

为了使监管权力更加平等，美国采用"淡中心化监管"理念，这一理念淡化政府对金融科技的监管作用，而积极引导鼓励金融市场的其他主体、行业协会及学术界与政府监管机构合作。此外，为了激发美国金融科技的发展潜力，美国采用功能性监管政策，并不提倡对金融科技的过分监管，将金融业务按照其功能进行分类，由现有的金融监管部门按照各自分工进行监管。

2. 法律体系较为严密

美国的金融行业发展时间较长，因此法律监管体系得以发展完备，可以较好地平衡金融监管与技术创新，让金融科技行业得以稳定健康发展。美国金融行业的相关法律法规具有前瞻性，致力于消除法律的滞后性给监管带来的不便。同时美国的监管体系重视顶层设计，目的在于消除因联邦与各州金融监管的不同而导致的监管套利。

3. 拥有先进的监管科技

消费者金融保护局为保护消费者，建立了相关投诉数据库及客户关系系统。首先，消费者将在该系统提交投诉，建立起投诉数据；其次，消费者金融保护局会将投诉内容传递给服务提供者，敦促其对投诉进行处理；最后，消费者投诉及应答都将保存至数据库并更新。通过消费者投诉数据库，可以实现监管部门和消费者的数据共享，同时帮助监管部门对相关金融机构进行分析，加强其对风险的监管。

二、英国金融科技创新监管

在金融科技监管领域，英国处于先驱地位。英国共有234家本土监管科技企业，英国金融科技公司在2020年共获得41亿美元的投资，位列全欧洲第一，投资了共408项金融科技项目。[①] 为完善对金融科技公司的监管，英国出台了一系列相关政策制度。

---

① https://www.theglobalcity.uk/.

金融科技创新监管机制构建研究

（一）英国金融科技的监管模式

英国采用集中适度监管的监管模式。2008年国际金融危机后，为更好地对金融机构进行监管，英国将金融服务监管局一分为二，分为审慎监管局（PRA）、金融行为监管局（FCA），选择了"双峰"监管模式。英格兰银行下设审慎监管局，负责金融科技进行审慎监管和风险防范，在英格兰银行之外，英国单独设立了金融行为管理局，负责对金融科技公司进行行为监管，金融行为监管局由财务部和议会进行管理，体现了集中适度的监管模式（见图6-1）。

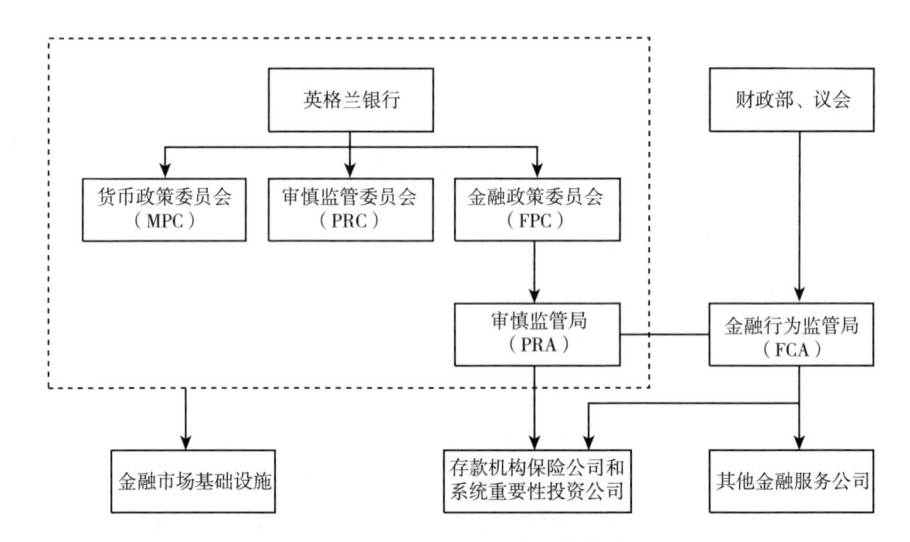

图6-1 英国金融科技监管模式

资料来源：根据官网等相关资料整理。

（二）英国金融科技的监管政策

2014年，金融行为监管局开始实施"创新中心"项目，"创新中心"引导各金融监管、非监管机构学习监管框架，了解相关法律法规，旨在保护消费者的权益，激励金融产品的创新，同时让监管更为灵活，降低进入壁垒。创新中心在接受企业咨询后，将对提出的问题进行筛选，随后，监管部门将对金融科技公司进行初步指导，最后视具体情况，监管部门将决定是否将问询及答复公之于众。同时，为帮助创新者提高行业认知，创新中心会定期举办活动，除此之外，创新中心也积极加强与国外监管部门的合作。

2015年，金融行为监管局推出监管沙盒模式，并于2016年正式启动。监管沙盒模式是指金融科技公司在未取得许可牌照前，监管部门将提供金融科技公司安全的测试环境，对其新产品进行测试，以帮助企业获取市场信息，这有助于企业优化创新产品及服务。同时监管部门可以通过测试过程研判产品风险，保护消费者权益。如果创新产品及服务与行业发展方向一致，产品有明确创新点，能直接给消费者带来价值，测试目标明确，同时企业有显著的创新及合规意愿，则该企业可以通过监管沙盒测试。

2016年，金融行为监管局启动"创新加速器"项目，在帮助金融科技公司理解监管政策、了解自身状况、通过资金或政策鼓励企业进行创新的同时，加强与各金融科技公司的交流。项目启动后16个月，创新加速器项目共完成9个概念证明，涵盖了分布式账本、网络安全、数据分析及存储、机器学习四大方面。

2017年，审慎监管局（PRA）承诺将对资本金的计算方法进行改进，提高新兴挑战者银行的竞争力。审慎监管局为确保有金融科技业务的挑战者银行进入英国市场，与金融行为监管局联合成立了新银行启动部门，帮助潜在的挑战者银行获得授权、进入市场。审慎监管局将为此类新银行提供授权所需的相关指导，并在新银行得到授权后的早期提供重点监管资源。

2019年1月，英、美、新加坡及近40个监管部门、国际组织为加强国际金融合作，共同创立了跨国监管沙盒，即全球金融创新网络。12月，金融行为监管局就开放金融相关问题征求意见。开放银行是开放金融的基础，客户和金融科技公司可以通过数据共享，更便利地比较产品价格和特征。

2020年，审慎监管局发布《非系统性英国银行：审慎监管局对新兴和成长中银行的管理办法》，该办法更新了审慎监管局计算挑战者银行所需资本缓冲的办法。审慎监管局认为在失去投资方支持的情况下，挑战者银行寻找其他投资方的合理时间为6个月，因此资本缓冲将被调整为6个月所需的预计运营费用，即日常业务运营所需的成本。

2021年3月，英国政府报告建议，应增强英国现有的监管沙盒，进行监管沙盒规模化发展，同时形成永久的数字化试验。此外，要加强金融科技公司和金融机构之间的合作。

（三）英国金融科技的监管特点

1. 采用集中适度的监管方式

2015年，金融行为监管局提出监管沙盒的监管模式，允许金融科技的创新产品在相对宽松的小范围监管环境里进行测试，通过测试的产品即可进行推广。这种制度在鼓励创新的同时，加强对金融科技公司的监管，便于监管部门和企业加强风险防范。

2. 注重保护消费者的权益

在监管沙盒模式中，有一个重要的准入条件，即进行测试的金融科技公司只能对知情并同意试验的投资者进行测试，并明确告知消费者潜在风险及补偿措施，在试验前制定恰当的、可落实的补偿方案，这也是风险可控下鼓励创新的必要前提。

3. 采用具有创新性的监管科技

除监管沙盒外，金融行为监管局于2014年启动"创新中心"，帮助金融科技公司理解监管框架。2016年举办科技冲刺活动，将监管部门、金融科技公司、专家等汇聚在一起，研究如何将新兴技术应用到监管中。同年，"创新加速器"项目启动，通过为金融科技公司提供资金或有利政策，扶持金融科技公司的发展。

三、澳大利亚金融科技创新监管

相较于其他发达国家，澳大利亚的金融科技起步较晚，但发展速度十分迅速。毕马威数据显示，截至2020年年底，澳大利亚拥有733家金融科技公司，澳大利亚也跃身为世界第三大监管科技中心，2020年，澳大利亚的金融科技投资达到2.09亿澳元。①

---

① https://zephyrnet.com/zh-CN/.

（一）澳大利亚金融科技的监管模式

澳大利亚采用双峰监管模式对金融行业进行监管，证券和投资委员会（ASIC）、审慎监管局（APRA）、澳大利亚储备银行（RBA）、澳大利亚联邦财政部（CTA）为主要监管机构，同时设立金融监管理事会对四大机构进行协调，提高监管效率。澳大利亚金融科技监管主要分为行为监管和审慎监管，由传统金融监管框架中的证券和投资委员会（ASIC）及审慎监管局（APRA）分别承担监管责任，同时由金融监管理事会负责协调监管之间的职责，从而起到提高监管效率的作用（见图6-2）。

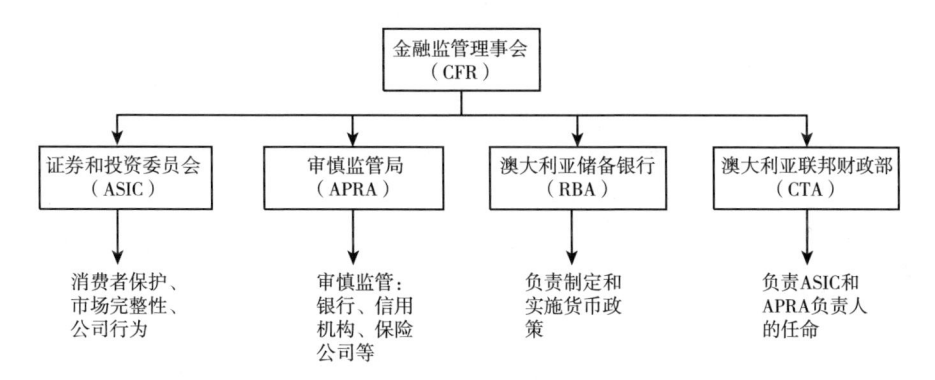

图6-2 澳大利亚金融科技监管模式

资料来源：根据官网等相关资料整理。

（二）澳大利亚金融科技的监管政策

2015年，澳大利亚证券和投资委员会（ASIC）成立了创新中心，负责为正在进行金融产品和服务研发的企业提供监管方面的指导，帮助了解澳大利亚的监管政策，同时也负责将金融科技公司的技术创新情况反馈给监管部门，目的在于及时完善监管政策。

2017年，澳大利亚颁布《监管指南257：在未持有澳大利亚金融服务许可证（AFSL）或信贷许可证（ACL）的情况下测试金融科技产品与服务》，标志着澳大利亚监管沙盒机制正式设立。同年年末，监管部门又颁布三部相关法案，对澳大利亚监管沙盒进行革新，逐步建立起增强型的监管沙盒，旨在增强金融科技创新，保持本国在亚太地区的金融科技头部地位。

澳大利亚的金融行业从业许可证主要有两种：一是金融服务许可证，二是信贷许可证。在澳大利亚获得这两种许可证的难度较大，金融科技公司经常因为复杂的申请过程而错失发展良机。因此澳大利亚的监管沙盒体制许可证牌照持有情况，对监管沙盒准入对象进行划分，并实施豁免制度。

股权众筹是指初创企业以募集资金为目的，在相关平台发布项目信息，吸引投资者进行投资。2017年5月，澳大利亚通过相关议案向众筹平台中介机构和市场贷方授予许可证，允许企业在众筹平台进行宣传，以帮助金融科技公司业务发展，为金融科技公司募集资金提供了新的路径。

2017年，澳大利亚开始执行综合信用报告制度（CCR）。综合信用报告制度是一个用来实现数据共享的平台，各信用机构可以通过这个平台共享个人的信用信息。综合信用报告制度要求银行向信用报告机构提供全面的信用信息。综合信用报告制度将确保用户的信用记录不仅显示负面信息，也记录其积极的信用行为，这样，负面的信用记录就可以通过正面的信用记录来抵消，从而让消费者和小型企业可以获得从不良信用事件中恢复信用的机会，这将有利于小型金融科技公司的经营。

2018年，审慎监管局（APRA）开始实施限制性授权存款机构（ADI）政策，企业可以申请授权存款机构许可证，拥有该许可证的企业可以进行有限的银行业务。但如果两年内企业无法满足规定的审慎监管要求，则该持牌人不能继续开展其银行业务。该政策降低了存款业务机构的准入门槛，使金融科技初创企业有更多的机会达到审慎监管的要求。

2019年7月，澳大利亚开始实施开放银行数据制度，该制度赋予金融科技公司访问消费者银行数据的权利，解决银行和企业间的信息不对称问题。对于小型金融科技公司而言，这一举措让他们可以更便捷地进行交易，以获取最佳的贷款交易。因为小型金融科技公司通常缺乏业务规划文档，财务记录时间较短，经常出现数据丢失的问题，让银行很难对其信用进行评估，这一制度将减少更换服务提供商时历史数据丢失的问题。

（三）澳大利亚金融科技的监管特点

1. 金融科技监管框架明晰

审慎监管局（APRA）主要负责对金融科技公司进行审慎监管，证券和投资委员会（ASIC）负责行为监管，两者成为澳大利亚金融科技监管的主体。同时，监管机构、行业协会、金融科技公司相互协作，监管机构负责管理金融科技公司的准入和运营，金融科技公司及时向监管部门做出反馈，行业协会则会在参与金融科技公司发展的同时，协助监管机构制定监管措施。

2. 监管部门重视信息的反馈

澳大利亚的监管部门十分重视与金融科技公司的交流，积极了解各企业对政策举措的反馈。在澳大利亚增强型监管沙盒的实践中，明确要求参与测试的金融科技公司向监管部门提出反馈，以促进监管政策的调整。同时，监管部门也要求参与测试的金融科技公司及时向消费者阐明产品风险及补偿，并在开始测试前制定可行的补偿方案。

3. 积极寻求监管科技的创新

澳大利亚监管部门对监管科技的发展持鼓励态度，以智能监控系统（SMARTS）为例，自2010年起，证券和投资委员会开始使用该系统对市场进行监控，该系统可以自动检测交易所的异常数据，并生成警报。同时，监控市场的科技平台也在不断更新中，自2013年起，证券和投资委员会的市场分析和情报系统（MAI）替代了智能监控系统系统，开始被用于市场实时监控（Real-time Monitoring）。

四、新加坡金融科技创新监管

新加坡是亚太地区金融科技发展的典型代表，自2015年8月，开始致力于发展全球智能科技中心和智能金融服务中心以建设"智慧国家"，大力发展金融科技。新加坡拥有600余家金融科技公司，2020年上半年，新加坡共获得4.62亿美元投资额，同比增长19%。[1] 2021年，新加坡金融管理局拨款4200美元用于监管科技的发展。[2] 目前，新加坡已建立较为完备的混业监管模式。

（一）新加坡金融科技的监管模式

新加坡金融科技监管的权力中心是新加坡金融管理局（MAS），负责

---

[1] https://beltandroad.zaobao.com/beltandroad/news/story20200622-1063089.

[2] https://www.01caijing.com/article/279250.htm.

金融科技创新监管机制构建研究

制定金融科技发展战略及政策框架等，同时对金融科技的潜在风险进行监测，并制定应对政策。2015年，新加坡金融管理局成立金融科技及创新团队，承担金融科技创新的职责。金融科技及创新团队下设三个办公室，分为支付与技术方案办公室、技术基础建设办公室及技术创新实验室，承担制定监管制度和发展方向的责任。2016年，成立金融科技署负责监管协调并制定相关政策。此外，首席金融科技官将着眼于技术创新和监管，推动公共基础设施的建设（见图6-3）。

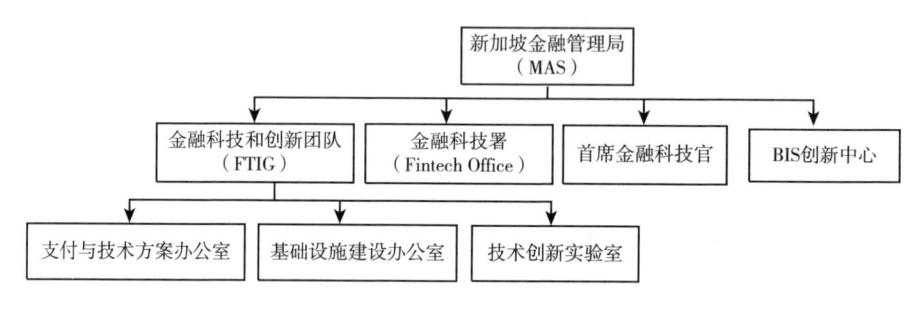

图6-3　新加坡金融科技创新监管模式

资料来源：根据官网等相关资料整理。

（二）新加坡金融科技的监管政策

2014年8月，新加坡启动"智慧国家2025"计划，推动金融行业的创新发展。为此，新加坡金融管理局于2015年开始创建智慧金融中心，提高金融服务效率。同年8月，新加坡金融管理局创建金融技术和创新小组，该小组下设三个专门部门。2016年，新加坡金融管理局发布监管沙盒准则，为金融机构提供测试产品的真实环境。2016年5月，新加坡成立金融科技署，由新加坡金融管理局及创新机构相关负责人共同领导。同年8月，新加坡金融管理局成立创新实验室，在该平台中，新加坡金融管理局可以和各金融机构进行沟通合作，创建充满活力的创新生态系统，并为初创公司提供法律咨询和培训活动。例如，埃森哲创新中心通过设计思维，将想法转变为创新的解决方案。以艾维瓦公司（Aviva）数字库为例，艾维瓦公司数字库是全球数字、分析和创新中心，它拥有丰富的客户经验，将激进和颠覆性的想法转变为可以在市场上进行测试的数字原型，让客户的生活更便捷。

130

新加坡金融管理局与各金融科技公司合作，共同开展了区块链支付网络（Ubin）项目，该项目对区块链及分布式账本技术在支付结算中的使用进行研究，其最终目的是设立更为便捷高效的支付结算系统。该项目于2016年启动，截至2020年，区块链支付网络项目已经进入第五阶段尾声，即将进入第六阶段。第一阶段为代币化新加坡元（SGD），新加坡金融管理局于2016年展开与R3公司的合作，共同开展一项概念证明。分布式账本技术R3公司也是一家金融机构，他们的目标是评测以分布式账本技术（DLT）为基础、通过新加坡元进行银行间支付及结算的可操作性。第二阶段为重新构想实时全额支付系统（RTGS），旨在通过流动性储蓄机制进行分散式银行间支付和结算。第三阶段为交付与付款，目标为研发基于分布式账本技术的货银对付机制，让金融机构和投资者可以进行代币和证券资产的同步交换和结算，简化交易流程，提高交易效率。第四阶段为跨境付款，旨在研究银行间跨境支付所面临的困境、未来的发展预期以及相关实践，并提出三种可行模式。第五阶段为促进广泛的生态系统协作，在第五阶段，项目已经对该种支付方式进行商业可行性及商业价值的测试，合作商也将进行相关支付产品的研发。

2019年8月，新加坡金融管理局推出了快捷沙盒。快捷沙盒适合额外定制服务较少的业务，专门用于从事保险经纪业务和建立或经营有组织的市场的机构。申请者满足条件即可在21天内进入沙盒测试，无须花费大量时间在现有的监管沙盒体制下自定义其沙盒。因为快捷沙盒依靠标准披露和预定规则缩短了沙盒审批过程，因此更适合测试风险低、复杂程度低的业务。实验最多可以持续9个月，这为金融科技公司提供更多的时间来解决测试中遇到的挑战，以及为退出沙盒和大规模创新做准备。快捷沙盒将大大提高监管沙盒的测试效率，同时也有助于新加坡金融管理局提前甄别潜在风险并做出应对，但公司必须遵守所有的审批要求，包括向客户提供清晰适当的信息，并定期向新加坡金融管理局提交季度报告。

2019年，新加坡金融管理局公布数字银行监管框架，发行数字银行许可证，包括数字完全银行许可证和数字批发银行许可证，目的是帮助银行以外的金融科技公司为顾客提供数字银行服务。2019年6月，新加坡金融管理局宣布将发放最多2张数字完全银行许可证，以及最多3张数字批发银行许可证。获得数字完全银行许可证的企业被允许吸纳零售和非零售客户存款，并提供银行服务。获得数字批发银行许可证的企业将可以吸纳中小型企业以及其他非零售客户部门的存款，并向其提供银行服务。2020年12月4日，新加坡首批获得数字银行牌照的机构公布，共四家机构获得资格，他们将于2022年开始运营。

（三）新加坡金融科技的监管特点

1. 设立专门的监管部门

新加坡金融管理局负责对金融科技的监管，新加坡金融管理局设立金融科技及创新团队，下设三个职责不同的办公室，承担制定监管制度和发展方向的责任。2016年，金融科技署成立，主要负责金融科技的各监管部门协调，同时制定相关政策，提高金融科技监管的专业性及效率。此外，新加坡还设立首席金融科技官，着眼于技术创新和监管，推动公共基础设施的建设。

2. 积极采用先进的监管科技

新加坡在金融行业拥有丰富的数据治理经验，新加坡金融管理局通过与新加坡政府科技局的合作，利用政府的可信数据，促进中小型金融科技公司的信用评估，同时新加坡也在着力解决在数据主权和数据连通性之间的矛盾。此外，新加坡通过区块链支付网络（Ubin）项目，利用分布式账本技术，提高交易的透明性和弹性，降低了交易成本，并逐步建立起现行结算系统的高效的替代系统。

3. 通过多项措施激励金融科技创新

新加坡金融管理局下设首席金融科技官，着眼于技术的创新和监管，为金融科技创新提供了监管基础。新加坡金融管理局推出的快捷沙盒模式缩短、简化了沙盒审批过程。在快捷沙盒中，企业可以有9个月对金融服务进行测试，因此企业可以有足够的时间为大规模的创新做准备。此外，为激发金融科技公司参与测试的热情，新加坡金融管理局启动"概念验证"（POC）计划，为金融科技创新方案的开发提供资金支持。

第三节 金融科技创新监管的跨国经验比较

美国、英国、澳大利亚、新加坡等是全球金融科技创新监管具有代表性的国家，它们在金融科技监管方面也具有部分趋势性的特征。

一、具有完备的监管框架

美国采用功能性监管，并不专门设立金融科技监管机构，而是根据业务类型分类，沿用传统的金融监管框架对金融科技进行监管。英国和澳大利亚都采用双峰监管模式，选择不同的部门分别负责对金融科技进行行为监管和审慎监管。英格兰银行下设审慎监管局，负责英国金融科技的审慎监管和风险防范，设立金融行为监管局，负责对金融科技公司进行行为监管。澳大利亚金融科技监管主要分为行为监管和审慎监管，由传统金融监管框架中的证券和投资委员会及审慎监管局分别承担监管责任。新加坡则在金融管理局下成立专门的金融科技监管部门，专门负责金融科技的监管，如金融科技及创新团队、金融科技署、首席金融科技官，以及国际清算银行（BIS）创新中心。

二、重视监管科技的运用和创新

美国获得监管科技投资的件数处于世界绝对领先位置，各大监管科技公司都取得了长足发展，如流行网络公司是业界唯一的风险管理专用平台，能对风险进行连续监控。英国首创监管沙盒，澳大利亚、新加坡都积极通过采用监管沙盒的模式把控初创金融科技公司的准入，并在英国监管沙盒的基础上进行了创新。新加坡采用快捷沙盒，大大缩短监管沙盒的审批过程，刺激了金融科技创新，此外新加坡还启动了区块链支付网络（Ubin）项目，通过分布式账本技术完善支付结算系统。澳大利亚则采用增强型监管沙盒，允许没有金融行业许可证的金融科技公司提供金融科技相关业务，促进了金融科技的创新。同时，澳大利亚还通过开放银行制度、综合信用报告制度实现数据共享。

三、采用多种措施鼓励金融科技创新

美国采用"淡中心化"监管理念和功能性监管框架，淡化政府的监管作用，积极引导行业协会、学术界等对金融科技进行监管，从而鼓励了金融科技的创新。英国通过"创新中心"和"创新加速器"等项目促进金融科技的创新，"创新中心"可以引导各金融监管、非监管机构学习监管框架，了解相关法律法规，激励金融产品的创新，同时使监管更为灵活；"创新加速器"通过资金或政策鼓励企业进行创新的同时，加强与各金融科技公司的交流。新加坡则专门设立首席金融科技官，负责金融科技的创新，推动公共基础设施的建设。澳大利亚则成立创新中心，负责为正在进行金融产品和服务研发的企业提供监管方面的指导，帮助金融科技公司的创新发展。

四、注重金融科技消费者权益保护

注重消费者权益保护是金融科技风险可控下鼓励创新的必要前提。美国消费者金融保护局为保护消费者，建立客户关系系统，通过消费者投诉数据库实现监管部门和消费者的数据共享，同时帮助监管部门对相关金融机构进行分析，加强其对风险的监管。美国《金融科技白皮书》还指出，美国金融系统的竞争优势之一来自对消费者权益的保护，体现了对金融科技消费者权益保护的重视。英国全球首创监管沙盒模式，澳大利亚和新加坡分别在其基础上进行更新，推出增强型监管沙盒和快捷沙盒，它们均要求在测试开始前，参加测试的金融科技公司向消费者阐明产品风险，并提前制定恰当的、可落实的补偿方案，切实保障金融消费者的权益。

第四节　金融科技创新监管的经验启示

美国、英国、澳大利亚、新加坡作为金融科技发展的先进国家，其监管模式也具有显著特征，应该充分借鉴其监管经验，完善我国的金融科技创新监管。

一、更新监管理念，采用穿透式监管

监管部门需要及时调整监管理念，树立穿透式监管理念。穿透式监管

理念是指资金的来源、中转过程及最终去向都应被贯穿联通起来，监管部门应根据金融科技公司的业务性质、产品功能等对金融科技公司进行分类，并用与其相对应的规章制度对其研发、产品及业务进行贯穿式监管。穿透式监管可以透过金融科技公司的表面看到其业务本质，有助于厘清企业资金流向和法律关系，使得监管部门能够更及时准确地识别金融风险，并对此做出管理和统筹，提高了监管的范围、深度和准确性。例如，美国采用"淡中心化"监管理念和功能性监管框架对金融科技行业进行监管；英国和澳大利亚两国均采用"双峰"监管体系，由不同的机构负责行为监管和审慎监管，它们都体现了穿透式的监管理念的运用。

二、优化监管模式，建立协同式监管框架

在协同监管的监管框架下，不仅政府会对金融科技公司进行监管，社会及行业协会也会起到监督作用，此外，金融科技公司也将加强自我约束。政府监管机构通过制定行业行为规范和法律法规，对金融科技公司进行引导和制约。社会可通过网络平台对金融科技公司的产品及业务进行评价，敦促提高服务水平和产品质量。同时，行业协会将通过行业规范起到辅助作用。由于金融科技公司具有很强的专业性，其自我约束也将大大提高监管效率。此外，由于各监管主体之间加强了信息交流互通，监管的实时性得到提高，有效性得到加强。例如，澳大利亚采用双峰监管模式，由审慎监管局负责宏观审慎监管，证券和投资委员会负责微观行为监管；美国将金融业务按照其功能进行分类，由现有的金融监管部门实行功能性监管，都体现了协同监管的特征。

三、丰富监管方式，大力发展监管科技

随着金融科技的发展，潜在风险更加复杂，难以识别和监管，如技术漏洞、网络欺诈、信息泄露等。监管科技通过云计算、大数据、区块链等新兴技术丰富监管手段，提升监管效率。同时，通过监管科技，金融科技公司可以及时掌握最新的监管政策动向，并根据监管政策的变化及时做出调整，从而降低合规成本。此外，监管科技可以帮助金融机构搜集客户个

人数据，促进信用制度的建立和完善，加强风险防控。例如，美国监管科技在交易监控、自动化流程等方面处于世界领先位置；英国、澳大利亚、新加坡均采用监管沙盒的模式，体现了风险可控下鼓励创新的监管思维；澳大利亚采用了开放银行、综合信用报告制度等政策，实现数据共享，完善监管方式；新加坡则启动区块链支付网络项目，建立更完善的支付结算系统。

四、完善法律监管体系，保护消费者权益

由于金融科技公司业务繁复，大都经营多种金融业务，容易出现因规则滞后带来的监管空白和监管套利等问题。监管部门应及时制定应对综合经营行业特征的具体法律制度，确保金融科技公司在业务合规、技术安全、风险防控等方面有章可循。针对2020年9月国务院发布的《关于实施金融控股公司准入管理的决定》，应进一步明确具体操作细则。此外，监管机构应将消费者权益纳入监管范围，纠正金融科技公司诱导消费者非理性投资、转嫁风险的行为。例如，美国消费者金融保护局建立客户关系系统，实现监管部门和消费者的数据共享；英国、澳大利亚、新加坡的监管沙盒均提前做好消费者补偿预案，切实保障消费者权益，体现了加强对保障消费者权益的重视。

第五节　本章小结

金融科技以传统金融为基础，是传统金融行业的发展与延伸，它使不同行业不再泾渭分明，给传统金融行业带来颠覆性的影响。金融科技在带来信用风险、流动性风险、市场风险等传统金融风险的同时，也会带来信息技术风险、系统性风险及监管风险等其他潜在风险。

近年来，随着金融科技行业的持续发展，主要国家对该行业的监管也进行了进一步的探索，致力于引导金融科技行业的良好发展。其中，美国、英国、澳大利亚、新加坡是金融科技创新监管具有代表性的国家。同时，它们在金融科技创新监管方面也具有部分趋势性的特征：一是具有完

备的监管框架，二是重视监管科技的运用和创新，三是采用多种措施鼓励金融科技创新，四是注重金融科技消费者权益的保护。

  我国金融科技创新发展迅猛，已成为全球领先国家，但相较于美英澳新等金融科技发达国家，我国的金融科技创新监管依然存在一些较为突出的问题。应充分借鉴美国、英国、澳大利亚、新加坡等金融科技先进国家的监管经验，完善我国的金融科技创新监管。例如，更新监管理念，采用穿透式监管；优化监管模式，建立协同监管框架；丰富监管方式，大力发展监管科技；完善法律监管体系，保护消费者权益等。

第七章 中美大科技金融比较及风险监管

近年来，大科技公司（BigTech）借助其数字和平台优势大规模进军金融领域，逐步形成特色鲜明的大科技金融（BigTech in Finance）业务模式和服务生态。其中，美国谷歌、亚马逊、脸书和苹果（合称为"GAFA"）和中国的百度、阿里巴巴、腾讯和京东（合称为"BATJ"）是全球主要的大科技公司。大科技金融发展对提升金融体系效率和推动普惠金融发展具有积极意义，但同时也带来市场垄断、监管套利等一系列问题。本章旨在研究中美大科技金融业务比较并分析其潜在风险，在此基础上，提出完善大科技金融监管的对策建议。

第一节 大科技金融发展原因

大科技金融迅猛发展的原因是多方面的，大科技公司在数据及技术方面拥有巨大优势，加上之前对大科技金融监管较为宽松，导致其不仅能够"被动发展"，而且还能"主动拓展"金融业务模式，不断进军金融领域。

一、多元化发展需求

从客户角度看，大科技公司通常在互联网服务中建立了自己独具特色的数字生态体系。大科技金融生态体系中，客户的消费者偏好发生变化，需要更多元的金融服务。此外，这些体系运转的同时，客户会逐渐产生某一类型的金融需求，而这些需求也能更好地完成生态体系的运转。比如，支付业务的产生源于客户的交易需求，信贷业务的产生源于客户的融资需求。

从市场需求角度看，未得到满足的金融服务需求是驱动大科技公司进军金融领域的主要原因。在国内传统银行金融体系中，大量的"长尾客户"没有获得商业银行提供的有效金融服务。大科技公司加快涉足金融业务领域，不仅能满足原有金融客户的需求，还能更好地保留和争取新客户。

从大科技公司角度看，庞大的客户群是帮助其进军金融领域的基础。一般而言，大科技公司是在其自身的主营业务领域树立起品牌形象和基础客户后才开始涉足金融领域的，这一举措加强了金融业务与主营非金融业务的互补，加快形成客户体验闭环。

二、科技发展与应用

新兴技术的发展与应用为大科技金融发展提供了可能性，金融支持实体经济的发展离不开大科技公司技术能力的提升。大科技金融服务平台的完善也能进一步拓宽金融支持实体的渠道。例如，电商平台中现有的数字经济与传统经济的连接不但有利于金融服务实体，还能助力传统经济转型。最先将大数据、人工智能等新兴技术应用到业务中的行业非金融业莫属，金融行业同时也是最聚焦于科技创新和应用的行业之一。IT能力在金融机构的日常经营和风险应对过程中起到至关重要的作用。例如，互联网能在最大程度上贴近金融客户数据信息，网络技术的便利性能高效率完成支付、清算等工作。

科技进步总体上可以概括为高级算法、云计算、移动设备、应用程序接口、大数据、人工智能、区块链技术、智能合约等，这些新兴技术为大科技公司进军金融领域提供了极大便利（见表7-1）。

表7-1　　　　　　新兴技术及其主要应用情况梳理

新兴技术	主要应用
高级分析法	计算机学习，预测客户行为，提供风控决策意见，筛选用户
云计算	助推信息资源按需供给，促进信息技术和金融数据资源的充分利用
移动设备	增强第三方提供金融服务的可能性、可得性和便利性

续表

新兴技术	主要应用
应用程序接口	促进软件程序交互规则和平台数据共享，提高数据利用率
大数据	精准营销、实时风控、交易预警和反欺诈等
人工智能	智能客服、智能投顾、智能风控、智能投研、智能营销等
区块链技术	进一步强化科技产业供应链在各个节点的控制程度
智能合约	根据与贷款者的事先约定，结合贷款对象的具体情况灵活定价
5G	为相关行业提供更加强化的泛在移动互联基础设施

资料来源：根据相关资料整理。

三、纵深综合业务发展

大科技公司纵深综合业务发展的需要促进大科技金融快速发展。近年来，大科技公司发展迅猛，其市值甚至可以与世界上最大的金融机构相比较。根据2020年发布的《日经亚洲评论》全球公司市值排行榜，大科技公司在前十榜单中占据了七个席位。当前全球市值排名榜单中占据前十位的大科技公司提供了50种左右金融服务，主要涵盖支付、信贷、理财和保险等金融领域，其中大多数大科技公司都含有支付业务。

同时，金融稳定委员会的调查数据显示，在与传统金融机构的互动模式中，大多数大科技公司与传统金融机构存在合作关系，部分大科技公司存在竞争或既合作又竞争的关系（见图7-1）。

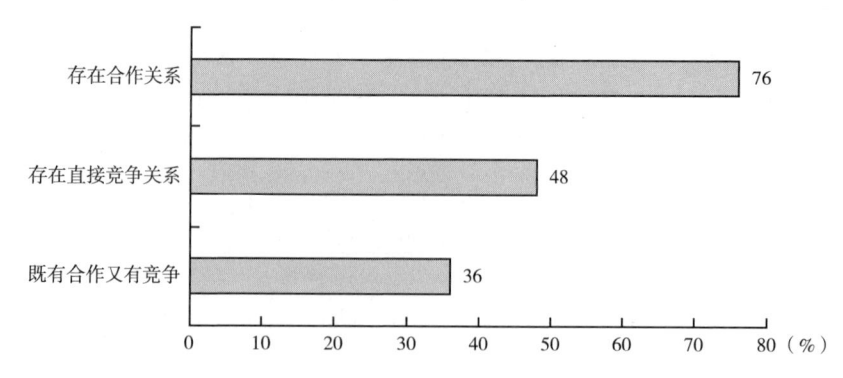

图7-1 大科技公司与传统金融机构的互动模式

资料来源：根据金融稳定委员会调查资料整理。

大科技公司庞大的客户基础、快速扩张能力、平台模式效应、规模效应等因素推动了普惠金融的发展。例如金融服务可以凭借脸书、微信等社交网络以及亚马逊、阿里巴巴等电商平台进行平台传输，且其安全性和便捷性使得消费者更容易接受其新的消费观念和新的金融服务。

四、监管政策便利

美国次贷危机后，全球监管呈现趋严态势。同时，大数据、人工智能、区块链等新兴技术的广泛应用提高了对金融科技的使用要求，疫情冲击也加快了传统金融向非接触式金融的转变，监管科技也在日益强化。此外，大多数的监管制度是参照传统金融体系制定的，并不适用于大科技金融的发展。虽然目前对于是否存在严重的监管套利还没有达成共识，但是普遍观点认为，目前监管政策为大科技公司降低金融领域的合规成本创造出巨大优势。

以信贷市场为例，传统金融机构有资本充足率和流动性监管要求，主要开展线上信贷的大科技公司成功避免了这一限制。另一方面也存在监管制度对大科技金融的主动激励现象。例如开放银行的政策使得大科技公司可以共享银行客户数据。此外，当前大科技公司与商业银行普遍采取联合贷款的合作模式，大科技公司负责提供获客流量、辅助风控等技术服务，商业银行则以这些为基础，以消费者和小微企业为主要服务对象，提供消费贷款或小微企业贷款，双方进行利润分成。

第二节 美国 GAFA 金融业务模式

美国已经具备成熟的金融服务体系，以谷歌、亚马逊、脸书和苹果四家公司（GAFA）为代表的大科技公司，见缝插针式地将业务渗透到金融领域。

一、谷歌金融业务模式

从根本上看，谷歌（Google）是一家信息公司，以对全球信息搜集为起点，进而逐渐发展成为纵横互联网的大科技公司。谷歌的金融业务布局

金融科技创新监管机制构建研究

主要在支付和信贷领域，如谷歌支付（Google Pay）、中小企业贷款（Ad Words Business Credit）等。

2011年，谷歌支付首次尝试运行移动支付业务。2013年9月，谷歌推出移动支付（Google Wallet）服务，此项举措使得谷歌能在线上支付及线下购物等环节进一步参与到商家的零售链条中。2015年，谷歌推出安卓支付（Android Pay），此款应用不仅能支持移动支付，还能支持在线支付。2018年初，谷歌推出谷歌支付新品牌，为用户提供支付、理财、优惠资讯等服务。同年7月，谷歌推出移动票务功能。2019年11月，谷歌为客户提供支票服务，这一服务的推出使谷歌在电子支付方面与用户的联系更加紧密。2017年9月，谷歌在印度推出移动支付应用（Tez），与其他的第三方移动钱包不同的是，为了迎合印度人对科技产品的使用习惯，谷歌移动支付接受的所有转账或支付所涉及的资金都从银行卡里直接提取，而不储存在移动钱包里。

谷歌的信贷业务在其核心业务搜索及广告业务的闭环内，面向在广告领域有需求的客户提供贷款服务。2011年，谷歌向1400家中小企业推出信用卡服务项目（Ad Words Business Credit），并于2012年在英国正式推出，此举措大幅促进了谷歌在信贷领域的发展。2013年，谷歌参与投资了美国线上现金贷平台Lend Up。2016年，谷歌又为现金贷平台融资约1.64亿美元，以帮助该平台业务在全国范围内推广。谷歌在信贷领域的业务还涉及众筹。2013年，谷歌参与众筹平台Circle Up的A轮融资。2020年，谷歌印度与金融机构合作，该合作的达成将使印度小型企业可以通过其产品（Google Pay for Business）获得贷款，从而渡过疫情时期的恢复和重建业务。

谷歌金融业务分布如表7-2所示。

表7-2　　　　　　　　　谷歌金融业务分布

主要领域	具体业务
支付	谷歌支付（Google Pay）；移动支付（Google Wallet）； 谷歌印度移动支付（Google Tez）
信贷	中小企业贷款（Ad Words Business Credit）；现金借贷平台（Lend Up）； 众筹平台（Circle Up）
保险	—

资料来源：根据官网等相关资料整理。

二、亚马逊金融业务模式

亚马逊（Amazon）公司（以下简称"亚马逊"）是目前在全球金融板块中布局最深最早、业务分布最广泛的大科技公司之一。亚马逊凭借电商场景逐渐进入了支付、信贷以及保险业务。亚马逊在美国本土占有约40%的市场份额，还将业务扩展到了印度及墨西哥等国家的市场。

作为传统的电商平台，支付板块最为贴近亚马逊的主营业务，它能够在电子商务领域为亚马逊用户提供便捷的交易环节，将用户交易成本降到最低。同时支持线上支付和移动支付的亚马逊支付的前身为2007年问世的支付产品（Pay with Amazon），并于2013年构建完全属于亚马逊的在线支付服务体系。亚马逊现金（Amazon Cash）在美国已经建立了约10万个现金存入点，客户仅需将现金存入亚马逊账户就可以在其电商平台上进行消费。2020年9月，亚马逊在美国推出了亚马逊支付码（Amazon Pay Code），旨在为客户的现金支付提供便利。目前，亚马逊重点在支付领域发展。例如，亚马逊自营的线下书店开始接受亚马逊支付（Amazon Pay）等服务。此外，亚马逊还于2017年收购了美国全食超市（Whole Foods Market），为亚马逊支付创造了新的移动支付应用空间。

亚马逊于2011年开始在信贷领域布局。到2017年6月，亚马逊在美国、日本及英国的约20000家企业市值规模就已达到30亿美元。但其主要收入增长来源还依赖于美国市场。亚马逊为客户信贷服务主要有两种：一是中小微企业贷款（Amazon Lending），网络平台上的电商为该业务主要服务对象；二是向消费者以信用卡形式提供的信用，例如储值卡（Store Card）、维萨信用卡（Visa Credit Card）。亚马逊的信贷业务大多数是与金融机构联合开展的。

亚马逊同样也涉足了保险市场。2016年4月，亚马逊在英国开始运行购物保险（Amazon Protect）服务，客户购买的商品如果因意外受到损坏、破损或丢失就能获得赔偿。目前，在其他的一些欧盟国家这项业务也已被广泛接受，例如，意大利、德国和法国等。不仅局限于发达国家市场，印度市场也是亚马逊业务开展的重点。Acko是位于孟买的一家互联网保险公司，它根据用户个人情况为其设计个性化保险产品。2018年5月，亚马

143

逊以 1200 万美元对印度 Acko 公司进行投资，试图开发印度保险业务。

亚马逊金融业务分布见表 7-3。

表 7-3 亚马逊金融业务分布

主要领域	具体业务
支付	亚马逊支付（Amazon Pay）；亚马逊现金（Amazon Cash）；亚马逊支付码（Amazon Pay Code）
信贷	亚马逊借贷（Amazon Lending）；储值卡（Store Card）；维萨信用卡（Visa Credit Card）
保险	购物保险（Amazon Protect）

资料来源：根据官网等相关资料整理。

三、脸书金融业务模式

互联网社交巨头脸书（Facebook）的核心业务是社交媒体和通信，并以此为基础进军金融业务领域。脸书以其主营业务为出发点，开展了支付、贷款等方面的金融业务。

早在 2015 年，脸书就在聊天软件（Messenger）内的对话框里尝试推出 F2F（friends to friends）支付功能。脸书的支付服务涵盖两个方面：一是在脸书平台上，用户购买应用产品时需要通过脸书支付（Facebook Pay）向提供者付费，随后脸书再向提供者收取一定的费用；二是脸书提供的移动支付（Messenger Pay）。2019 年推出的脸书支付支持借记卡、信用卡和贝宝（Paypal）等支付方式，实现用户在聊天和脸书应用之间转账、付款，并在此后集成到脸书、聊天软件（Messenger）、照片墙（Instagram）和一键翻译（WhatsApp）等 App 中，充分拓展支付生态链条。2020 年 8 月，脸书宣布成立金融部门"Facebook Financial"，所有的支付业务都由该部门负责，包括脸书支付等。同年 11 月，脸书旗下的一键翻译开始在印度提供支付服务。2021 年 4 月，脸书支付扩展其服务，推出人对人二维码支付以及个性化支付链接。

2017 年，脸书开始在贷款领域布局。同年，借款企业就突破了 1000 家。随后，脸书与加拿大的金融服务机构（Clearbanc）合作推出贷款业务

(Chrged)，该项目的推出满足了用户的现金预支需求。脸书的用户可以通过把广告投入平台（Facebook Ads）账户与金融服务机构（Clearbanc）相互连接，来获得预支的现金。脸书推出的数字货币计划是其进军金融领域的又一大愿景。2019年，脸书深入区块链领域，推出了加密数字货币里拉（Libra），并成立了一个新部门——脸书金融（Facebook Financial）来负责所有的支付项目，计划将旗下所有的应用程序中都内置通用的支付功能。但里拉自推出以来，遭受来自内外部的多重压力。2020年12月，根据脸书官网信息显示，里拉更名为"日"（Diem），试图强调该项目的独立性，从而获得监管部门的批准。

脸书金融业务分布见表7-4。

表7-4　　　　　　　　　脸书金融业务分布

主要领域	具体业务
支付	脸书支付（Facebook Pay）；移动支付（Messenger Pay）
信贷	中小企业贷款（与加拿大金融机构联合推出Chrged）
保险	—
数字货币	里拉［Libra，加密数字货币，后更名为"日"（Diem），支付和跨境汇款］

资料来源：根据官网等相关资料整理。

四、苹果金融业务模式

苹果（Apple）是一家创新型高科技公司，致力于设计、开发和销售消费电子、计算机软件和个人计算机等业务。苹果主要涉足支付和消费信贷领域，推出非接触式移动支付（Apple Pay）和信用卡服务（Apple Card）。

2014年，苹果旗下的移动支付在美国正式上线。仅在一年后，美国本土就有2500多家银行等机构支持移动支付，使用移动支付的网店超过70万家。苹果在2017年的全球开发者大会上宣布，苹果移动支付开通个人资金转账功能，实现了在苹果钱包内的借记卡或信用卡付款的设想，增强了用户的体验感。苹果现金支付服务（Apple Cash）于2017年正式上线，此项目的推出获得了摩根大通、富国银行等多家银行的支持。2018年，苹果移动支付的在线支付技术，正式在中国市场得到推广，从此省略了烦琐的支付步骤，仅通过指纹识别或者脸部认证就能快速操作。截至 2020 年 11 月，苹果移动支付在 iPhone 上的使用客户达到 5 亿人次，与 2019 年用户数量相比增长幅度达到了 9%。使用苹果作为基础平台的银行和零售商行的增长率约为 20% 或更高。苹果移动支付仍将充当其支付平台的重要基础。此外，美国零售商对电子钱包的接受程度不断提高，预计到 2023 年，苹果移动支付的复合年均增长率将达到 18%。[①]

为了进一步吸引用户，苹果公司和高盛集团于 2019 年合作推出了信用卡服务，此项服务能与移动支付搭配使用。苹果信用卡服务不仅是苹果公司当前最新的支付业务，它将来也可能是该公司在支付业务中最大的收入来源。预计到 2023 年，复合年均增长率有望达到 89%，突破 12 亿美元。2022 年，在全球信用卡交易中，苹果移动支付占有 5% 左右的市场份额，预计到 2025 年将会翻倍。[②]这势必会为苹果带来巨大的市场商机，并进一步扩大苹果在金融领域的版图。

苹果金融业务分布见表 7-5。

表 7-5　　　　　　　　　苹果金融业务分布

主要领域	具体业务
支付	移动支付（Apple Pay）；支付服务（Apple Card）；现金支付服务（Apple Cash）
信贷	信用服务（Apple Card），与移动支付（Apple Pay）搭配使用
保险	—

资料来源：根据官网等相关资料整理。

第三节　中国 BATJ 金融业务模式

近年来，国内大科技公司百度、阿里巴巴、腾讯和京东（BATJ）开始大规模进军金融领域，逐步从互联网金融转型成为金融科技、科技输

---

①② 苹果公司. 2020 年财务报告 [R]. 苹果公司官网，https://www.apple.com/.

第七章 中美大科技金融比较及风险监管

出、赋能金融机构，在一定程度上改变了我国金融服务生态。

一、百度金融业务模式

度小满金融（原百度金融）是全球最大的互联网入口之一，拥有超过6亿的用户。百度金融于2013年开始涉足金融领域，在2015年重整内部结构并成立金融服务事业群组（FSG），主要涵盖支付、理财、信贷、征信等领域。

在支付业务方面，度小满支付是以度小满钱包提供的支付业务为基础进而发展的。度小满钱包连接百度旗下产品和用户，提供转账、付款、缴费、充值等支付服务。该业务可以通过与百度搜索引擎、爱奇艺视频播放器、携程旅行等百度系App及外部伙伴合作，形成完整的支付生态闭环。

在理财业务方面，度小满理财是度小满旗下的专业化理财平台，通过严格的产品筛选和风控流程，为用户提供基金投资、活期理财、定期理财、高净值客户理财等多元化理财产品。度小满保险是百度与国内多家保险机构共同推出的产品，保险险种包含了医疗、重疾、意外事故等多项领域。

在信贷业务方面，度小满信贷主要有有钱花和度小满消费金融两种产品。有钱花与银行等金融机构合作，提供面向大众的个人消费信贷及场景分期业务。其中，满易贷是纯信用产品，额度可以循环使用；满期贷场景分期主要在教育、口腔等消费场景为用户提供优质的信贷服务。

在征信业务方面，度小满征信为企业和个人用户提供信用信息查询服务。其中，小满分根据用户的身份特质、信用历史、履约情况、行为偏好和人脉信息等5个维度的信息，为用户提供的综合评估信用信息查询。小满投研为企业主、行业提供信用综合评估体系。

百度金融业务分布如表7－6所示。

表7－6　　　　　　　　　百度金融业务分布

主要领域	具体业务
支付	度小满支付/度小满钱包（形成完整的支付生态闭环）
理财	基金投资；活期理财；定期理财；高净值客户理财；保险经纪

续表

主要领域	具体业务
信贷	有钱花（满易贷、满期贷场景分期）；度小满消费金融
征信	小满分（授权用户）；小满投研（企业主、行业）

资料来源：根据官网等相关资料整理。

二、阿里金融业务模式

阿里巴巴公司（以下简称"阿里"）自1999年成立以来，就不断向金融服务、数据与云计算等综合服务领域进军，阿里金融业务布局主要有支付、理财、信贷和征信等方面。自2020年12月金融管理部门对蚂蚁集团提出业务整改以来，对标监管要求，蚂蚁集团将整体设立金融控股公司，金融业务全部纳入监管。

在支付业务方面，主要通过旗下的支付宝平台完成。支付宝是阿里旗下发展时间最长的金融科技业务，于2004年正式推出，旗下有"支付宝"与"支付宝钱包"两个独立品牌。2011年支付宝通过了人民银行的资质审核，并获得第三方支付牌照。支付宝业务可以概括为网络支付和日常缴费两个层面。支付业务对帮助公司以较低获客成本吸引大量用户至关重要，目前支付宝业务已经发展成为我国最大的第三方在线支付平台。

在理财业务方面，主要产品有蚂蚁财富、基金销售、余额宝、招财宝和蚂蚁保险等。其中，蚂蚁财富（蚂蚁聚宝）是蚂蚁金服推出一站式理财平台，融入余额宝、招财宝、基金和股票等理财产品及服务。货币基金产品余额宝除理财功能外，还可直接用于购物、转账、缴费还款等消费支付，是中国规模最大的货币基金。招财宝为投融资双方提供居间金融信息服务。蚂蚁保险代理销售的保险产品涵盖健康、意外、养老、教育金、财产等类型。

在信贷业务方面，主要有借呗和花呗两款产品。这两款产品在应用场景上存在差异，花呗有指定的应用场景和使用领域，当用户在阿里平台进行消费时可能会用到这项产品。借呗是无指定应用场景或使用领域的信贷产品。蚂蚁消费金融公司于2021年6月3日获批开业。按照整改方案，蚂蚁集团应在蚂蚁消费金融公司开业6个月内完成花呗、借呗整改工作。

整改完成后，花呗、借呗将成为蚂蚁消费金融公司的专属消费信贷产品。

在征信业务方面，主要以芝麻信用为基础。芝麻信用分是芝麻信用对海量信息数据的综合处理和评估，主要包含用户信用历史、行为偏好、履约能力、身份特质、人脉关系五个维度。目前已在租赁、购物、商旅出行、本地生活等商业场景中广泛运用。

阿里金融业务分布见表7-7。

表7-7　　　　　　　　　　阿里金融业务分布

主要领域	具体业务
支付	支付宝（最大的第三方在线支付平台）；支付宝钱包
理财	蚂蚁财富；基金销售；余额宝；招财宝；蚂蚁保险
信贷	蚂蚁花呗；蚂蚁借呗；网商贷
征信	芝麻信用（独立的第三方征信机构）

资料来源：根据官网等相关资料整理。

三、腾讯金融业务模式

腾讯公司创建于1998年，并逐步发展为中国最大的互联网综合服务提供商，同时也是目前我国服务用户数量最多的互联网企业。2018年9月，腾讯金融正式命名为"腾讯金融科技"，主要从事支付业务、理财业务、证券业务、创新金融业务四大金融业务。

在支付业务方面，2013年8月，财付通与微信合作推出微信支付，微信支付正式上线。2018年以来，微信支付产品阵营中陆续上线了零钱通、亲属卡、支付分等产品。微信支付是集成在微信客户端的支付功能，用户可以通过手机完成快速的支付流程。微信支付以绑定银行卡的快捷支付为基础，向用户提供安全、快捷、高效的支付服务。腾讯2021年一季度财报显示，微信及WeChat月活跃账户数达12.1416亿，同比增长3.3%。

在理财业务方面，腾讯主要开展了理财通、基金产品、微保保险及智能存款等业务。理财通及微保保险占据了腾讯理财板块中的大部分。微信在全国范围内拥有最大的移动网络流量，它的介入使得理财通在流量数据上拥有了巨大优势。近年来，理财通对用户的覆盖范围不断扩大，主要的服务人群也呈年轻化趋势。腾讯的智能存款业务也同样受到消费者的追捧，该项业务保本保息且受到存款保险保护，这一举措进一步吸引了消费者。

在信贷业务方面，主要由腾讯牵头发起设立的中国首家互联网银行——微众银行负责，信贷产品主要有微粒贷、微业贷及微车贷。微信和QQ的拥有的流量优势和腾讯金融科技的风控优势促进了微粒贷的迅速发展。微业贷是以中小企业为主要服务对象的一款信贷产品，申请微粒贷的用户须是公司企业的相关法人代表。微车贷则致力于为广大购车、用车、养车消费者和车商提供便捷高效的金融解决方案。

在征信业务方面，主要以腾讯信用分为基础。腾讯信用分是根据履约、安全、财富、消费和社交这五大指数，基于用户的历史行为，运用大数据等技术手段反映用户的信用水平，从而得出用户的守信指数，用信用分来反映用户的信用水平。分数越高信用水平越高，能享受的权益也就越多。

腾讯金融业务分布见表7-8。

表7-8　　　　　　　　　　腾讯金融业务分布

主要领域	具体业务
支付	微信支付；QQ钱包；财付通
理财	腾讯理财通；基金产品；微保保险；智能存款
信贷	微粒贷；微业贷；微车贷
征信	腾讯信用（用信用分反映用户的信用水平）

资料来源：根据官网等相关资料整理。

四、京东金融业务模式

京东金融于2013年10月开始独立运营，并迅速开始其在金融领域的布局。2018年11月，京东金融正式更名为京东数科。在正式入股安联财险后，京东相继获得了支付、理财、信贷、保险等金融牌照。

在支付业务方面，2012年，京东商城收购网银在线，获得了支付牌照，迈出了进军网络支付的第一步。京东的支付业务主要有京东闪付和快捷支付。京东闪付是第一款京东与银联联合推出的闪付产品，此后，京东凭借银联的客户基础，迅速在客户端市场占有一席之地。快捷支付是京东联合支付公司推出的支付服务，只要客户拥有信用卡即可进行网上支付，无须开通网银。2020年9月，京东数科拟16亿元收购快钱支付，旨在布局全国收单业务。

在理财业务方面，主要涵盖了小金库、基金产品；小金保、保险产品；小金卡；"银行+"银行服务精选板块四个方面。其中，小金库是一款基础性的支付产品，可以归为货币基金类理财产品，具有较低的风险。小金保是一款投连险，全称为弘康长合泰两全保险，有两个账户，一个是保险账户，一个是投资账户。小金卡是京东与银行合作推出的业务，消费者可以在京东金融平台办理开卡业务。"银行+"是京东金融推出的综合性银行理财平台。

在信贷业务方面，涵盖了京东白条、京东金条、京保贝、京小贷等产品。京东白条是一款为信用等级高、有消费需求的用户提供的信用支付服务，主要用于京东商城等场景的消费。而京东金条是针对信用良好的京东白条用户量身定制的现金借贷服务。京保贝是京东利用自有资金帮助供应商解决融资难、放款慢、应收账款周转周期长的问题。京小贷是一款专为中小企业生产经营提供运营资金的贷款产品，利息相对比较低。

在征信业务方面，产品包括小白信用分和蓝鲸征信。小白信用分是根据消费者在理财、信用产品的使用及履约等情况对该消费者的授信等级做出综合评估。京东蓝鲸征信是为企业客户提供的征信软基础设施、专注企业征信评估体系建设和互联互通的企业大数据战略等创新服务。

京东金融业务分布如表7-9所示。

表7-9　　　　　　　　　京东金融业务分布

主要领域	具体业务
支付	京东闪付；快捷支付
理财	小金库、基金产品；小金保、保险产品；小金卡；银行+
信贷	京东白条；京东金条；京保贝；京小贷
征信	京东蓝鲸征信；京东小白信用分

资料来源：根据官网等相关资料整理。

第四节　中美大科技金融业务比较

当前，大科技金融业务已经逐渐从支付领域不断向信贷、保险、理财等领域扩张，其中中国和美国依旧是全球最主要的市场，但两国大科技金融业务发展仍存在显著的差异。

一、支付基础设施

支付基础设施是金融基础设施的核心，其主要作用是便利货币的清算、结算和记录，促进支付服务市场的平稳运行。大科技公司最初涉及的金融业务都是网络支付，但中美两国支付基础设施有明显差别。以基础设施建设的不同为标准，可以将大科技公司分为两类。一类是以传统金融基础设施为依托，不再构建新的体系。例如谷歌支付、亚马孙支付、苹果支付等，它们都是以传统信用卡或零售支付系统等为基础开展支付与结算业务。另一类是不局限于原有体系，而是建立一套新的支付系统。例如，支付宝、微信支付等。但这种模式下的大科技公司并不能实现新旧体系之间的完全独立。例如客户需要有银行账户或信用卡，大科技公司才能按照客户的要求将资金转移到客户的大科技金融账户或提现到银行账户。

二、介入金融方式

近年来，中美大科技公司依托场景及技术等优势迅速向金融领域扩张，但它们介入金融的方式有所不同。中国大科技公司更善于借助自身现有平台和网络提供金融服务，而美国大科技公司主要通过与已有牌照的金融机构联合来开展相关业务。由于金融领域内的竞争日渐激烈，中国大科技公司更希望搭建综合性的开放平台，与传统金融机构或其他持牌金融机构合作，实现共赢局面。例如支付宝推出的开放平台计划；京东与携程集团合作，携程核心供应链接入京东；百度与百信银行及中国银联联合推出"百度闪付卡"数字银行卡业务。美国大科技公司更加热衷于以一对一形式开展合作,例如苹果公司和高盛集团合作推出苹果支付(Apple Card),亚马逊和西联汇款合作推出亚马逊支付码(Amazon Pay Code),脸书与金融服务机构(Clearbanc)合作推出贷款业务(Chrged)项目。

三、金融业务范围

当前,大科技公司已逐渐形成特色鲜明的大科技金融业务模式和服务生态。但从具体的金融业务范围来看,中美大科技公司也存在显著的不同。以 BATJ 为代表的中国大科技公司的布局特点是覆盖范围大,而且业务分布全面,获得的金融牌照涵盖了支付、贷款、基金、保险等众多领域。如腾讯目前已经布局支付、信贷、理财、保险、证券、银行、征信、基金、众筹等众多金融牌照,阿里和百度也基本全面布局了类似的金融业务。而以 GAFA 为代表的美国大科技公司则重点关注自身主营业务,对金融领域的涉足则更多是为了辅助主营业务发展,其中支付业务占 GAFA 金融业务的大部分。美国大科技公司所持金融牌照相对较少,主要原因是美国金融基础设施建设相对完善,美国大科技金融的发展空间也并没有中国那么大。

四、技术与模式

科技的发展与应用为大科技金融发展提供了可能性,金融支持实体经济的进一步发展离不开大科技公司技术能力的提升。美国大科技公司在原创技术革新方面要领先于中国,并逐渐发展形成一些新的商业模式。而中国大科技公司能够快速借鉴这些商业模式并根据具体环境加以调整。整体来看,美国金融市场要比中国金融市场成熟,美国大科技公司更加侧重于技术驱动型。中国金融市场则存在大量没有受到正规金融服务的长尾人群,例如,中国具有信贷记录的人口数量不到 30%。因此,中国大科技公司更加侧重于未得到充分开发的广大金融市场及无信用和低信用人群。尽管美国大科技公司在市场环境和技术应用上比中国大科技公司更具优势,但中国大科技公司凭借独特的商业模式在金融领域后来者居上。

中美大科技金融业务比较见表 7-10。

表7-10　　　　　　　中美大科技金融业务比较

业务比较	美国 GAFA 金融	中国 BATJ 金融
支付基础设施	并不构建一个新的体系，而是以传统金融基础设施为依托	不再仅仅局限于原有体系，而是重新建立一套支付系统
介入金融方式	与已经拥有牌照的银行等金融机构联合开展相关业务	将自身现有的平台和网络用在对金融服务的提供上
金融业务范围	所持金融牌照相对较少，主要包括支付、信贷、保险等	金融牌照涵盖支付、信贷、理财、保险、征信等众多领域
技术与模式	技术驱动型，原创技术革新方面要领先于中国	模式驱动型，主要面向未得到开发的金融市场及低信用人群

资料来源：根据相关官网等相关资料整理。

第五节　大科技金融风险与监管

随着大科技公司不断进入金融业，在为金融行业带来积极影响的同时，市场垄断、监管套利、数据泄露等潜在风险也不断凸显。在推动大科技金融发展的同时也要提高对其风险的监管能力。

一、大科技金融潜在风险

（一）市场垄断

随着人工智能时代的到来，大数据中蕴含的价值被不断开发，与此同时，垄断及不公平竞争等问题也愈发突出。首先，大科技公司借助科技优势掌握大量数据，再以互联网技术作为辅助工具，能够迅速占据市场主导地位。其次，上述竞争优势可能使大科技公司在资源配置的过程中拥有巨大优势，造成权力的高度集中，并不断强化形成市场垄断。大科技公司可通过投入大量资金、利用直接或交叉补贴占据绝对优势，再兼并其他竞争者，占据市场主导地位。最后，大科技金融的发展还可能造成维护市场公平竞争的传统措施失效。以前对于市场权力过度集中的解决措施是放低市场准入门槛,但现在一旦放低金融领域的准入门槛,允许大科技公司自由进入,他们就可能迅速掠夺市场资源,挤垮竞争对手,严重破坏市场公平竞争。

(二)监管套利

金融科技时代的到来使得原有金融产品与服务的边界变得模糊,造成原有的监管规则和监管方式难以保持一致。首先,提供服务的金融机构要以符合资质要求和遵循持牌经营为首要原则。若大科技公司普遍从事金融业务,却坚持其为科技公司,不仅能避开监管,还会无序扩张,助长不公平竞争现象。而且,大科技公司进入金融领域,其持有的相关金融牌照从业务范围、地域限制等方面都有明确界限,但大科技公司以技术和网络平台为掩护,模糊了产品和业务边界。其次,大科技公司通常经营多种金融产品和服务,这些金融产品和服务在传统框架下都有明确的边界,监管要求相对具体明确。但大科技公司的介入和数字技术的广泛应用改变了金融产品和服务的结构、功能及性质,造成产品和服务边界模糊,提供了监管套利的机会。例如,大科技公司提供了期限或信用转换等金融服务却并不遵循银行的资本充足率等要求。

(三)数据泄露与侵权

一些大科技公司在市场竞争中以科技之名行金融之实,甚至助推数据泄露与侵权风险,严重侵害了消费者权益。更多的数据有助于大科技公司提升金融服务效率,但对数据的过度挖掘就意味着消费者私人信息的集中采集和过度暴露。大科技公司主要依靠数据驱动,而我国对于消费者的隐私保护相对薄弱。大科技公司不仅掌握顾客的消费记录、网络浏览等信息,而且还掌握其账户、支付以及金融资产持有等信息,一旦获得相关数据,稍加修饰就能精准描绘客户画像,从而给消费者权益造成损失。同时,大数据、人工智能等技术的大量应用极易造成"算法歧视",相较于传统歧视行为,算法歧视更难约束。一是算法歧视以更深层次的隐形特征作为依据;二是算法歧视隐蔽性强,可以在不触犯现有法律规定的情况下侵犯消费者合法权益。

（四）信息技术风险

大科技公司新兴技术的广泛应用对监管部门的监管形成了挑战，主要体现在风险识别、监测与缓释等方面。首先，高科技"黑箱"的应用以及随之而来的潜在风险对监管机构来说是十分陌生的，存在预防困难、识别和处理困难等。例如，多个节点的共同维护才能保证区块链的平稳运行，一旦发生由技术问题导致的交易失败，就存在责任主体难以确定等问题。其次，金融监管滞后严重限制了风险处置的及时性。多系统和多环节留存等是金融信息数据的典型特点，正是这些特点造成了数据流转追踪困难、控制困难，数据确权与可信销毁困难。最后，大科技公司对数据驱动、平台支撑、网络协同等业务模式的广泛应用进一步加强了风险防范难度。大科技公司应用大数据技术，以平台的形式为消费者提供各种金融服务，涉及对大量资金的集中转移、隐蔽性聚合和不透明管理，一旦出现金融风险，后果将难以预估。

（五）系统性风险

大科技公司"大而不能倒"，业务规模和关联性都极易引起系统性金融风险。首先，大科技公司运用大数据、云计算、区块链等网络信息技术，提升了金融服务业务运转的高效性和数据信息的可得性，但此举也提高了金融风险发生的可能性，极易造成区域性、行业性、机构性传染。其次，接受大科技公司服务的人群数量庞大，且这类人群通常是传统金融机构服务业务触及不到的长尾客户。由于这类客户大多没有专业的金融知识和投资决策能力，从众心理严重，极易随波逐流，当市场不稳定或市场发生逆转时，集体性的非理性行为极有可能发生，造成系统性金融风险的快速形成。最后，大科技公司没有行业和领域等限制，金融产品相互交叉，关联性强，顺周期性更加明显，会增加消费者对风险识别的难度，加剧金融风险的破坏性。

二、大科技金融监管对策

（一）完善大科技公司反垄断监管

鉴于大科技公司固有技术优势和数据获取便利性，要强化对大科技公司反垄断的监管，鼓励竞争，维护公平的市场环境。首先，制定完善大科技公司开放数据的监管框架，让大量中小金融科技公司也能共享这些数据，推动大科技公司合规有序地发展。其次，强化监管部门之间的协调，推动监管部门相互共享数据和信息资源。在制定和执行等各个层面监管措施协调的基础上，完善信息披露流程、制定标准规则等工作，引导大科技公司合规经营。例如，2019年2月美国联邦贸易委员会（FTC）成立特别任务组审查科技市场的竞争问题，谷歌、脸书等行业巨头均出现在调查名单上。国内监管部门先后发布关于平台经济和金融控股公司监管的相关文件，并多次约谈主要金融科技公司。这些都体现了对大科技公司反垄断监管的强化。

（二）明确大科技金融业务政策边界

近年来，大科技公司不断向金融领域渗透，主要涉及支付、信贷、理财和保险等多个金融领域，产品和业务边界模糊，潜在金融风险突出，应进一步明确大科技金融业务政策边界。首先，以遵循监管一致性为首要原则，做好市场准入管理。根据金融业务的性质将大科技金融所开展的业务归入相应监管体系，以现行法律为基本依据，对从事相关金融业务的机构实行相同的监管手段，实现监管全覆盖，防止监管空白。其次，以立法、拟定补充法律细则等手段加强对现有监管体系的完善。无论是将大科技公司纳入当下监管体系内，还是根据实际情况完善法律监管制度，都应以监管一致性为前提。例如，美国实行功能监管，不论大科技金融的业务形式如何，都将根据其业务性质归入当前的监管体系，并由相应的监管部门实施监管。

（三）增强大科技金融风险监管能力

监管科技是监管和科技的深度融合，应把发展监管科技放在首位，提高大科技金融风险识别和防范的能力。首先，发展人工智能和机器学习提高金融数据处理效率，实时掌握金融业务运转，加强风险监管；发展大数据分析技术，增强信息处理及风险识别的能力。其次，及时对关键技术应用进行压力测试、评估及审查。完善压力测试和模拟操作，增强风险控制、处置和恢复能力，快速阻断金融风险跨时、跨机构和跨区域的传播，更好地发挥监管机构应对风险的能力。例如，美国货币监理署充分评估银行与云计算平台等第三方供应商的关联关系，以便对相应的风险防范提出建议。英格兰银行则考虑对银行进行金融科技压力测试，分析云计算平台接入中断可能产生的风险，英国金融行为监管局也将根据压力测试结果出台新的监管规定。

（四）防范大科技金融系统性风险

一些大科技公司业务涵盖广，涉众用户多，溢出性强，具备"大而不能倒"及重要金融基础设施的特征，容易积累形成系统性金融风险，应该加强对大科技公司系统性风险的监管。首先，应以传统金融机构作为参照，严格落实《金融控股公司监督管理试行办法》，持有多个金融牌照的大科技公司必须设立金融控股公司，并将全部金融业务和类金融业务纳入，进行宏观审慎管理。其次，应该充分考虑大科技公司业务模式和服务生态的独特性，参照系统重要性金融机构（SIFIs）监管要求及国际经验，对其资本充足率、资产负债率、信息披露等实行严格的监管。针对其创新业务，创新监管指标，防止金融科技风险的交叉和传递。最后，应补充对大科技公司的技术安全等其他附加监管原则，以防范其利用技术优势规避监管和监管套利行为。

（五）加强金融消费者权益保护

一些大科技公司助推数据泄露与侵权风险，严重侵害了消费者权益，需要进一步加强金融消费者权益的保护。首先，完善数据信息采集及管理使用方面的规定。明确划分大科技公司所拥有消费者私人信息的法律性质和产权界限，保证数字信息等生产要素的公平配给，杜绝数据垄断等情况的发生。其次，以维护国家信息安全和保护消费者隐私安全为前提，统一金融科技行业的数据标准。在防范数据滥用的同时，促进数据在行业内开放及共享。在推动相关基础设施建设的同时，综合大数据的特点及使用范围，提出适合金融科技自身情况的发展要求。例如，美国《金融科技白皮书》指出，美国金融系统的竞争优势之一来自对消费者权益的保护、金融市场的稳定性以及金融科技的创新发展，体现了美国对消费者权益保护的高度重视。

第六节 本章小结

近年来，大科技公司借助其数字和平台优势大规模进军金融领域，逐步形成特色鲜明的大科技金融业务模式和服务生态。其中，美国 GAFA 和中国 BATJ 是全球主要的大科技公司。

大科技金融迅猛发展的原因是多方面的，大科技公司在数据、技术以及平台等方面拥有巨大优势，加上之前对大科技金融的监管较为宽松，导致其不仅能够"被动发展"，而且还能"主动拓展"金融业务模式，不断进军金融领域。大科技金融的发展有多元化发展需求、科技发展与应用、纵深综合业务发展、监管政策便利等多方面原因。

美国已经具备成熟的金融服务体系，以 GAFA 为代表的大科技公司见缝插针式地将业务渗透到金融领域。国内大科技公司以 BATJ 为代表，逐步从互联网金融全面转型成为金融科技、科技输出、赋能金融机构，在一定程度上改变了我国金融服务生态。但中美大科技金融在支付基础设施、介入金融方式、金融业务范围、技术与模式等方面仍存在显著差别。

随着大科技公司不断进入金融业，在给金融行业带来积极影响的同时，其潜在风险也日益凸显，主要表现在市场垄断、监管套利、数字泄露与侵权、信息技术风险、系统性风险等方面。在推动大科技金融发展的同时也要提高对其风险的监管能力，如完善大科技公司反垄断监管、明确大科技金融业务政策边界、增强大科技金融风险监管能力、防范大科技金融系统性风险、加强金融消费者权益保护等。

第八章　监管科技的基本原理及技术运用

监管科技（RegTech）是监管（regulation）与科技（technology）的深度融合，可以提高监管效率、降低合规成本。近年来，国内金融科技发展迅猛导致潜在风险隐患突出，对监管提出了新的要求。在金融领域强监管、防风险的背景下，监管科技重要性日益提升。然而，监管科技也存在一系列潜在风险，需谨慎对待。跟欧美等主要发达国家相比，我国监管科技仍处于发展初期。通过研究监管科技的基本原理及技术应用，有利于为监管部门利用监管科技丰富监管手段、提升监管效率，也有利于为金融机构适应监管、降低合规成本。

第一节　监管科技的基本内涵

一、监管科技的内涵

由于各国监管科技的侧重点与发展水平不同，对于监管科技的理解并不统一。国外研究方面，英国金融行为监管局（2015）将监管科技解释为"运用新技术，促进达成监管要求"。阿纳等（2017）指出，监管科技是科技发展的产物，主要利用新兴技术实施监管。国际清算银行（2018）认为，监管科技是监管部门使用新技术来为监管提供支持的过程。阿纳格诺斯托普洛斯（2018）强调，监管科技起源于金融科技，并且利用新兴科技对金融科技进行监管。理查德（Richar，2019）认为，监管科技是新兴技术的一种应用方式或应用场景，即新兴技术在监管领域的应用。国内研究方面，朱太辉和陈璐（2016）指出，监管科技提高了监管的自动化程度，主要是采用先进的信息科技、完善的监管架构、丰富的监管工具等。蔚赵春（2017）认为，监管科技指应用新技术来高效及低成本地满足金融机构应对监管和合规要求的一种金融创新模式。孙国峰（2017）指出，我国应更加重视应用，从更广的视野定义监管科技，将其和防控金融风险有机结合。杨东（2018）强调，监管科技实质是将科技运用于监管，使得金融机构降低合规成本，监管机构提升监管效率。

由此可见，监管科技实质上包括"合规"和"监管"两个方面：一方面，对金融机构来说，可以利用监管科技降低合规成本、更好地适应监管，此处理解为"合规科技"；另一方面，对监管机构来说，可以利用监管科技丰富监管手段、提升监管效率，此处理解为"监管科技"。

二、监管科技的应用

新形势下，监管科技作为新兴科技与金融监管全面融合的产物，在全球范围内具有广泛的应用场景。国外研究方面，阿纳等（2016）认为，监管科技的应用以数据为特征，从"了解你的客户（KYC）"思维方式转变为"了解客户的数据（KYD）"方式。洛茨玛（Lootsma，2017）指出，目前监管科技的应用主要集中于了解你的客户、区块链、客户身份识别与验证等诸多方面。金融稳定委员会（2019）在其报告中指出，监管科技应用将会侧重于投资者和消费者保护、市场诚信、银行风险敞口、支付系统、金融稳定监测和反洗钱、反恐融资等方面。国内研究方面，杨宇焰（2017）指出，监管科技主要应用领域是数据的分析和处理、数据的加密和传输、市场行为监管等方面。张家林（2018）强调，监管科技的基础应用是将纸质监管流程报告电子化，高层次的运用是利用大数据、云计算、区块链等新兴技术，将监管政策和指令程序化。傅强（2018）认为，监管科技的主要应用场景包括管理监管数据、情景模拟和预测、实时监测金融交易、落实"了解你的客户"原则、机器解读监管规则等方面。白儒政等（2019）指出，监管科技采用人工智能、区块链、云计算、大数据等新兴技术识别应对系统性金融风险，从而提高了监管有效性。

由此可见，监管科技主要运用云计算、大数据、人工智能、区块链等新兴技术提高监管效率和降低合规成本，在监管部门和金融机构中获得广泛应用，如了解客户、交易行为监控、合规数据报送、风险数据分析等。

三、监管科技的风险

监管科技在全球主要国家和地区获得了广泛应用，但其潜在风险不容忽视。国外研究方面，阿纳等（2017）强调，发展监管科技需要注重网络安全，警惕信息泄露的风险，应该秉承宏观审慎原则。恩瑞克斯（Enriques，2017）指出，监管机构在向新监管技术环境过渡中面临四大挑战，即人力资源挑战、治理挑战、网络安全挑战和核心运营挑战。巴克利等（2019）认为，在运用监管科技时应做好数据保护，杜绝信息泄露风险，为监管科技提供一个健康发展的环境。约翰逊（Johansson，2019）指出，使用机器代替人工可能造成严重影响，因为对规则和风险的主观理解会被编入规则约束控制中。国内研究方面，王静（2019）强调，监管科技存在的风险是数据标准没有统一，影响了监管科技发挥作用，应该减少监管差异带来的损耗。赵大伟（2019）指出，既要避免监管科技发展不均衡可能产生的监管套利，还应重视数据垄断和数据孤岛风险。尹振涛和范云鹏（2019）认为，潜在的风险在于监管科技不能替代人工监管，并且监管科技存在技术风险以及较高的成本。张永亮（2020）指出，金融科技对传统监管构成了重大挑战，而当前监管手段和监管能力却滞后于金融科技的发展。

由此可见，监管科技在提高监管效率和降低合规成本的同时，也具有一系列潜在风险，如信息泄露风险、标准混乱风险、法律法规滞后风险、数据垄断风险、人才短缺风险等。

综上所述，国内外学者对监管科技的"内涵、应用及风险"进行了深入的研究，取得了丰硕的成果。但是对监管科技的基本原理及技术应用仍缺乏系统性的论述。本章重点分析监管科技的基本原理及其技术应用，在此基础上，针对其潜在风险，提出促进监管科技发展的对策建议。

第二节 监管科技的基本原理

监管科技的运作需要多方相关主体参与，主要是监管科技公司、[①] 金

[①] 从广义上来讲，监管科技公司是金融科技公司的一部分。

融机构和监管机构等。其中,监管科技公司提供技术支持,金融机构和监管机构利用监管科技技术,多方共同参与以达到监管与合规要求。

一、监管科技与合规科技

监管科技是监管(regulation)与科技(technology)的深度融合,即利用云计算、大数据、人工智能、区块链、应用程序接口等新兴技术,帮助监管部门提高监管效率,也便于金融机构调整自身业务,降低合规成本。此外,还可以从构成上对监管科技进行分类,监管科技可以分为监管机构实施端(suptech)和金融机构合规端(comptech)。前者主要由监管机构参与,利用云计算、区块链、应用程序接口等新兴技术提高监管效率;后者主要由金融机构参与,其利用监管科技及时了解最新政策并适时调整自身业务,从而达到监管要求以及实现合规成本的下降。

作为监管科技的重要组成部分,监管科技与合规科技二者既有区别又有联系,需要加以区别运用(见表8-1)。

表8-1　　　　　　　监管科技和合规科技的比较分析

联系/区别		监管科技	合规科技
联系	范畴	金融科技	
	底层技术	云计算、大数据、人工智能、区块链、API等	
	技术解决方案	存在一定交叉应用	
	风险处置流程	监测、分析、识别、预警、评估和处置	
区别	应用主体	监管机构	金融机构
	运用目的	提高监管效率	降低合规成本
	提出时间	相对较晚	相对较早
	资金投入	相对较少	相对较多
	驱动因素	监管要求	效率和成本压力

资料来源:陶峰,万轩宁. 监管科技与合规科技:监管效率和合规成本[J]. 金融监管研究,2019(7):68-81.

二、监管科技的参与方

监管科技影响广泛,涉及相关主体各方,主要有监管机构、金融机构以及监管科技公司等。其中,监管科技公司是监管科技的技术供给方,监管机构和金融机构是监管科技的技术需求方。

监管科技公司是监管科技技术的供给方。监管科技公司通过分析监管机构和金融机构需求,针对监管机构与金融机构的需求设计算法,提高技术能力以及开发通用技术平台,为监管机构及金融机构提供满足监管及合规的技术服务,协助监管机构提高监管效率,帮助金融机构降低合规成本。

监管机构是监管科技技术的需求方。监管机构可以利用监管科技迅速获得需要的金融机构风险数据,提高处理风险数据的效率,从而对金融机构实施有效监管。此外,还可以及时发现金融机构业务经营中的潜在风险,对金融机构提出整改意见。因此,监管机构主要利用监管科技达到提高监管效率的目的。

金融机构也是监管科技技术的需求方。金融机构可以通过监管科技手段及时了解监管机构的最新监管政策,并将自己的业务经营调整至合规,保证金融机构正常经营,避免了业务不合规造成的负面影响,从而更高效地满足监管需求。因此,金融机构主要利用监管科技达到降低合规成本的目的。

三、监管科技的运作情况

监管科技公司针对监管机构及金融机构的要求,设计出合适的操作系统、合规评价系统以及监管接口协议。其中,操作系统主要帮助金融机构发现客户需求,每个被监管的金融机构都有一套操作系统(financial institutions operating system,FIOS),该系统可以通过内部行为监控及适当性分析评测(internal behavior supervise system,IB&S)对客户的基本信息进行识别、收集、整理和分析,从而提供针对性服务。当监管部门新的规定出现时,金融机构操作系统需要升级到新版本以便与新的规定相匹配。

合规评价系统(regulation compliance,RegComp)和监管接口协议(regulation port,RegPort)在监管机构对金融机构进行监管时发挥作用,金融机构合规端的合规评价系统与监管部门监管端的监管接口协议互连互通,实现信息即时传递的功能。当监管部门发布新的合规要求或法律条文时，合规评价系统和监管接口协议开始相互连通，形成监管部门和被监管金融机构双方都认可的协议，即监管科技电子化协议书（electronic agreement on RegTech，EAG）。被监管金融机构需要根据电子化协议书，对企业本身、市场及产品的发展战略、经营方式、业务流程及具体执行情况进行合规调整，以达到电子化协议书的要求（见图8-1）。

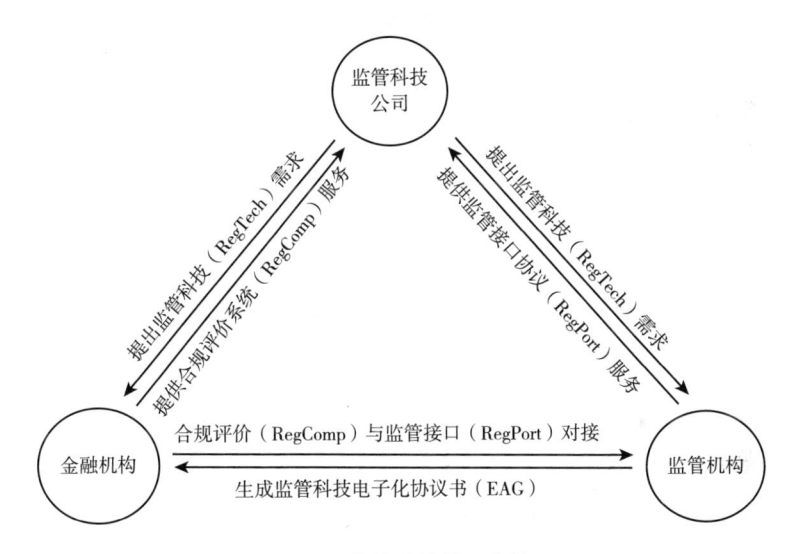

图8-1 监管科技的运作情况

可以从监管端和合规端两方面进一步理解监管科技的运作方式。

从监管端来看，在金融科技背景下，面对越来越复杂多变的金融市场环境，监管机构亟须运用监管科技以提升监管效率。在数据获取方面，监管科技公司为监管机构提供监管科技服务使得金融监管的效率大幅度提升，监管机构利用监管接口协议与金融机构的合规评价系统相互连通，从而获得更加全面和精确的数据。只有获得这些数据，才能更好地开展监管工作，及时发现潜在风险并制定监管科技电子化协议书，对风险的预防及控制进行指导。在数据处理方面，金融科技的发展使得金融机构业务种类更多、规模更大、过程更复杂，因此报送给监管部门的数据量迅速增加。监管科技的出现使得监管部门面对金融机构报送的海量数据，可以借助监管科技公司提供的云计算、大数据等新兴科技手段提高数据处理效率和监管能力。

从合规端来看，面对金融监管日益加强的现状，金融机构面临的合规压力逐渐增大。金融机构既需要发展金融科技来帮助自身在金融行业竞争中取得优势，又要保证金融业务的合规性，满足监管机构的监管要求。因此，金融机构迫切需要监管科技使得自己满足监管机构的合规需求。监管科技公司为金融机构提供监管科技服务，金融机构可以利用合规评价系统（RegComp）与监管机构的监管接口协议（RegPort）实现与监管机构的信息互联互通，根据监管机构的合规要求、最新监管政策和自身业务规模，达成监管方与被监管方都认可的监管科技电子化协议书。金融机构根据监管科技电子化协议书调整自己的业务，保证自身的稳健经营以降低合规成本。

第三节　监管科技的技术应用

金融科技的蓬勃发展也使得监管科技有足够的发展动力。监管科技在国内外的应用已经取得了一定成效，具体表现在：云计算、大数据、人工智能、区块链、应用程序接口等新兴技术帮助监管机构实现监管效能最大化和监管成本最优化，以及帮助金融机构合规效率最大化和合规成本最低化。

一、云计算

云计算（cloud computing）能够快速准确地分析数据，这一特性可以很好地应用于监管科技，帮助监管机构分析风险数据的同时，也可以帮助金融机构了解最新监管政策，高效达到合规要求。

金融科技的发展导致金融机构报送给监管机构的数据日益增加。监管机构在迅速查找相关数据的同时，还要储存报送的海量数据。此外，数据安全也是值得注意的地方。云计算的出现很好地解决了这些问题，云计算可以促进金融数据的公开，使得监管机构可以迅速查找相关数据，及时发现风险。并且云计算的云端储存技术完美地解决了金融数据存储的问题，为金融数据提供了足够大、足够安全的储存空间。

云计算技术应用广泛，最直接的功能便是储存数据，在许多领域都有广泛的应用场景，在金融行业的作用更是巨大。云计算可以帮助监管机构收集、储存风险数据，提高监管效率；帮助金融机构储存客户信息，便于提供服务。

一方面，云计算技术帮助监管机构提高监管效率。目前，美国利用云端储存进行数据保管；英国利用云计算技术协助监管机构进行智能监管；澳大利亚和德国主要利用云计算技术促进信息开放，提高监管机构的数据获取能力；中国则是利用云计算技术促进金融数据的开放（见表8-2）。

表8-2　　　　　云计算技术的金融监管实践

国家	应用情况
美国	利用云端储存收集、保管金融数据，在便于监管机构查阅的同时降低监管成本
英国	云计算技术应用率较高，可协助监管机构进行智能监管
澳大利亚	利用公共云推动信息公开，便于监管机构获取数据并进行数据分析
日本	利用云计算技术管理金融机构异地数据库及其外包的金融业务
德国	利用云计算技术搭建信息共享平台，便于监管机构获取数据
中国	利用云计算技术促进金融数据的开放，从而协助监管机构进行监管

资料来源：根据相关资料整理。

另一方面，云计算技术为金融机构的高效运转提供技术支持。目前，美国和日本应用云计算技术保证信息交流及信息安全；澳大利亚利用云计算技术推动信息公开，便于金融机构获得数据；中国则主要利用云计算技术加快建设金融云服务平台，更好地满足客户的需求（见表8-3）。

表8-3　　　　　金融机构的云计算技术应用

国家	应用情况
美国	银行应用云计算技术建立个人征信查询平台，帮助开展信贷业务
英国	多家银行利用云计算技术的云储存功能，以"云"代替传统的数据中心
澳大利亚	利用公共云推动信息公开，便于金融机构获取数据，了解行情
日本	在完善金融机构客户信息的基础上确保信息安全
德国	利用云计算技术按需计算资源，制定定价策略
中国	银行业加快建设金融云服务平台，多个国有大型银行已经初具规模

资料来源：根据相关资料整理。

二、大数据

大数据（big data）的内涵比较广泛，涵盖从交易信息到交互信息，从结构化到非结构化的各种新类型数据、分析方法，以及思维认知等内容。大数据技术解决方案在数据检索以及数据处理等方面具有先天优势。

自从大数据技术问世以来，各国便开始积极推动大数据技术发展并将其运用于各个方面。目前，已经有很多国家在大数据技术的应用上取得一定的成果，其中美国、英国和中国处于前列。美国利用大数据技术实现了在国土安全、环境保护、工程技术、生物医药等领域的突破。英国在大数据技术方面发展较早，政府通过对大数据技术发展的支持带动企业进行投资。中国多地进行政企合作，共同利用大数据技术，在金融监管方面已取得不错成效。

一方面，大数据技术解决方案能帮助监管机构处理来自金融机构的海量风险数据，提高监管机构的监管效率。美国通过大数据技术建立起金融机构与监管机构的交流机制，英国则致力于注重利用大数据技术采集和处理反洗钱数据，中国主要利用大数据技术进行证券交易信息监管（见表8-4）。

表8-4　　　　　　　　大数据技术的金融监管实践

国家	应用情况
美国	通过大数据技术建立起金融机构与监管机构的交流机制，从而提高监管效率
英国	注重利用大数据技术采集和处理反洗钱数据，有效预防和打击洗钱犯罪活动
荷兰	利用大数据技术侦查骗保和虚假索赔，从而保障了保险公司的权益
新加坡	政府主动建立大数据库，便于监管部门利用大数据技术监管金融业务
日本	将大数据技术用于金融数据的存储，便于监管部门查阅
中国	利用大数据技术进行证券交易信息的分析、排查，精准打击证券市场内幕交易

资料来源：根据相关资料整理。

另一方面，大数据技术解决方案能够帮助金融机构高效处理客户信息，根据客户需求提供更具针对性的服务。目前，美国金融机构借助大数据技术发展信贷业务，英国的保险行业和证券行业依赖大数据技术进行数据分析，中国的金融机构则将大数据技术应用于精准营销、信贷评估等金融服务（见表8-5）。

表8-5 金融机构的大数据技术应用

国家	应用情况
美国	应用大数据技术开展个人征信查询，在信贷业务中发挥助贷作用
英国	将大数据技术运用于保险、证券等金融行业的数据分析
荷兰	将大数据技术应用于保险售后，为客户提供更具针对性的服务
新加坡	应用大数据技术分析金融市场行情，调整金融服务策略
日本	金融机构利用大数据技术分析金融行业数据，根据结果调整金融业务策略
中国	大数据技术在精准营销、信贷评估、股市预测等领域得到广泛应用

资料来源：根据相关资料整理。

三、人工智能

人工智能（artificial intelligence，AI）是研究、开发用于模拟、延伸和扩展人的智能的理论、方法、技术及应用系统的科技。从全球范围看，目前人工智能技术在金融机构和监管机构中获得广泛应用。

与人工监管相比，利用人工智能进行监管具有更大的优势。人工智能的数据处理速度和准确度是人工监管无法相比的；人工智能监管可以克服人工监管的惰性，时刻保持高效状态；人工智能监管的客观性也是人工监管无法达到的。目前，美国主要利用人工智能技术对证券交易进行监管，提高监管质量；加拿大利用人工智能技术加强对保险业的监管，保证投保人和保险人双方的利益；中国主要是利用人工智能技术建立金融风险监测预警平台（见表8-6）。

表8-6 人工智能技术的金融监管实践

国家	应用情况
美国	开始尝试利用人工智能技术进行证券交易监管，有效克服人工监管弊端
日本	将人工智能技术应用于证券市场监管，精准发现操纵市场等不法行为
加拿大	运用人工智能技术加强对保险业的监管，保证投保人和保险人双方利益

续表

国家	应用情况
法国	人工智能技术在证券市场发挥作用，确保公司债券的合法合规发行
新加坡	应用人工智能技术对证券交易进行识别，精准打击金融犯罪活动
中国	多地建设金融风险监测预警平台，利用人工智能技术识别金融风险

资料来源：根据相关资料整理。

另外，人工智能技术在金融领域也有广泛应用。银行业利用人工智能技术提供专业化服务；保险业的承保、定价等工作也可以利用人工智能技术。加拿大和中国将人工智能技术应用于保险行业的承保、定价及客户的风险评估上；美国和英国则将人工智能技术应用于投资理财等方面（见表8-7）。

表8-7　　　　　　金融机构的人工智能技术应用

国家	应用情况
美国	人工智能技术充当客户的数字金融助手，实现交易搜索的数字化和可视化
日本	应用人工智能技术实时分析证券交易，帮助投资者了解最新行情动态
加拿大	将人工智能技术应用于保险的承保、费率定价和客户的信用风险评估
法国	利用人工智能技术进行证券评级，帮助投资机构有效规避金融风险
英国	将人工智能技术应用于智能理财顾问，针对客户需求提供专业理财建议
中国	人工智能技术在金融交易、市场行情、风险控制、投资理财等领域广泛应用

资料来源：根据相关资料整理。

四、区块链

区块链（block chain）是具有去中心化、无法篡改、实时动态在线等特征的共享数据库，可以在金融监管、风险控制等领域取得不错的效果。当前区块链技术的应用受到广泛重视。

截至2020年末，全球区块链专利申请数量累计达到5.14万件。其中，中国累计申请区块链专利超过3万件，位居全球之首，专利申请数量占全球总规模的58%，是美国同期的2.5倍。美国累计申请专利1.21万件，占全球总规模的24%，位居全球第二。从专利行业分布情况来看，主要集中在金融、支付、商业贸易、企业服务、数字资产等领域。[①]

一方面，区块链技术凭借其自身优势与监管完美协调，在全球主要国家或地区都有着广泛的应用场景。美国致力于利用区块链技术解决供应链金融和数字资产交易方面的问题；英国应用区块链技术于监管沙盒，进行一系列的测试；中国利用区块链技术去中心化特征促进多方进行信息交流（见表8-8）。

表8-8　　　　　　　　区块链技术的金融监管实践

国家（地区）	应用情况
美国	利用区块链技术减少供应链金融的漏洞，在数字资产交易方面利用区块链技术的存证功能实施监管
英国	将区块链技术应用于监管沙盒，在监管沙盒这个独立的空间内，金融科技企业可以对其创新的金融产品、服务等进行一系列的测试
日本	将区块链技术应用于外汇交易与证券交易的监测，主要监管异常交易，防止内幕交易和操纵证券市场的行为
澳大利亚	将区块链技术应用于管理、监测股票系统的交易与清算，在防止内幕交易和操纵市场等方面效果突出，维护了股市的稳定
欧盟	区块链技术的应用重点为监管股票市场，及时准确地对异常、可疑交易进行检查，维护股票市场乃至整个金融市场的稳定
中国	大力发展区块链技术，促进金融机构与监管机构的信息交流；利用区块链技术的去中心化特征，有效解决"信息孤岛"问题

资料来源：根据相关资料整理。

另一方面，区块链技术在金融领域也有广泛应用场景。美国利用区块链技术提高交易所流程效率；英国重点发展区块链中的加密货币技术；日本利用区块链技术实现实时清算，提高交易所工作效率；中国则将区块链技术应用在资产证券化、数字票据等领域（见表8-9）。

表8-9　　　　　　　　金融机构的区块链技术应用

国家（地区）	应用情况
美国	尝试利用区块链技术提高交易所流程效率，获取数据的时间极大缩短
英国	重点发展区块链中的加密货币技术，已经初具规模，且处于全球领先地位
日本	利用区块链技术实现实时清算，大幅提高了交易所的工作效率

---

① 零壹财经. 中国区块链专利数据解读（2020）[R]. 2021-02-25.

续表

国家（地区）	应用情况
澳大利亚	利用区块链技术实现跨多个市场参与者之间金融市场数据的互助交流
欧盟	利用区块链技术提升金融市场功能的潜力，大力发展数字货币
中国	区块链技术在资产证券化、数字票据、供应链金融等领域取得显著效果

资料来源：根据相关资料整理。

五、应用程序接口

应用程序接口（application programming interface，API）通过与其他软件程序进行连接，实现信息开放与数据互联互通。监管科技公司提供应用程序接口服务，监管部门与金融机构利用应用程序接口进行信息交流，金融机构可通过应用程序接口自动向监管部门提交风险数据，监管部门则利用应用程序接口对金融机构进行业务指导，最终实现监管效率的提高和合规成本的降低。

应用程序接口实现了金融机构与监管部门的数据交互，并且自动生成合规报告或监管科技电子化协议书，指导金融机构达到合规要求。应用程序接口在主要国家或地区监管领域的应用情况大致相同，都是实现自动数据交换和生成合规报告，以便于监管部门实施有效监管。

应用程序接口技术主要应用于开放银行。应用程序接口开放银行主要实现商业银行产品、服务、数据等对外部场景开放，为监管部门对银行监管提供便利。应用程序接口技术促使开放银行与监管部门进行信息和数据的交互，帮助监管部门直接获取合规监管需要的数据。目前全球已有30多个国家或地区开始尝试开放银行模式，其覆盖的产品约占总收入的90%。其中以欧盟为代表的属于监管驱动型，以美国、中国为代表的国家属于市场化推动。虽然都以应用程序接口作为开放银行的技术支持，但是各国在发展方式和具体业务上有所区别（见表8-10）。

应用程序接口开放银行的出现体现了信息开放已成为一种趋势，金融机构未来将越来越注重信息开放与数据互通。金融机构利用应用程序接口技术与监管部门实现数据互通，金融机构可以及时了解监管政策与合规要求，监管机构可以直接对金融机构提出整改意见，最终实现监管效率的提高和合规成本的降低。

表 8–10　　　　　　　应用程序接口开放银行情况

发展方式	国家（地区）	银行数据和活动类型		
		产品信息、服务费	账户信息	资金转账
市场驱动的合作	美国	√	√	
	中国	√	√	√
	阿根廷	√	√	√
应用程序接口标准化	新加坡	√	√	
	日本	√	√	√
治理框架	澳大利亚	√		
对第三方正式的监管	欧盟		√	√

资料来源：根据相关资料整理。

第四节　监管科技的风险及对策

监管科技在金融机构和监管机构中已获得广泛应用，然而，监管科技的发展还处于初级阶段，其应用还存在一系列潜在风险，需积极采取措施，注重其风险的防范和控制，以更好地促进监管科技的发展。

一、监管科技发展的潜在风险

监管科技作为监管与科技深度融合的产物，在提升监管效率及降低合规成本的同时，也存在一系列潜在风险，主要表现在四个方面。

（一）标准混乱

目前，监管科技应用较为粗放混乱，监管机构和金融机构各自独立发展，相互之间缺少沟通联系，导致了风险数据标准不统一，不利于监管机构风险的预防和控制。

一方面，标准混乱使得监管机构的监管要求与金融机构的实际情况大相径庭。监管机构不了解真实的市场运作情况，制定的标准脱离实际，甚至存在与金融市场真实情况无法协调从而无法实现的情况。同时，金融机构按照自己理解的合规标准开展业务活动，实际上并未达到监管机构标准，需要再次调整业务，提高了金融机构的合规成本。另一方面，金融机构的风险数据失去可比性，金融机构无法准确了解自己开展的业务在行业内的风险情况。保守的金融机构可能会为了规避风险主动放弃盈利、发展的机会；激进的金融机构会盲目乐观，未经仔细审查就开展不了解的业务，增加了经营风险。

监管科技产生的初衷是提高监管机构监管效率，以及降低金融机构合规成本。然而，目前的标准混乱，违背了监管科技的初衷，未能发挥监管科技的巨大潜力。标准混乱导致监管机构无法对金融机构实行有效监管，金融机构因而不能及时准确地发现风险并控制风险。当潜在的风险积累到一定程度爆发时，金融机构可能因此遭受巨大损失，甚至波及整个金融行业的安全稳定。

（二）法律法规滞后

法律法规因为其强制力对金融行业有很好的约束性。然而，现行法律法规大都仅适用于传统的监管模式，落后于利用新兴技术的监管科技，所以目前的法律法规对于监管科技运用过程中存在的问题经常束手无策。

法律法规的落后使得金融行业参与者只能依靠业内规范来开展工作，而遵守业内规范主要依靠参与方的道德水平，且由于违反的后果有时并不严重，无法确保参与方都能遵守。监管机构的权力缺乏有效约束，存在滥用职权的问题，这必然会对金融机构的正常经营产生消极影响，同时打击了金融机构业务创新的积极性。金融机构还会利用法律法规的缺失，谋求不正当利益。例如逃避监管机构的正常监管、滥用风险数据损害合作方利益等。

此外，由于缺乏法律法规的指导，金融机构难以确保经营活动合法合规，在业务工作中可能出现过于保守的情况。如果金融机构普遍如此，那么整个金融行业将缺乏创新活力，最终阻碍监管科技在金融行业的应用。且由于各国违法违规的标准存在差异，缺乏法律法规的明确指导会导致监管科技的国际合作受到限制，监管科技的应用及推广受到阻碍。

（三）信息不对称

信息不对称风险也是监管科技应用的潜在风险，在一定程度上威胁着金融行业的稳定。金融机构利用监管科技开展业务，监管机构无法获得相关数据甚至获得错误数据，并在数据缺失或数据错误的情况下实施监管，从而达不到防控风险的目的。

监管机构与金融机构处于不同地位，监管机构处于信息劣势，却需要在数据、信息不足以及对情景评估不足的前提下做出决策，可能会脱离实际。在信息不对称的前提下，金融机构会充分利用金融科技规避监管，以获得最大利益，因此其向监管机构提供的数据在真伪性、全面性等方面都无法得到充分保证。遵守规章制度的金融机构承受了较高的合规成本，而那些数据造假或隐瞒数据的金融机构反而逃脱了监管机构的监管，大幅降低了合规成本，使得市场出现"劣币驱逐良币"现象。

信息不对称风险还可能发生在大型金融机构与中小型金融机构之间。大型金融机构与监管机构合作发展监管科技，能够获得监管机构最新的监管政策信息。大型金融机构得到相关信息后，可以及时根据监管政策调整业务类型、规范、流程等，尽快适应监管。而中小型金融机构无法迅速得到相关政策动态并做出调整，因此它们的正常经营活动会受到影响，利益方面也会遭受损失，长此以往，中小型金融机构的生存处境越发艰难，最终将被大型金融企业逐出监管科技市场，出现"头部驱逐尾部"的情况。

（四）技术风险

由于监管科技是运用新兴技术手段提高监管效率和降低合规成本，因此，技术风险是内生的，尤其是软件风险。监管科技在应用时如果存在算法缺陷，不仅输出结果的正确性无法得到保证，而且可能引发不良后果的连锁反应，造成难以估量的危害。

首先，如果存在算法缺陷的"标准化"方案被使用，那么监管机构及金融机构都会根据"标准化"方案展开工作。存在算法缺陷的监管标准无法帮助监管机构有效发现和控制风险，使得监管机构的监管失效。同时，金融机构也会依据存在算法缺陷的标准调整业务，金融机构无法规避风险，其合规成本也会增加。一旦存在算法缺陷的"标准化"方案被推广，监管机构和金融机构将会被误导，并且很容易扩大不良后果的范围和严重性，甚至引发系统性风险。而且，软件的算法缺陷通常需要进行大量测试才能被发现，有些算法缺陷甚至在经历至少一个完整经济周期才能够充分暴露。

其次,"羊群效应"和"合成谬误"会放大软件风险。"羊群效应"指的是资金力量薄弱的中小型金融机构借鉴大型金融机构的监管科技发展模式或利用其监管科技的发展成果。如果监管科技技术存在风险,那么风险将因为羊群效应波及整个金融行业,给金融行业带来动荡。而且,监管机构在利用监管科技进行监管的同时,金融机构也会利用监管科技降低合规成本、规避监管以获得更多的利益,即产生技术套利空间。一旦某个金融机构通过这种方式套利成功,那么市场上的众多金融机构都会效仿其操作,由单个机构的微观行为扩展到整个行业的宏观行为,最终导致"合成谬误"。

二、监管科技发展的对策建议

针对监管科技发展的潜在风险,提出以下促进监管科技发展的对策建议,以更好地促进监管科技的发展。

(一)统一风险数据指标

制定统一的风险数据指标,有利于更好地提高监管效率和降低合规成本。监管机构需明确金融机构要提交的风险数据,并且用统一的方式处理风险数据,用统一的标准衡量风险,这有利于监管机构开展监管工作和及时应对潜在风险。金融机构能够对自身业务风险进行正确评估和定位,及时预测、发现风险,从而对业务进行调整以达到防患于未然、控制风险的目的,并且能够以最低的成本满足合规要求。监管机构可以根据统一的风险数据指标来对金融机构进行监管,对不合规的金融机构提出整改要求,使得金融机构无法利用风险数据指标不统一的监管漏洞来规避监管,因而监管效率能够大幅度提高。

(二)完善法律法规

在金融科技发展迅猛的背景下,立法部门应该根据实际情况,完善相关法律法规,使之能够对监管科技技术的发展起引导作用。可以在监管科技的应用范围、应用形式等方面做出明确规定,规范监管机构和金融机构的行为。一方面,给监管机构的权力限定范围,要求监管机构在法律允许的范围内行使自己的职责,使其权力在合理范围内发挥到最大。这不仅以法律形式赋予监管机构一定的监管权力，而且给予金融机构一定的自由发展的空间。另一方面，法律法规也给予金融机构一定的警示作用，督促金融机构遵纪守法、配合监管，最终实现监管效率的提高和金融行业的稳定发展。

（三）推动信息共享

区块链本质上是一个共享数据库，其去中心化的特征使得任何参与方都能迅速得到自己想要的信息，其开放性使得信息高度透明，推动了信息共享；其安全性指的是区块链可以避免主观人为的数据变更。针对监管科技应用中潜在的信息不对称风险，可通过推广区块链技术来实现信息共享。一是监管机构公开信息，以便让金融机构及时了解最新的监管政策，尽早制定应对措施，从而降低合规成本。二是金融机构公开信息，以便监管机构实施差异化监管，从而提高监管效率。三是大型金融机构开放数据，以避免大型金融机构与中小型金融机构因信息不对称产生的"头部驱逐尾部"的问题。

（四）防范技术风险

技术风险是阻碍监管科技得以推广应用的一个重要因素，应结合监管科技的特点，采取有针对性的应对措施。一是加强专业人才培养。国内相关高校和科研院所应加强监管科技相关学科和专业建设，建立健全产学研结合、校企协同的高素质人才培养机制。二是适时开展系统测试和优化。鼓励将监管科技所使用的新技术进行不同程度的沙盒测试，及时调整监管措施。同时，根据市场状况、监管规则等因素的变化情况定期开展系统测试和优化。三是充分调动监管机构、监管科技公司和金融机构的积极性，建立三者之间的良性互动和正向反馈机制，将可能的技术风险降低最低。

第五节　本章小结

监管科技是监管与科技的深度融合。从组成部分上看，监管科技可以分为监管机构实施端和金融机构合规端。前者主要由监管机构参与，利用新兴技术提高监管效率；后者主要由金融机构参与，其利用监管科技技术及时了解监管机构最新政策并适时调整自身业务，从而降低合规成本。

监管科技影响广泛，涉及相关主体各方，主要有监管机构、金融机构以及监管科技公司等。其中，监管科技公司是监管科技的技术供给方，监管机构和金融机构是监管科技的技术需求方。

监管科技公司是监管科技技术的供给方。监管科技公司通过分析监管机构和金融机构需求，针对监管机构与金融机构的需求设计算法，提高技术能力以及开发通用技术平台，为监管机构及金融机构提供满足监管及合规的技术服务，协助监管机构提高监管效率，帮助金融机构降低合规成本。

监管机构是监管科技技术的需求方。监管机构可以利用监管科技迅速获得需要的金融机构风险数据，提高处理风险数据的效率，从而对金融机构实施有效监管。金融机构也是监管科技技术的需求方，金融机构主要利用监管科技及时了解监管机构的最新监管政策，从而达到降低合规成本的目的。

金融科技蓬勃发展使得监管科技有足够的发展动力。监管科技在国内外的应用已经取得了一定成效，云计算、大数据、人工智能、区块链、应用程序接口等新兴技术帮助监管机构实现监管效能最大化和监管成本最优化，以及帮助金融机构合规效率最大化和合规成本最低化。

监管科技在国内外金融机构和监管机构中已获得广泛应用，然而，监管科技的发展还处于初级阶段，其应用还存在一系列潜在风险，如标准混乱、法律法规滞后、信息不对称、技术风险等。需积极采取措施，注重风险的防范和控制，更好地促进我国监管科技的发展，如统一风险数据指标、完善法律法规、推动信息共享、防范技术风险等。

第九章　英国监管科技的创新实践

我国金融科技发展迅猛，已处于全球领先地位。但与此同时，我国监管科技的发展却明显滞后于英美等主要发达国家。我国金融科技创新的风险隐患较为突出，提高监管科技发展水平的需求更为迫切。2015年英国率先提出监管科技的概念，其监管科技的发展在世界具有重要地位，其监管沙盒、科技冲刺活动等重要措施都在国际上具有重要影响。本章选取英国深入研究其创新实践，进而提出促进我国监管科技发展的经验启示。

第一节　全球监管科技的发展现状

近年来，随着金融科技的迅猛发展，国内外对于监管科技的重视程度也随之提高，相关国际组织及主要国家也不断调整相关政策法规以及创新监管工具，以促进监管科技的进一步发展。

一、监管科技公司分布情况

全球监管科技公司不断涌现，为提供更优质的金融服务进行创新探索，诸多专业的数据机构及事务所对这些监管科技公司的情况进行了深入研究。

全球金融科技（FinTech Global）是英国的一家知名咨询机构，它提供金融科技行业全面的数据、见解和分析工具。2020年，全球金融科技发布了《监管科技100强》（*RegTech 100*），评出了该年度全球100家最具创新性的监管科技公司。名单由分析师和行业专家组成的一个小组选定，入围公司因使用技术解决重大行业问题，或在整个合规职能部门内节约成本或提高效率而获得认可。在报告中，包含33家英国监管科技公司，21家美国的监管科技公司，英美两国上榜的监管科技公司数量超过了50%，属于全球监管科技最发达的国家。

世界四大会计师事务所之一的德勤（Deloitte）根据全球监管科技发展情况，定期发布《监管在路上》，分析全球优秀的监管科技公司。截至2021年7月，报告覆盖至少全球20个国家和地区，包括英国、美国、澳大利亚等国家。报告涉及439家监管科技公司，其中从事监管报告业务的有72家，从事风险管理业务的为59家，涉及用户身份识别业务的为91家，从事合规咨询业务的为181家，主营交易监控业务的有36家。根据研究报告，英国的监管科技公司最多，达到117家，是全球监管科技最为发达的国家。但是却没有一家中国的监管科技公司，显示了国内监管科技发展的不足（见表9-1）。

表9-1　　　　　　　　全球监管科技公司的分布情况

国家（地区）	数量（家）	主营业务				
		监管报告	风险管理	用户身份识别	合规咨询	交易监控
英国	117	21	18	18	56	4
美国	100	12	11	20	46	11
爱尔兰	26	3	5	6	8	4
澳大利亚	22	3	4	4	10	1
卢森堡	22	6	0	3	10	3
德国	21	4	2	1	11	3
瑞士	16	3	1	7	5	0
以色列	13	2	3	2	3	3
新加坡	12	3	2	1	5	1
加拿大	11	3	0	4	3	1
其他	79	12	13	25	24	5
合计	439	72	59	91	181	36

资料来源：根据德勤《监管在路上》数据整理绘制。https://www2.deloitte.com/lu/en/pages/technology/articles/regtech-companies-compliance.html。

二、监管科技的具体实践

不同国家（地区）监管科技的发展水平和目标需求存在较大的差别，为了适应监管科技的发展创新，监管科技的政策法规与监管创新工具也各不相同。

2017年2月，国际证监会组织（IOSCO）发布《金融科技调研报告》，将金融科技与证券市场监管结合，高度关注金融科技风险，阐述了二者对于投资者和金融服务的影响。

2017年7月，亚洲证券业及金融市场协会（ASIFMA）发布《金融科技有效发展的十条最佳监管实践》，以指导亚洲地区的监管层，帮助寻求金融科技发展的支持方式，从而更好地服务于消费者、从业者和投资者。

2019年2月，金融稳定委员会（FSB）发布研究报告《金融科技对金融市场和金融稳定的影响》，分析了金融科技的兴起对现有金融行业市场结构的影响以及对金融稳定带来的相关风险。

2019年12月，金融稳定委员会（FSB）发布研究报告《大科技金融：市场发展和潜在的金融稳定性影响》，分析了大型科技企业进入金融领域带来的好处，同时也指出其可能对金融稳定构成风险，例如杠杆、期限转换和流动性不匹配等，政策制定者将面临很多额外的金融监管挑战。

在政策框架和创新工具应用方面，金融科技主要发达国家也发展符合自身的特色与模式。英国采取集中适度监管，央行与金融行为监管局（FCA）的双峰监管模式，提升金融系统的诚信水平。金融行为监管局着重发展监管沙盒，此外也开展了科技冲刺活动、创新中心等措施，以此鼓励金融科技公司的创新发展。美国采取混业经营模式，并进行功能性监管，即按照金融服务的本质划分其监管职责。澳大利亚重点发展和推动监管科技应用实验，澳大利亚证券投资委员会于2015年成立创新中心，并于2017年举办圆桌会议。

全球主要国家或地区监管科技的具体实践见表9-2。

表 9-2　　　　　　　　监管科技的具体实践

国家（地区）	主要创新工具及法律框架
国际证监会组织（IOSCO）	《金融科技调研报告》将金融科技与证券市场监管结合，高度关注金融科技风险；《新兴市场可持续金融与证券监管者的角色》《谅解备忘录》在会员国之间开展协调监管，协调跨境执法
亚洲证券业及金融市场协会（ASIFMA）	《金融科技有效发展的十条最佳监管实践》指导亚洲地区的监管层，帮助寻求金融科技发展的支持方式；《亚太地区的可持续金融：监管状况》探讨国际政策环境对金融机构与各国政府部门的实际影响
金融稳定委员会（FSB）	《金融科技对金融市场和金融稳定的影响》《加密资产监管机构目录》《大科技金融：市场发展和潜在的金融稳定性影响》《对于金融科技的监管评估框架》等，为各国监管部门评估金融科技提供良好借鉴
英国	监管沙盒在受监管的环境下进行测试；"科技冲刺"活动探讨如何利用新兴技术提高监管效率；"创新中心"帮助企业更好地理解监管框架；"创新加速器"加强监管机构与科技公司的合作
美国	《金融科技白皮书》提出金融科技创新监管的10项基本原则；纳斯达克联合花旗推出区块链平台（ChainCore），建立中央及各级数据库；《投资公司报告现代化规则》促进监管科技的制度化进程
澳大利亚	"创新中心"提供监管方面指导及了解监管政策；"开放银行"解决企业获客成本高以及数据来源少问题；"增强型监管沙盒"监管部门更加重视信息的反馈；市场分析和情报系统（MAI）实现市场实时监控
其他	新加坡的快捷沙盒提高监管沙盒的测试效率；日本首届数字货币亚洲论坛探讨数字货币交易和监管的最新动态；印度储备银行发布《监管沙盒授权框架》文件，印度监管沙盒机制正式启动

资料来源：根据相关官网及研究报告整理。

第二节　英国监管科技的创新发展

英国拥有世界闻名的金融中心伦敦，也汇聚了全球优秀的监管科技公司。为了适应金融科技的快速发展，英国央行与金融行为监管局采取了众多创新的监管科技手段，以此来激励支持金融科技公司的服务与产品创新，实现监管效率的提升与合规成本的降低。

一、监管沙盒

2015年11月，金融行为监管局正式发布《监管沙盒》指引文件，首次提出监管沙盒（regulatory sandbox）的核心意义与具体实施要求。一般而言，监管沙盒是指允许在一个可控的环境内，对创新金融服务或产品进行真实或虚拟测试。从 2016 年英国开始启用监管沙盒到现在，一共进行五轮沙盒测试。

2016 年，第一轮测试包含 69 份申请，其中 18 家接受测试。测试主体为金融服务行业，测试目标集中于基于区块链的支付服务、监管科技命题、反洗钱控制、生物识别数字标识、KYC 验证等。

2017 年，第二轮测试包含 77 份申请，其中 24 家接受测试。测试主体为金融服务行业，测试目标集中在区块链结算、数字货币、分布式账本技术三项。

2017 年 6 月，第三轮测试包含 61 份申请，其中 18 家接受测试。测试主体与前两轮基本相同，测试目标集中于人工智能、智能合约和 KYC 验证等。

2018 年 7 月，第四轮测试包含 69 份申请，其中 26 家接受测试。测试公司涉及消费信贷、智能咨询和保险等领域，并以加密资产为测试目标。

从 2019 年到目前为止，第五轮测试正在短期和小规模的基础上进行，并采取适当措施来保障消费者的利益，包含 99 份申请，其中 29 家接受测试。测试主体为在银行批发和零售部门开展业务的公司，并以数字身份解决方案、金融工具代币发行平台、为弱势消费者提供更多金融服务等为测试目标。

表 9 - 3 显示了监管沙盒五轮申请的测试情况。

表 9 - 3　　　　监管沙盒五轮申请的测试情况

开始时间	数量	公司领域	测试目标
2016 年 7 月	69 份申请，18 家接受测试	金融服务行业	基于区块链的支付服务、监管科技命题、反洗钱控制、KYC 验证等
2017 年 1 月	77 份申请，24 家接受测试	金融服务行业	区块链结算、数字货币、分布式账本技术等
2017 年 6 月	61 份申请，18 家接受测试	金融服务行业	人工智能、分布式账本、智能合约、KYC 验证等
2018 年 7 月	69 份申请，26 家接受测试	信贷、智能咨询、保险	加密资产测试、分布式账本技术、区块链等
2019 年 4 月	99 份申请，29 家接受测试	银行批发、零售部门	数字身份解决方案、金融工具代币发行平台、KYC、人工智能等

资料来源：根据金融行为监管局官网整理 https://www.fca.org.uk/。

金融科技创新监管机制构建研究

2020年4月21日，临时首席执行官克里斯托弗在创新金融全球峰会上探讨了关于数字沙盒的想法，这对监管沙盒的未来的发展提供了启发。开发一个永久的数字测试环境将为金融服务提供重大价值，因为数据访问和标准化等长期挑战日益成为市场参与者和创新者的障碍，并且数据对于公司的运营方式、相互之间的联系以及所服务的消费者来说具有重要的意义。

2020年5月7日，根据金融行为监管局官网公布的信息，目前在创新方法的基础上，金融行为监管局正在与关键战略合作伙伴和行业合作，试点数字沙盒，并计划在夏季开放应用程序。数字沙盒将增强创新服务的一些关键特性，还可以帮助加强协作，解决复杂的行业问题。

金融行为监管局所推出的监管沙盒制度秉持"实验测试"思想，为金融科技企业创设了一个小范围但真实的"安全空间"。通过监管沙盒，监管机构在可控的监管风险下，可以对监管科技的应用有更透彻的了解，并评估其创新性和风险性，以此确定适当的监管行动或策略。此外，监管沙盒将促进监管机构与金融机构、科技行业之间的互动，使三者间的关系更加开放积极，激励金融企业的数字化转型，促进金融创新和市场竞争。

自英国推行监管沙盒以来，其理念和机制迅速被各国所广泛采纳。新加坡、澳大利亚等紧随其后，此后美国、加拿大、韩国等国家和地区也积极探索监管沙盒的设计和应用。目前全球已有超过40个国家和地区实施监管沙盒机制。

二、科技冲刺活动

2016年，金融行为监管局举行了首次科技冲刺活动（TechSprint）。科技冲刺活动通常为期两天，选取不同的主题进行探讨与研究，将来自金融服务业内外的参与者聚集在一起，开发基于技术的想法以应对特定的行业挑战。科技冲刺活动从第一次举办到2021年11月为止，一共举行了7次。

2016年4月，第一次活动以"用户访问"为主题。本次活动由毕马威主办，6个组织参加了开发活动。活动的具体内容强调使用API可访问的数据开发实际结果，意图帮助消费者克服对金融服务的访问问题。

2016年11月，第二次活动以"解锁监管报告"为主题。有约30个组织机构的100名开发人员参与，都是来自金融和专业服务、监管科技公司及学术界的代表。活动的目的是确定有助于提高监管报告效率的潜在解决方案。

2017年3月，第三次活动以"金融服务与心理健康"为主题。此次活动由普华永道主办，30多个组织的100多名开发人员、心理健康和技术专家参与。活动的具体内容为鼓励人们管理自己的财务，以及制定保障措施等。

2017年11月，第四次活动以"模型驱动的机器可执行监管报告"为主题。此次活动由日本与英国央行联合举办，参与人员包括去年的参与者及利益相关者。活动探索了可执行监管的潜力等主题。

2018年5月，第五次活动以"反洗钱与金融犯罪、国际犯罪"为主题。活动包括多国260名参与者，多国监管机构和执法机构。意图探究新技术提高预防和检测率、更有效地打击洗钱和金融犯罪。

2018年11月，第六次活动以"退休金"为主题。此次活动中超过100名软件开发人员、主题专家和高级管理人员参与，具体探索技术如何提高消费者对养老金的参与度，并帮助他们做出退休选择的决策。

2019年7月，第七次活动以"全球反洗钱和金融犯罪"为主题。活动拥有140多名参与者，重点关注被称为隐私增强技术（PETs）的加密技术如何促进有关洗钱和金融犯罪问题的信息共享等。

金融行为监管局科技冲刺（TechSprint）活动情况见表9-4。

表9-4　　　　　　　科技冲刺（TechSprint）活动

时间	主题	参与对象	具体内容
2016年4月	用户访问	毕马威主办，6个组织参与活动本身，4个组织作为评审	API可访问的数据开发
2016年11月	解锁监管报告	金融机构、监管科技公司、学术界	监管报告效率解决方案
2017年3月	金融服务与心理健康	普华永道主办，开发人员、心理和技术专家	管理财务，制定保障措施
2017年11月	机器可执行监管报告	日立与英国央行举办，提出想法的利益相关者	模型驱动、机器可读机器可执行监管的潜力

续表

时间	主题	参与对象	具体内容
2018年5月	反洗钱金融犯罪、国际犯罪	多国260名参与者，多国监管机构和执法机构	提高预防和检测率，打击洗钱和金融犯罪
2018年11月	退休金	100多名软件开发者，专家和高级管理人员	提高对养老金的参与度及其决策选择
2019年7月	全球反洗钱和金融犯罪	140多名开发者、专家；金融机构、数据分析公司	隐私增强技术，金融犯罪信息共享

资料来源：根据FCA官网整理 https://www.fca.org.uk/。

金融行为监管局推出的科技冲刺活动具有明确的主题，它将监管者、金融服务提供商、科技公司和主题专家等众多参与者汇聚在一起，共同探讨如何利用新兴技术提高监管效率，以及利用新兴技术实现创新并向消费者更好地提供普惠金融服务。此外，科技冲刺活动所探讨出的良好结果可以为PoC开发提供有说服力的业务理由，有利于加速解决整个行业问题。

为应对监管科技日益增长的难题，2020年4月，二十国集团与国际清算银行联合启动了科技冲刺活动，其重点关注以下议题：一是监管者信息的动态共享；二是监管洗钱与恐怖主义融资风险；三是监管报告数字化转型。

三、创新中心

2014年10月，金融行为监管局启动了"创新项目"（project innovate），"创新中心"（innovation hub）为其中重要组成部分，旨在支持和引导参与金融科技的机构理解金融监管框架，识别创新中的监管、政策和法律事项。

创新中心对咨询的反应过程一般有如下几个阶段：首先，企业提出询问；其次，监管机构对询问进行筛选；最后，监管机构向企业做出初步指导，根据具体情况，监管机构可选择是否公布询问和答复的具体内容。

创新中心定期举办活动，目标在于提高对现有服务的认识，为创新者提供支持，并讨论该行业的新趋势。活动包括："圆桌会议"（roundtables），聚焦于创新中心和金融行为监管局，并要求反馈如何改进运营；"接待时间"（surgeries），为遇到特定和常见问题的企业提供支持，包括探索问题的问答环节和教育与会者的辅导环节；"专题研讨会"（thematic workshops），利用行业专业知识讨论行业新的发展趋势并从监管角度考虑潜在影响的。

金融行为监管局对于创新中心的申请人具有一定的标准来决定是否通过，并将不断审查更新这些标准，以确保它们的适当性。

第一个标准为"真实创新"。如果能够做到桌面调研很少或根本没有可与之相比的创新实例、独立专家认为是真正的创新、具有阶段性飞跃，则认为是积极的；如果相似的创新的例子不胜枚举、独立专家认为不是特别具有创新性或者更像是人为的产品差异化，则会被认定为消极。

第二个标准为"创新是否为消费者提供了可识别的利益的良好前景"。如果为消费者带来更低的价格或更高的质量、公司已确定消费者风险的可能性和缓解措施、将促进有效竞争，则是积极指标；相反，如果对消费者、市场有不利影响，并且试图规避监管或财政义务，则是消极指标。

第三个标准为"背景研究"。若公司已尽可能了解义务，则为积极；与之相反，公司对相关法规了解甚少，也不清楚业务在常规流程之外需要哪些额外支持，则是消极的。

第四个标准为"支持需求"。如果该公司只能别无选择地与金融行为监管局接洽、创新不易符合现有监管框架的利益相关者，则为积极指标；如果公司拥有专门的主管可以回答此类问题、企业拥有法规遵从性资源、创新很容易符合现有的监管框架，则为消极指标。

目前创新中心对于申请的四个标准见表9-5。

表9-5　　　　　　　　　　创新中心的申请标准

标准	关键性问题
真实创新	创新是否具有开创性或是显著不同
消费者权益	创新是否为消费者提供了可识别的利益的良好前景
背景研究	企业是否投入适当的资源来理解与自身地位相关的法规
支持需求	企业是否真正需要通过创新中心获得支持

资料来源：根据FCA官网整理 https://www.fca.org.uk/。

创新中心致力于通过一系列服务实现消费者的利益，为那些希望向市

金融科技创新监管机制构建研究

场推出开创性或显著不同的金融产品或服务的创新者企业提供支持,还希望增加监管框架的灵活性,消除进入壁垒。

在运作过程中,英国创新中心会与境内外的其他监管者互动,促进在金融技术相关问题上的国际合作进程。在 2018 年 3 月,金融行为监管局与证券和投资委员会(ASIC)达成《创新中心加强合作协议》,涉及"创新中心""创新者业务"等。其中,"创新中心"的具体内容是指两个机构向各自管辖区内的创新企业提供监管援助的专用渠道,"创新者业务"的具体内容是指通过其创新中心获得当局支持的金融业务等。这项协议中,金融行为监管局与证券和投资委员会共同探索加快授权流程的方法,以授权其他管辖区已经授权的创新业务。此外,金融行为监管局与证券和投资委员会将共同主办金融科技和监管科技活动,开展联合政策工作、研究和试验。根据这项协议,金融行为监管局与证券和投资委员会将通过各自的创新中心,将创新型金融科技业务相互推荐,以获得建议和支持。

金融行为监管局推出的"创新中心"模式作为一种支持和引导机制,虽然对监管专业知识的要求更高,发布即时评估对于监管者的风险也更大,但也因此促进了更具互动性的知识交流,使得监管者能够始终了解到技术发展的前沿知识。此外,创新中心可以向市场传递信息,推动金融市场创新,保证金融科技创新业务和产品的合规性,同时有利于支持金融科技创新生态系统的发展。

根据不同国家或地区的发展与需求情况,创新中心已在其他地区实施,如新加坡、澳大利亚、日本和中国香港等。2015 年 3 月,证券和投资委员会成立创新中心将金融科技业务纳入监管体系,致力于推动监管科技的创新发展。2019 年 11 月,新加坡金融管理局和国际清算银行联合宣布,正式启动双方合作设立的国际清算银行创新中心,以促进全球中央银行间的合作与创新。

四、创新加速器

2016 年 6 月,英格兰银行启动金融科技加速器项目(FinTech innovation accelerator),旨在加强监管机构与科技公司的合作,依靠资金或政策

第九章　英国监管科技的创新实践

扶持等方式，加速金融科技创新的发展和运用。

在金融科技加速器项目成立后的 16 个月内，已经完成了 9 个概念证明（proofs of concept，PoC）。这 9 次的概念证明涵盖了中央银行的大部分方面，可以分为四大技术：分布式账本、数据存储和分析、机器学习、网络安全。

第一组的项目领域包含网络安全、数据分析和分布式账本技术。其中网络安全的概念证明在于是否可以根据公开的数据来了解一家公司的网络弹性；数据安全的概念证明探索了一种降低银行收集的抵押贷款数据敏感性的工具，目的是能够在银行内部共享数据；分布式账本技术的概念证明在内部构建了一个多节点可伸缩的分布式账本环境，允许虚拟资产的所有权转移。

第二组的项目领域包含机器学习、网络安全和数据分析。其中机器学习的概念证明实验了一个机器学习平台的阿尔法（alpha）版本，该平台使用云计算评估来自多个交易所的数据模式；网络安全的概念证明中，两家公司都被要求建立一个可搜索的数据库，用以优化和存储有关网络安全威胁的情报；数据分析的概念证明中，从不同角度和发展趋势考虑了公开执行行动的好处。

第三组的项目领域包含机器学习、分布式账本技术和数据分析。其中机器学习的概念证明中，公司被要求证明其分析工具的价值，可以从样本收集的匿名监管数据中发现异常情况；分布式账本技术的概念证明探索了两个模拟实时支付（RTGS）系统之间的两种不同的法定货币的同步性；数据分析的概念证明中将该公司的工具应用于历史性项目，根据一系列标准的关键绩效指标来可视化它们的表现。

第四组的项目领域包含分布式账本技术、数据分析和机器学习。分布式账本技术的概念证明旨在探索如何配置分布式账本，在参与者之间实现隐私保护，同时也能保持数据在网络上共享；数据分析的概念证明中，将合作研究监管报告数据的创新存储解决方案；机器学习的概念证明中，了解公开可用的非结构化文本数据样本中的观点，以及检验该工具分析更大数据集、更广泛分类方案和学习算法的能力。

英格兰银行金融科技加速器概念证明情况见表 9-6。

表9-6　　　　英格兰银行金融科技加速器概念证明情况

组别	项目领域	公司	概念证明
第1组	网络安全	BitSight	了解公司的网络弹性
	数据分析	Privitar	降低数据敏感性的工具
	分布式账本技术	PwC	虚拟资产的所有权转移
第2组	机器学习	BMLL	评估交易所的数据模式
	网络安全	Anomali and ThreatConnect	存储网络安全威胁情报
	数据分析	Enforcd Limited	公开执行行动的好处
第3组	机器学习	Mindbridge Analytics	从匿名数据发现异常
	分布式账本技术	Ripple	不同法定货币的同步性
	数据分析	Experimentus ORB	将历史性项目可视化
第4组	分布式账本技术	Chain	探索分布式账本配置
	数据分析	Reportix and NTT Data	监管报告数据的存储
	机器学习	Digital Reasoning	数据样本中的观点
	机器学习	Mindbridge Analytics	检验工具算法的能力

资料来源：根据英格兰银行官网整理，https://www.bankofengland.co.uk/。

英格兰银行推出的"金融科技加速器"模式是一种监管机构、相关部门以及金融科技公司之间的合作机制，它能够使监管者充分了解相关企业的优势、劣势及其对金融市场的影响，以及金融科技、监管科技在英国央行业务中的创新应用，同时也能让金融科技公司深入了解中央银行可能面临的新问题和需求，促进多方的交流沟通。此外，金融科技加速器项目重视金融体系的可扩展性和弹性，将有效促进金融包容性。

其他国家或地区所采用的一些"孵化器"也属于创新加速器的模式。在未来发展方面，金融科技加速器项目将根植于创新的国际性，通过建立对良好创新原则的共识，既加强国际监管的合作，也有助于确保金融科技行业的长期未来。

第三节　我国监管科技的现状及问题

相对于欧美等监管科技先进国家，我国监管科技正处于起步阶段，其重要性日益提升，同时也面临着一系列问题。

一、我国监管科技的发展现状

国内监管科技发展具有巨大需求与潜力,并且在监管部门和科技公司等方面都进行了监管科技的应用探索。

(一)监管机构实践

除了发布众多政策法规,监管部门也逐步运用创新工具发展监管科技。自2012年以来,北京地方金融监管局开始着手建立风险监测预警系统,该预警系统以"冒烟指数"为指标,对金融风险进行实时监测。2013年,银保监会完成了监管标准化数据(EAST)系统在36个银监局的推广,随后又将分布式架构运用于EAST数据仓库,将现场检查方案与大数据结合。2017年,国家外汇管理局开发了跨境资金流动监测与分析系统,以满足监测分析跨境资金流动风险的需求。2018年8月,证监会正式印发《中国证监会监管科技总体建设方案》,明确了监管科技1.0、2.0、3.0信息化建设的需求和内容。2019年12月,北京在中国人民银行的指导下率先启动金融科技创新监管试点,探索中国版的监管沙盒。2020年4月,中国人民银行表示支持在上海市等6地扩大试点,引导金融机构和科技公司申请创新测试,提升创新能力与金融服务于实体经济的水平。

地方金融管理部门也积极探索监管科技在风险监测预警中的运用。2017年12月,深圳市金融办开发建设了"深圳市金融风险监测预警平台",以强化金融风险监测分析,稳妥处置各类金融风险隐患。2018年7月,宁波市金融办与国家互联网应急中心合作,依托其齐全的互联网金融基础数据库和强大的金融科技技术、网络安全技术优势,在全国首创"互联网大数据+网格化系统数据"模式,率先打造宁波市金融风险"天罗地网"监测防控系统。

(二)科技公司实践

科技公司除了借助自身的科技发展优势来推动监管科技的应用外,也积极探索与监管机构、金融机构的合作,加强金融风险防范。2016年9月,百度云与国家开发银行信息科技局展开合作,借助人工智能技术解构非结构化数据。2017年5月，百度金融宣布与贵州省政府金融办、大数据局联合推出"贵州金融大脑"，创建一个打通政府、企业、金融机构、互联网四者之间数据的中小微企业智能融资撮合平台。2017年12月，腾讯科技与深圳金融办签署战略合作协议，联合开发基于深圳地区的金融安全大数据监管平台——灵鲲，通过对金融风险的识别和监测预警，增强地方金融监管，防控金融风险。

2018年4月起，阿里巴巴与北京、广州、西安、天津等多家金融局（办）达成合作，装备"蚂蚁风险大脑"，建立风险模型，从而提升科技监管能力，防范涉众金融风险。2019年4，蚂蚁金服和温州市金融办联合开发"金融大脑"，该平台以数据共享和分析为中心，利用大数据、云计算、人工智能等先进技术支撑，用来监测风险、分析数据，并进行信用评价。2019年6月，腾讯科技和央行深圳支行、国家税务总局深圳税务局联合设立"猎鹰"创新实验室，该实验室将利用人工智能、大数据等新兴技术，预警并打击涉税违法犯罪行为，加强金融监管。

二、我国监管科技的主要问题

我国监管科技目前还处在初期，在制度、成本、技术、本土化等多方面存在挑战与问题。

（一）制度与规则挑战

目前国内监管科技缺乏相对统一的规则和标准，处在无序发展阶段，存在监管套利现象，不利于发挥监管科技防范系统性金融风险的作用。各地的监管科技发展水平存在差异，监管部门的监管态度也不尽相同。出现特殊的情形时，要求监管标准给予各主体自由裁量权，长此以往难以维持监管的连贯性，影响金融市场的稳定。

（二）技术挑战

监管科技本身需要更高专业水平的监管人员实施监管。当前监管科技的开发与应用仍然处于起步阶段，提升监管有效性的潜力远未被完全开发。而且监管科技中的人工智能与数据处理无法完全替代人工监管。面对突发风险时,监管科技系统将存在时滞问题,仍需要通过人与人之间的现场沟通交流识别金融风险,及时做出对策方案,解决监管模型中算法失灵等技术性问题。

（三）成本挑战

监管科技是指利用云计算、大数据、人工智能、区块链、应用程序接口等新兴技术手段,高效达成监管与合规要求。随着监管科技的不断发展,监管机构、金融机构或是科技公司都要为新兴工具的研发和应用付出较高成本。三者之间存在一定的信任与协调问题,当前国内监管机构更愿意选择自主研发,不完全依赖于金融科技公司的应用手段,这也会使成本一定程度上升。

（四）本土化挑战

即便是全球监管科技发展水平较高的英国也仍然存在一些问题：一是监管科技应用较为粗放混乱,缺乏标准化；二是监管沙盒存在授予方式缺乏透明度的问题等；三是传统金融机构与不受监管的科技公司之间的不平衡引发的公平问题。因此,我国在借鉴英国监管科技创新工具的时候也需要对存在的问题进行改造升级,使之更加本土化。

第四节 英国监管科技的经验启示

英国作为全球监管科技最为发达的国家,其创新实践在全球具有重要影响。需要借鉴英国监管科技的创新实践经验,以解决我国监管科技发展中存在的制度、技术、成本、本土化等方面的挑战。

一、规则标准：完善监管科技顶层设计

英国采取英国央行与金融行为监管局双峰监管,英格兰银行统筹金融监管,金融行为监管局对英国财政部和议会负责,在业务上接受英格兰银

行的指导和建议。金融行为监管局通过创新工具与方法，如科技冲刺活动、创新中心等，加强与科技公司、消费者及其他利益相关者合作，确保市场运作良好。针对国内监管科技缺乏相对统一规则和标准的情况，我国应完善监管科技标准化的顶层设计，理清央行与其他监管机构、科技公司等多方主体之间的关系，建立统筹协调监管科技发展的体制机制，有效防止监管机构内部的资源浪费与无效竞争，为金融行业提供一个公平、有序、透明的竞争环境，形成监管科技发展的良性循环。

二、技术发展：增强国际交流合作

2019年4月，金融行为监管局基于2018年提出的创建全球沙箱的提议，正式启动全球金融创新网络（GFIN）。参与机构包含金融行为监管局在内的众多国际金融监管机构组织，目的在于为金融监管机构之间提供一个分享经验方法的平台。面对国内对更高层次的技术发展环境及更高专业能力的监管人员的需求，一是加强与境外监管部门探索构建跨境金融科技监管信息交换和政策对话机制，借鉴吸收国际经验；二是强化与监管科技公司的合作，借助其科技优势在合作中实现共赢；三是注重与国外学术界的合作，通过举办学术论坛等方式，邀请国外领先的金融协会、研究中心和高等院校等机构的专家，促进监管科技技术研究。

三、合规成本：建立合理的成本分担机制

英国的加速器项目并不仅仅依靠监管部门自身研究探索创新工具，而是借助科技公司的力量，建立政府与企业的合作机制。这样既能够提升监管科技应用研究探索的效率，又能够合理分担成本。针对不断更新的科技发展与随之上升的合规成本，建立一个合理的成本分担机制是保障监管科技持续健康发展的重要因素。我国应考虑将部分的监管成本内部化，即为了维护公平竞争环境，金融科技行业内部需要为监管部门承担一部分发展成本，而非让监管机构或金融机构与科技公司某一方全部承担。探索一个合理的成本分担方案，将有助于缓解监管的激励约束问题，形成一个可持续的监管科技发展机制。

四、监管沙盒本土化：构建中国的监管沙盒体系

英国监管沙盒自设立以来，经历了多轮测试，贴合英国国内监管科技发展状况，根据其监管科技发展水平涉及不同的企业与领域，内容涉及分布式账本技术、区块链、人工智能等方面。从国内监管沙盒的实际应用来看，大都处于起步阶段，构建本土化的监管沙盒体系十分必要。一是在监管实施主体层面，由于我国当前实行分业监管体系，监管沙盒的引入需要考虑多头监管的权力协调问题，做到监管灵活主动和权力协调配置。二是在监管测试主体层面，需要遵守沙盒测试规定并与包容性监管相适配。三是在金融消费者层面，需要重点保障权益和完善退出机制，保障消费者的权益与信息安全。

第五节　本章小结

近年来，随着金融科技的迅猛发展和潜在风险的日益凸显，国内外对于监管科技的重视程度也随之提高，相关国际组织及主要国家（地区）也不断优化相关政策法规以及监管创新工具，以促进监管科技的进一步发展。

英国拥有世界闻名的金融中心伦敦，也汇聚了众多优秀监管科技公司。为了适应金融科技的快速发展，英国央行与金融行为监管局采取了众多创新的监管科技手段，如监管沙盒、科技冲刺活动、创新中心、创新加速器等，以此来激励支持金融科技公司的服务与产品创新，实现监管效率的提升与合规成本的降低。

相对于欧美等发达国家，我国监管科技的发展仍处于起步阶段，具有巨大的市场需求与发展潜力，并且在国家政策支持、监管部门实践和科技公司实践三个方面都进行了监管科技的应用探索。同时，当前我国监管科技仍存在许多不足之处，如制度、成本、技术、本土化等多方面的挑战与问题。

金融科技创新监管机制构建研究

英国作为全球监管科技最为发达的国家，其创新实践在全球具有重要影响，我国需要借鉴英国监管科技的创新实践经验，以解决我国监管科技发展中存在的多方面的挑战和问题，如完善监管科技顶层设计、增强国际交流合作、建立合理的成本分担机制、构建中国的监管沙盒体系等。

第十章　我国金融科技创新新生态构建

生态体系作为一个开放性、动态性、整体性的系统，其实质是一个生态环境与生态主体有机互动、相互作用的统一体。在金融领域强监管、防风险的背景下，一个更富活力与效率的金融科技创新新生态成为关注的焦点。本章在前文理论及实证分析的基础上，从生态环境和生态主体两方面，提出构建我国金融科技创新新生态的政策路径，以更好地防范我国金融科技创新的潜在风险，为我国金融科技的高质量发展提供政策借鉴。

第一节　金融科技创新新生态的内涵

一、金融科技创新新生态的内涵

生态就是指一切生物的生存状态以及它们之间、它们与环境之间的关系。生态体系作为一个开放性、动态性、整体性的系统，其实质是一个生态环境与生态主体有机互动、相互作用的统一体。

金融生态是指对金融的生态特征和规律的系统性抽象，本质反映金融体系内外部各因素之间相互依存、相互制约的有机的价值关系，其实质是金融利益共同体通过竞争与合作维持平衡的动态结构系统。

进入 21 世纪以来，我国抓住了人工智能、大数据等新一代信息技术加速突破应用的新趋势，金融科技行业实现了举世瞩目的跨越式发展，成为全球领先国家。但与此同时，中国传统监管框架下的监管模式与思维方式难以有效应对以新兴技术驱动的金融创新的潜在风险，导致风险隐患突出。

金融科技创新生态体系是通过构建群体合作共赢机制，使得一系列关系密切的从事或参与金融科技业务的组织机构和个人，在一定的生态环境背景下，通过有机协同方式形成的创新生态体系。引入生态体系的内涵对金融科技创新监管问题进行研究，可以较为全面地考察整个金融科技创新的生态环境及主体构建，从而有助于构建一个更富活力与效率的金融科技创新新生态，更好地防范我国金融科技创新的潜在风险。

二、金融科技创新新生态的构建

生态体系包括生态环境与生态主体。金融科技创新新生态也包括金融科技创新的生态环境和生态主体。其中，生态环境包括外部环境和内部环境。外部环境主要是指金融科技发展的社会经济环境、产业政策环境、科技水平环境等；内部环境是指开展金融科技的基础设施、业务渠道、应用场景等。

金融科技创新生态主体指金融科技市场的参与主体，从技术的供求角度，可以分为技术的供给者、需求者以及服务中介三大类。其中，金融科技公司是新兴技术的供给者，监管部门和传统金融机构是新兴技术的需求者，服务中介则包括行业协会、研究机构、中介机构等。

作为一种"破坏式创新"，金融科技具有很强的风险特征，如传统金融风险依然存在、信息科技风险更加突出、混业与跨界属性产生监管套利和监管空白等。在金融领域强监管、防风险的背景下，亟须构建一个更富活力与效率的金融科技创新新生态，以更好地防范金融科技创新的潜在风险。

金融科技创新生态环境中，基础设施、业务渠道、应用场景等内部环境侧重于影响金融科技发展创新的运行过程本身。社会经济环境、产业政策环境、科技水平环境等外部环境主要制约金融科技发展创新的大致方向，它提出一定的客观要求和政策资源，从而促进或阻碍金融科技创新的发展。金融科技创新外部环境和内部环境作为环境和制度，二者相互制约、相互影响。一个良好的金融科技创新生态环境有利于金融科技生态的结构优化、功能强化。

金融科技创新生态主体中，政府监管对金融风险的防范和管理对生态体系的健康运行至关重要。金融科技公司利用自身优势提供新兴技术服务，助力金融机构降低合规成本以及监管机构提升监管效率。金融机构是指从事金融业有关的金融中介机构,是金融体系的一部分,我国的金融机构主要包括银行业金融机构、证券机构和保险机构三大类。行业自律在政府监管和金融科技公司之间起到良好的缓冲和调节作用,它有利于营造效率更高、方式更灵活的监管环境,提高监管的弹性和有效性。

作为一个开放性、动态性、整体性的系统,金融科技创新新生态实质是一个生态环境与生态主体有机互动、相互作用的统一体。当前,全球金融科技市场竞争日趋激烈,其竞争不再是金融个体间的竞争,而逐渐转变为金融科技创新生态体系之间的竞争。构建和完善生态环境及生态主体和谐共存、良性互动的金融科技创新新生态,将有利于增强我国金融业发展动能,实现我国金融业在全球竞争中的"弯道超车"。目前,我国金融科技创新新生态正处在不断形成和完善中(见图10-1)。

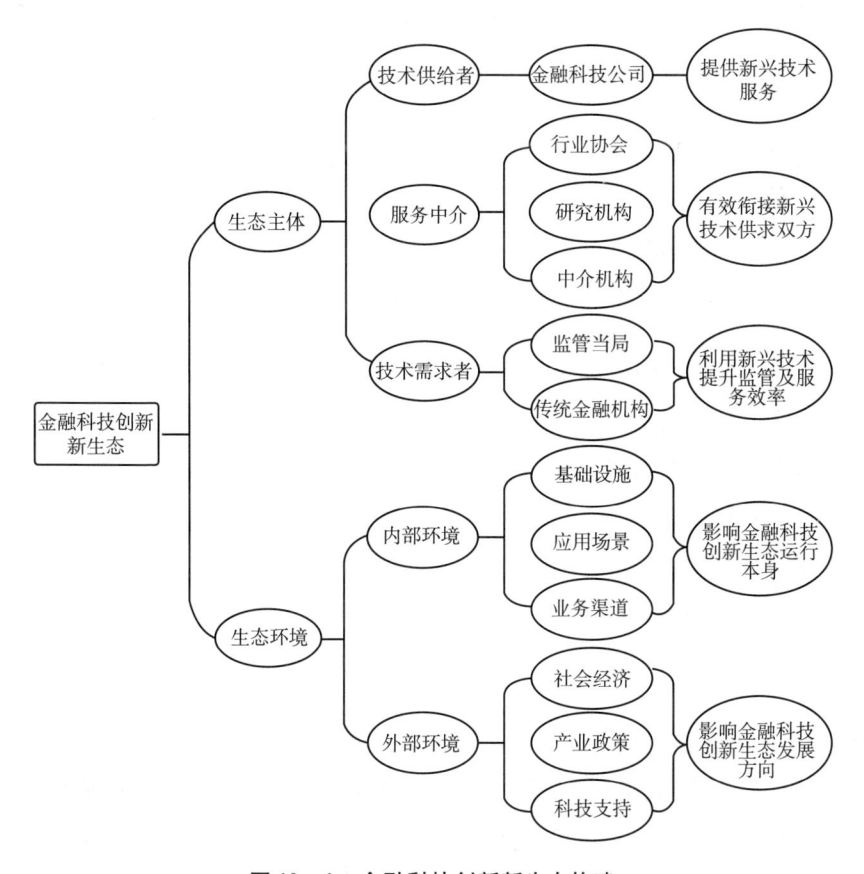

图 10-1　金融科技创新新生态构建

第二节 我国金融科技创新的生态环境建设

一、金融科技创新生态的外部环境

金融科技创新的生态环境包括外部环境和内部环境，其中，外部环境主要是指开展金融科技创新的社会经济环境、产业政策环境、科技水平环境等。

（一）社会经济环境

我国社会经济发展环境正面临着国内外风险挑战明显上升的复杂局面。从国际形势来看，全球疫情和世界经济形势依然复杂严峻，世界正进入最严重的经济衰退。从国内形势来看，受新冠肺炎疫情、世界经济增速下滑等影响，我国经济下行压力加大，但站在全局高度看，我国经济总体平稳、结构优化、效益提高，长期向好发展态势不变。

一个稳定、健康、可持续发展的社会经济环境，有利于形成良好的金融科技创新氛围，从而为金融科技创新构建一个良好的外部环境。当前，需要从以下方面进一步完善金融科技创新生态的社会经济环境：

1. 保持宏观政策的连续性、稳定性、可持续性

由于全球新冠肺炎疫情变化等因素存在诸多不确定性，世界经济形势仍然复杂严峻，复苏不稳定不平衡，疫情冲击导致的各类衍生风险不容忽视。要合理把握宏观调控节奏和力度，促进经济运行保持在合理区间。继续实施积极的财政政策和稳健的货币政策，保持对经济恢复的必要支持力度。积极的财政政策要提质增效、更可持续。稳健的货币政策要灵活精准、合理适度，保持宏观杠杆率基本稳定，处理好恢复经济和防范风险关系。

2. 加快构建"双循环"经济社会新发展格局

构建"双循环"的新发展格局是适应我国比较优势和社会主要矛盾变化、适应国际环境复杂深刻变化的迫切要求，是当前和未来较长时期我国经济发展的战略方向。国内循环与国际循环是相互依存、相互促进的统一

整体，国内循环与国际循环二者缺一不可。同时，供给和需求是构成市场的两个不可或缺的方面，要抓住供给侧结构性改革这条主线，注重需求侧管理，形成需求牵引供给、供给创造需求的更高水平动态平衡，提升国民经济体系整体效能。

3. 确定科技创新方向和重点，强化国家战略科技力量

新冠肺炎疫情冲击下，全球经济社会的不确定性、不稳定性增加，给我国经济社会发展带来巨大冲击，也暴露出我国在关键领域的科技短板。强化国家战略科技力量体现了国家对科技创新的高度重视，是我国进入新发展阶段的必然要求。2020年12月中央经济工作会议上，排在首位的就是强化国家战略科技力量。强化国家战略科技力量要充分发挥企业在科技创新中的主体作用。同时要发挥新型举国体制优势，发挥国家作为重大科技创新组织者的作用。

（二）产业政策环境

进入21世纪以来，我国抓住了人工智能、大数据等新一代信息技术加速突破应用的新趋势，金融科技行业实现了举世瞩目的跨越式发展，极大地提高了金融业务的效率和金融服务实体经济的能力。但由于监管的低效或缺位，导致风险隐患突出。如何制定合理的金融科技产业政策环境，更好地平衡金融科技创新与监管的关系，是新时代推进包容审慎监管的重大议题，也是提升金融科技全球竞争力的重大需求。

1. "后疫情时代"稳定金融科技发展的政策预期

2020年新冠肺炎疫情对社会经济各领域都带来了广泛而深刻的影响。同时，疫情也给金融科技发展带来了重要机遇，受到了更加广泛的重视和应用，金融行业数字化转型呈现加速化趋势，金融与科技的融合程度不断加深，金融科技生态正发生着新的深刻变化。一方面，金融科技能够基于风险管理本质，推动产品及服务变革，助力金融行业向"零接触式"服务快速演进。另一方面，金融科技将加速金融行业服务下沉，承担起助力中小微企业发展的"稳定器"和"加速器"职能。在"后疫情时代"，在政策环境上需要进一步稳定金融科技发展的政策预期，关注金融科技上下游产业链短期面临的冲击，在政策上给予金融科技行业发展一定的扶持和帮助，同时密切关注"非接触"金融科技服务普及可能带来的数字鸿沟加剧

问题，促进金融科技创新的高质量发展。

2. 处理好金融科技发展创新与风险防范之间的关系

金融科技发展极大地提高了我国金融业务的效率和金融服务实体经济的能力。同时，作为一种"破坏式创新"，金融科技创新在带来信用风险、市场风险等传统金融风险的同时，也会带来新型信息技术风险、系统性风险等其他潜在风险。"监管适度说"认为过于严格或宽松的监管都不利于金融创新的发展，而适度的监管有利于金融创新的发展，这也是目前比较一致的观点。国家对金融科技发展与风险的问题高度重视。党的十九大报告提出，"健全金融监管体系，守住不发生系统性金融风险的底线"。2020年12月，中央经济工作会议提出，"金融创新必须在审慎监管的前提下进行"。这些表述强调了金融发展、金融稳定与金融安全之间必须均衡、协调。金融科技创新必须在有效防范风险的前提下开展。要完善现有监管体系，既要有金融科技创新，又要避免出现系统性风险隐患。

3. 进一步完善大科技金融的监管框架

大科技金融发展是金融与科技深度融合的必然趋势，也是基于数字技术的新金融业态不断前行的重要推动力。近年来，国内大科技金融潜在风险突出，其监管问题备受关注。政府及金融管理部门高度重视大科技公司的监管工作，先后发布监管文件，并约谈蚂蚁集团等大科技公司，标志着大科技公司强监管时代的到来。为了防范金融科技创新的潜在风险，特别是大科技公司滥用技术及数据优势形成市场垄断、监管套利等风险，需要基于"安全-效率"动态均衡的理念，充分考虑大科技金融业务模式和服务生态的独特性，参照系统重要性金融机构（SIFIs）监管要求及国际经验，探索如何创新监管架构以及监管工具，评估和监管大科技金融风险，构建更加完善的监管体系。适度的监管不会对创新形成压制，而是有助于金融科技创新生态体系的可持续发展。

（三）科技水平环境

随着新兴技术在金融行业的深入应用，新兴底层技术对金融的作用将不断强化，金融科技发展进入新的阶段。应该将金融科技发展上升为国家战略，同时加强金融科技底层技术基础理论研究，不断提升金融科技发展的科技水平环境，确保我国金融科技发展始终处于世界前列。

1. 金融科技发展上升为国家战略

当前，美国、英国、澳大利亚、新加坡等金融科技发达国家均已在实质层面将发展金融科技提升到国家战略高度，推动本国金融业全面转型，抢占全球金融科技高地。在国内，我国在金融科技领域的发展处于世界前列，尤其是在电子支付等领域。央行出台的《金融科技（FinTech）发展规划（2019—2021年）》，首次从国家层面对金融科技发展做出全局性规划。银行、证券、保险等细分领域的金融科技顶层规划与管理机制也在不断完善。北京、上海、深圳、杭州等地对金融科技重视程度不断提升，相继出台相关扶持政策，提出打造全球金融科技中心目标。在此背景下，为突出我国发展金融科技的必要性和紧迫性，应该将金融科技发展上升为国家战略，进一步明确战略目标及发展路径，持续提升我国金融科技全球竞争力，更好地助力普惠金融和促进实体经济发展。

2. 加强金融科技底层技术基础理论研究

目前，中国金融科技在商业模式和应用场景方面处于第一梯队，已经形成了一定的优势，然而在底层技术研发方面落后于欧美等发达国家，缺少底层技术的专利，从长期来看，可能会存在底层技术依赖的问题。例如，以算法为主导的人工智能没有达到预期的类人智能水平；大数据存在合规性和数据结构的问题，约束了大数据技术及其商业化使用的未来。需要统筹协调国内金融和科技创新政策资源，建立涵盖金融科技发展各个关键环节的综合政策支持服务体系，加快推动金融科技底层关键技术的发展，形成良好的基础技术研发生态。重点支持企业为主体，联合主要高校和研究机构，依托其现有研究基础和研究优势，打破学科壁垒，加强交叉融合，不断开展底层关键技术、前沿技术研发，催生领先前沿技术，打造金融科技底层技术前沿创新高地。

二、金融科技创新生态的内部环境

金融科技创新生态环境包括外部环境和内部环境，其中，内部环境是指开展金融科技创新业务的基础设施、应用场景等。

（一）基础设施

经过多年的建设，我国支付、清算、结算和征信等金融基础设施运行稳健，功能也不断完善。但是，随着金融科技在各类型金融机构和多领域金融业务方面的广泛普及和深入应用，金融科技基础设施也面临一系列问题，需进一步提升我国的金融基础设施。

1. 完善法律规范

金融基础设施作为现代金融体系的关键节点，应当具有稳健、清晰、透明并可执行的法律基础。具体来说，一是制定规范金融基础设施行为的综合性法律，明确金融基础设施定义，推进金融基础设施发展规划与顶层设计，切实提高金融资源配置效率。二是具体制定金融基础设施的机构准入、治理结构、业务规则、风险控制、系统安全、信息披露、审查评估以及风险处置等法律规定。三是促进金融信息标准化立法，明确信息采集范围、形式、口径，疏通监管部门与金融机构信息互换渠道，加强对金融信息的司法保护。

2. 优化监管体系

在现有"一委一行两会"金融监管体系下，明确支付、清算等金融基础设施的监管主体，理顺跨市场、跨行业、跨地区的协同监管机制，发挥中国人民银行在金融基础设施监管中的主导地位。借鉴系统重要性金融机构（SIFIs）管理框架，将金融基础设施纳入宏观审慎监管框架，统筹监管重要金融基础设施，探索制定其评估体系，实行差异化监管措施，提高服务实体经济水平和防控金融风险能力。注重支付、清算等金融基础设施行业自律机制地位，发挥行业自律机制对政府监管的必要补充和完善作用。

3. 加强支付结算服务

在金融基础设施中，支付清算系统是金融活动的基础，是金融基础设施的核心内容。2020年9月，中央财经委员会第八次会议强调："强化支付结算等金融基础设施建设，深化金融供给侧结构性改革，提供更多直达各流通环节经营主体的金融产品。"高效的支付结算等金融市场基础设施有助于提高清算效率，降低支付成本，促使流动性更好地流向实体经济特别是小微企业。需以创新和合作，进一步加强支付清算系统建设，更好地发挥支付清算等金融基础设施在提高金融运行效率、服务实体经济等方面的作用。

4. 推动参与跨境合作

加强与国外金融基础设施的互联互通，推动支付清算基础设施双向开放，特别是与"一带一路"沿线国家，在跨境资金融通、基础设施联通、支付结算畅通、金融服务相通方面不断探索，构筑"一带一路"普惠金融网，推动国内交易、结算、清算的法律法规与国际接轨。与此同时，积极参与国际金融基础设施标准的研究与制定，以此作为参与国际金融与经济合作的一个重要抓手，在国际金融治理中扮演积极角色，提升我国金融业的国际竞争力，防止金融基础设施规则被利用成为国际金融贸易的隐形壁垒。

（二）应用场景

在金融领域强监管、防风险的背景下，需要进一步对金融科技行业的应用场景进行改进完善，并对可能产生的金融风险具有相应的应对措施。具体来说，可从以下四个方面着手。

1. 健全适应金融科技发展趋势的场景建设机制

金融科技场景化是一项长期、系统的工程，必须要有与之匹配的体制、机制。金融科技应用场景建设涉及市场、技术、用户、运营等诸多方面，其立项、建设实施、运营等均需要一整套系统性、规范化的方法，同时必须持续运营迭代方能取得市场、客户的一致认可和成效。金融科技应用场景建设时，金融科技公司和商业银行等生态主体，应秉持"开放、合作、共赢"的核心理念，集中有效的人、财、物等资源，快速响应市场和客户需求，为"获客、活客"创造价值，实现有效应用场景价值。

2. 坚持开放合作，加快金融科技创新生态体系构建

金融科技创新生态体系中，金融科技公司和商业银行之间的关系逐渐演变成竞合博弈关系，二者优势互补，合作共赢，实现"1＋1＞2"的效果。金融科技公司在信息数据、用户流量、人才技术等方面有着传统商业银行难以企及的优势，但缺乏金融领域的长期积淀和优势，商业银行加强与金融科技公司的合作，将云计算、人工智能、区块链等新兴技术手段运用到场景建设过程中，科技赋能创新发展，切实提升客户体验。金融科技应用场景化能够进一步拓展传统商业银行的服务领域，有效丰富金融科技创新生态体系。

3. 注重保护客户隐私，防范金融风险

商业银行与金融科技公司等生态主体开展应用场景合作，既促进了金

融业务的创新发展,同时也带来客户信息保护、虚假交易、违规操作等潜在风险,如平台"跑路"、庞氏骗局以及用户信息泄露等现象层出不穷,严重损害了金融消费者的权益。在金融领域强监管、防风险的背景下,监管部门要求金融业务回归服务实体经济本源,唯有坚持金融创新与风险防控协同,方能确保金融科技应用场景建设有序开展。商业银行与金融科技公司等生态主体开展应用场景合作,一方面要注重对客户信息的隐私保护,另一方面也要严格加强金融风险控制。

4. 培养适应金融科技应用场景建设的高素质人才队伍

随着云计算、区块链等新兴技术在金融领域的广泛应用,金融科技正在重塑金融生态体系,"无科技不金融"已基本成为行业共识。在此背景下,市场上对金融科技复合型人才的争夺也尤为激烈,金融科技应用场景建设的高素质人才应当是具有用户思维、平台思维、跨界思维、大数据思维以及迭代思维等思维模式与新型知识技能相结合的高素质复合型人才。国内相关高校和科研院所等应加强金融科技相关学科和专业建设,建立健全产学研结合、校企协同的人才培养机制,加大高素质复合型人才培养力度。

第三节 我国金融科技创新的生态主体构建

金融科技是指新兴技术驱动的金融创新(FSB,2016)。从技术供求的角度,金融科技创新的生态主体可以分为新兴技术的供给者、需求者、服务中介三大类。其中,金融科技公司是新兴技术的供给者,监管部门和传统金融机构是新兴技术的需求者,服务中介则包括行业协会、研究机构、中介机构等。金融科技创新生态体系的有效构建离不开各相关生态主体的和谐共融发展。

当前,亟须构建一个更富活力与效率的金融科技创新新生态,以解决金融科技创新生态主体间的发展失衡问题。在这样的金融科技创新新生态中,监管部门、金融机构、金融科技公司等生态主体以消费者权益为核心,依托优势、找准定位、良性互动、共融发展,致力于发展监管科技,更好地防范金融科技创新的潜在风险,共同推动我国金融科技行业的高质量发展(见图 10 - 2)。

第十章 我国金融科技创新新生态构建

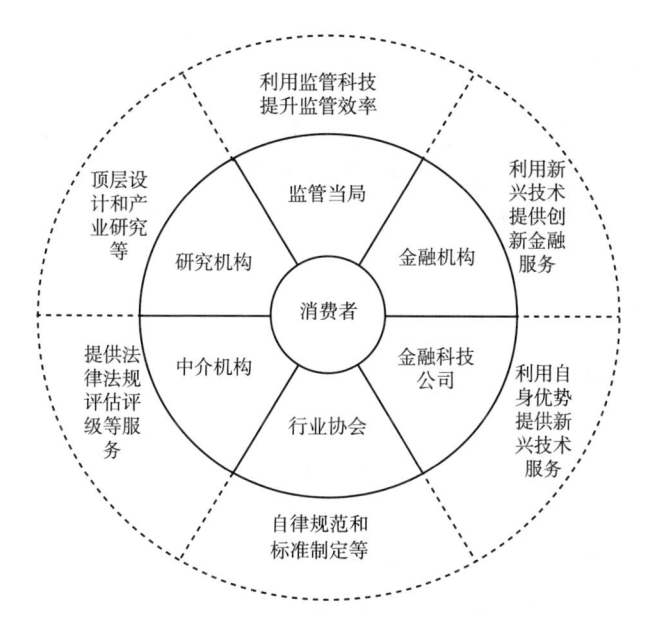

图 10-2　金融科技创新生态主体构建

一、监管部门：利用监管科技提升监管效率

金融科技创新新生态中，监管部门是新兴技术的需求者，其主要定位是利用监管科技提升监管效率。监管部门的核心目标是"维护金融系统稳定、增进金融体系的效率、保障消费者权益、促进市场公平竞争"。现行的缺乏科技支撑的传统监管模式难以有效应对金融科技创新的潜在风险，亟须充分借鉴国际监管实践，强化监管科技应用，丰富监管手段，提升监管效能。具体来说，监管部门需从四个方面完善我国的金融科技创新监管机制。

（一）深入研究监管科技的基本原理及技术运用

监管科技主要运用云计算、大数据、区块链等新兴技术提高监管效率和降低合规成本。监管部门应深入研究监管科技的基本原理，及其在KYC、交易行为监测、合规数据报送、法律法规跟踪、风险数据分析、金融压力测试等方面的国际运用及发展趋势，提出监管科技为应对国内监管困境的应用策略，提升监管专业性、统一性和穿透性。

（二）高度注重监管科技与金融科技的协同创新

传统监管体系无法有效应对金融科技创新的潜在风险，需要创新监管政策设计，强化监管科技与金融科技的协同创新，统筹"安全－效率"的动态均衡，有效促进金融科技发展创新与监管的激励相容。要在改进传统金融监管模式的基础上，重点推进审慎管理、功能监管、行为监管等领域监管制度建设，为更广范围、更深程度地应用监管科技奠定制度基础。

（三）充分借鉴美国、英国、澳大利亚、新加坡等国监管科技发展的实践经验

美国、英国、澳大利亚、新加坡等国作为全球金融科技最为发达的国家，其监管科技的发展在世界上也具有重要地位，监管沙盒、科技冲刺活动等重要措施都在国际上具有重要影响与借鉴意义。监管部门应该充分借鉴其实践经验，完善监管科技的应用，如完善监管科技应用的顶层设计、增强技术发展的国际交流合作、建立技术研发的成本分担机制、构建中国本土的监管沙盒等。

（四）积极完善大科技金融的监管体系

大科技金融发展是金融与科技进一步融合的必然趋势，也是推动新金融业态发展的不竭动力，但其潜在风险不容忽视。在推动大科技金融发展的同时，也要提高对其风险的监管能力，如完善大科技公司反垄断监管、明确大科技金融业务政策边界、增强大科技金融风险监管能力、防范大科技金融系统性风险、加强金融消费者权益保护等。

二、传统金融机构：利用新兴技术提供创新金融服务

金融科技创新新生态中，传统金融机构是新兴技术的需求者，其主要定位是利用新兴技术提供创新金融服务。在当前金融科技迅猛发展的背景下，传统金融机构由于金融业务同质化明显，同业与跨界竞争加剧等，面临较大竞争压力，迫切需要利用新兴技术拓展业务范围、提升服务质量、优化业务流程、开辟业务领域等，提供创新金融服务，从而完成转型升级。传统金融机构主要通过三种方式布局金融科技。

（一）与金融科技公司战略合作

对于大部分未能建立完备科技力量的中小型金融机构，通常借助外部专业机构力量推动业务数字化转型。中小型金融机构通过与金融科技公司跨界合作，延伸服务半径，实现场景与业务的深度融合，这种方式无须投入大量成本，就可以实现业务转型升级，包括共享金融科技数据、利用新兴技术创新金融业务及成熟的风控系统等，不仅提高服务效率且推向市场时间较短。

（二）独立设立金融科技子公司

这是少数大型金融机构最常采用的方式，通常与信息科技部门绑定，配合职能部门完成诸如App开发、客户画像建模、数据湖等工作。设立金融科技子公司，有利于在依托母公司优势基础上，整合技术、业务、资源及经验优势，探索"开放银行""数字银行"等新业态、新模式。但是，在脱离集团和母行后，如何实现金融科技子公司商业的可持续发展也将是一个巨大的考验。

（三）金融机构内部研发

金融机构内部研发是金融机构借鉴金融科技公司创新思路，通过在业务部门内部配置专门的技术岗位及数字化岗位，自行研发金融科技创新技术及产品。内部研发可以更好地控制技术、人才和资源，但是，技术开发与维护成本高，开发周期长，应用较慢。因此，对于大多数中小型金融机构来说，还不具有自主研发的技术、人才、资源等能力。

因此，对于大多数金融机构来说，与金融科技公司战略合作，充分利用金融科技公司的技术优势，是一种较为高效的发展金融科技的方式。

三、金融科技公司：利用自身优势提供新兴技术服务

金融科技创新新生态中，金融科技公司是新兴技术的供给者，其主要定位是利用自身优势提供新兴技术服务。金融科技公司的核心属性是科技，其应当减少金融属性，走专业化路线，更加强调科技能力输出与服

务，利用自身优势提供云计算、大数据等新兴技术服务。

（一）金融科技公司利用自身优势提供新兴技术服务

金融科技公司的核心属性是科技，更多的金融科技公司应当主动淘汰纯金融业务，以赋能者和合作者的身份，涉足金融科技服务领域，在未来形成具有竞争力的T2B2C新型商业模式。"T2B2C"模式即金融科技公司将自身的技术、产品、服务与B端进行整合，服务于C端，不仅提升B端的效率与效益，也提升对用户的服务，增加了用户体验，实现了三方的"共赢"。

（二）监管科技公司利用新兴技术提供监管科技服务

监管科技是监管与科技的深度融合。作为金融科技公司的重要组成部分，监管科技公司主要是利用新兴技术提供监管科技服务，实现监管效率的提升与合规成本的降低。一方面，对金融机构来说，可以利用监管科技降低合规成本、更好地适应监管，也即"合规科技"；另一方面，对监管机构来说，可以利用监管科技丰富监管手段、提升监管效率，也即"监管科技"。

（三）大科技公司利用自身优势提供新兴技术和创新金融服务

近年来，大科技公司借助其数字和平台优势大规模进军金融领域，逐步形成特色鲜明的大科技金融业务模式和服务生态。当前，大科技金融发展已成为一种趋势，并且对提升金融体系效率和推动普惠金融发展等都具有积极意义。作为金融科技公司的重要组成部分，大科技公司应该加强自身风险管控，在遵守国家相关法律及规章制度的基础上，提供新兴技术和创新金融服务。

四、研究机构：顶层设计和产业研究等

金融科技创新新生态中，研究机构作为新兴技术的服务中介，其主要定位是顶层设计与产业研究等。金融科技研究机构是专注于金融科技顶层设计和产业研究等的新型智库，是金融科技创新生态体系中不可或缺的重

第十章 我国金融科技创新新生态构建

要组成部分。

近年来,我国金融科技创新发展迅猛,已成为全球领先国家,但由于基础理论相对不足,核心底层技术存在短板,一定程度上阻碍了金融科技的高质量发展。我国需积极采取措施提升金融科技研究机构的专业能力,具体包括三方面。

(一) 鼓励多方联合建立金融科技实验室

国家有有关部门应当出台相关政策,加强财政、金融、社会资本多方资源投入,鼓励和支持相关高校、科研院所、金融科技公司、传统金融机构等相关生态主体联合建立金融科技实验室,针对人工智能、区块链、大数据、5G等新兴前沿技术,进行基础理论与实践应用方面的研究。

(二) 加大金融科技高素质、复合型人才培养

针对金融科技领军型专家和复合型人才短缺的现状,国内相关高校和科研院所应加强金融科技、监管科技相关学科和专业建设,加大金融科技、监管科技高素质、复合型人才培养力度,建立健全产学研结合、校企协同的人才培养机制,更好地满足金融科技创新与监管高质量发展的人才需求。

(三) 加强金融科技理论前沿和核心技术联合攻关

国内金融科技相关研究机构应打破学科壁垒,加强交叉融合,不断推进金融科技理论前沿和核心技术攻关,如云计算、大数据、区块链等新兴底层技术革新、平台经济及共享经济健康发展、新兴技术与传统金融全面融合、监管科技与金融科技协同创新、金融科技创新与多维风险预警等。

国内相关高校、科研院所、金融机构等金融科技研究机构应该充分意识到金融科技理论研究与实践应用的脱离情况,充分依托自身优势及特长,积极完善研究机构运行与管理,更好地服务于金融科技高质量发展的理论与实践。

五、行业协会:自律规范和标准制定等

金融科技创新新生态中,行业协会也是新兴技术的服务中介,其主要定

位是自律规范和标准制定等。行业协会是政府监管的必要补充，是实现行业自律、规范行业行为、保护消费权益的关键环节。金融科技行业协会是进行金融科技产业研究、促进金融科技应用成果经验分享和互动交流的载体。

当前，主要国家和地区也都已成立金融科技协会开展行业自律和规范管理工作。不同国家地区之间的金融科技行业协会之间的交流合作在不断增强。国内金融科技、互联网金融行业协会应该围绕自律规范和标准制定等的行业定位，积极开展相应工作。

（一）中国互联网金融协会

中国互联网金融协会作为全国性的行业自律组织，是顺应金融与科技融合创新发展趋势而设立的。协会会员既包括传统金融机构、互联网金融机构，也包括基础设施、技术服务等其他机构，覆盖了金融科技所涉及的主要机构类型和业务模式。近年来，中国互联网金融协会持续加强行业基础设施建设、深入开展金融科技前沿研究、大力推动金融科技领域标准化建设、积极做好消费者保护和教育、有序开展金融科技国际合作交流等。

（二）地方互联网金融协会、金融科技协会

地方互联网金融协会、金融科技协会是在地方金融管理部门指导下，以金融机构、科技公司等为会员主体的省级协会，致力于搭建省内信息资源平台，促进金融科技企业交流合作；开展金融科技领域及相关课题调研，发挥金融、科技创新对经济发展的引领支撑作用；做好消费者教育，维护消费者权益等。这类协会如中关村互联网金融行业协会、广东互联网金融协会、上海市互联网金融行业协会、江苏省互联网金融协会等。

针对目前金融科技创新发展中存在的突出问题，各级金融科技行业协会、互联网金融行业协会应该意识到自身在金融科技创新生态体系中的重要地位，明确自身相应权利范围，提高行业协会覆盖率，丰富信息披露内容，完善惩罚激励规则，沟通企业与政府之间的联系，充分发挥其在服务实体经济和促进普惠金融展中的积极作用。

六、中介机构：提供法律法规评估评级等

金融科技创新新生态中，中介机构是新兴技术的服务中介，其主要定

位是提供法律法规咨询和评估评级服务等。中介机构是指依法通过专业知识和技术服务，向委托人提供公正性、代理性、信息技术服务性等中介服务的机构。金融科技创新新生态的构建和完善需要相关中介机构提供专业的服务。金融科技中介机构对金融科技生态主体间的平衡具有重要意义。

（一）深入研究相关技术和法律法规

金融科技创新成果的转化程度和速度很大程度上依赖于中介机构的知识普及、风险评估、技术扩散和业务咨询等。金融科技中介机构应该对金融科技相关技术和法律法规进行深入了解与研究，及时提供给金融科技相关生态主体市场风向和行业动态；有效评估法律法规和金融科技风险，提升相关生态主体信誉，提高金融科技创新生态效率。

（二）切实提供有效的评估评级服务

当前，金融科技中介机构要努力提高自己的专业水平，在面对来自相关生态主体的咨询时，要能切实提供有效的技术支持和管理帮助，以及对金融科技市场的法律法规和金融服务进行有效评估。只有培育更加专业化的金融科技中介机构，共同为金融科技产业提供一系列的服务，才能为金融科技创新的发展构建一个富有活力和效率的生态体系。

七、消费者：金融科技创新新生态的核心

金融科技创新新生态中，消费者是金融科技创新新生态的核心。金融科技赋权消费者、市场倾向消费者，消费者的生态地位显著提升。发展金融科技与维护消费者合法权益应该是一致的，整个金融科技创新新生态中的利益相关者必须确保以安全和可持续的方式为消费者价值最大化提供服务。

（一）建立"以消费者体验为中心"的思维

金融科技3.0时代，消费者体验应得到更多关注。除了基本的个人消费者，未来金融科技的消费者体验将扩展到所有利益相关主体，包括个人、监管机构、金融机构等全行业参与者的体验。金融科技服务提供方要

将固化的企业思维转变为"以消费者体验为中心"的市场化思维,最大化满足金融消费者需求,提供更多参与和体验的渠道。

(二)不断加强金融消费者的权益保护

应通过强化金融科技公司风险管控、加大侵害消费者权益行为监测等措施,为消费者创建一个透明、诚信的生态环境。同时,金融科技时代,金融服务更加多元化,金融风险也更加具有隐蔽性,提升消费者金融素养,引导理性投资极其重要。消费者个体应当加强自身金融素质的培养,提高对金融科技创新产品及服务的掌握和辨别能力,加强自身免疫力,积极维护自身权益。

第四节 本章小结

金融科技创新新生态包括金融科技创新的生态环境和生态主体。其中,外部环境主要是指社会经济环境、产业政策环境、科技水平环境等;内部环境是指开展金融科技业务的基础设施、业务渠道、应用场景等。

在金融科技创新新生态的外部环境中,一个稳定、健康、可持续发展的社会经济环境有利于形成良好的金融科技创新氛围。制定合理的金融科技产业政策环境,更好地平衡金融科技创新与监管的关系,是新时代推进包容审慎监管的重大议题。随着新兴技术在金融行业的深入应用,新兴底层技术对金融的驱动作用将不断加深。应该将金融科技发展上升为国家战略,同时加强金融科技底层技术基础理论研究,不断提升金融科技发展的科技水平环境。

在金融科技创新新生态的内部环境中,经过多年的建设,我国金融基础设施运行稳健,功能也不断完善,但是也面临一系列问题,需从完善法律规范、优化监管体系、加强支付结算服务、推动参与跨境合作等方面提升我国的金融基础设施。在金融领域强监管、防风险的背景下,需要从场景建设机制、开放合作机制、注重保护客户隐私、高素质人才队伍培养等方面对金融科技的应用场景进行改进完善,并对可能产生的金融风险具有相应的应对措施。

在金融科技创新的生态主体中，从技术供求的角度，生态主体可以分为新兴技术的供给者、需求者、服务中介三大类。其中，金融科技公司是新兴技术的供给者，监管部门和传统金融机构是新兴技术的需求者，服务中介则包括行业协会、研究机构、中介机构等。金融科技创新新生态的构建离不开各生态主体的和谐共融发展。当前，亟须构建一个更富活力与效率的金融科技创新新生态，以解决金融科技创新生态主体间的失衡问题。

在金融科技创新新生态中，监管部门、金融机构、金融科技公司等生态主体以消费者权益为核心，依托优势、找准定位、良性互动、共融发展，致力于发展监管科技，更好地防范金融科技创新的潜在风险，共同推动我国金融科技行业的高质量发展。具体来说，监管部门要利用监管科技提升监管效率，传统金融机构要利用新兴技术提供创新金融服务，金融科技公司要利用自身优势提供新兴技术服务，研究机构要进行顶层设计和产业研究，行业协会要提供自律规范和标准制定，中介机构要提供法律法规评估评级，而消费者则成为金融科技创新新生态的核心。整个金融科技创新新生态中的利益相关者必须确保以安全和可持续的方式为消费者价值最大化提供服务。

参 考 文 献

[1] 白钦先，丁志杰．论金融可持续发展［J］．国际金融研究，1998 (5)．

[2] 白儒政，马强伟，王晶，梁砺波．监管科技的国内外发展现状研究［J］．金融科技时代，2018 (8)．

[3] 卜亚，姜苏莉，王芳．基于KMRW声誉模型的互联网金融监管博弈研究［J］．金融监管研究，2017 (11)．

[4] 卜亚，李晖．演化博弈视角下金融科技创新监管问题研究［J］．内蒙古社会科学，2019 (6)．

[5] 陈红，郭亮．金融科技风险产生缘由、负面效应及其防范体系构建［J］．改革，2020 (3)．

[6] 陈佩，孙祁祥．多元共治：创新与监管的平衡——基于"监管沙盒"理论依据与国际实践的思考［J］．保险研究，2019 (3)．

[7] 陈荣达，林博，何诚颖，金骋路．互联网金融特征、投资者情绪与互联网理财产品回报［J］．经济研究，2019，54 (7)．

[8] 陈享光，黄泽清．金融化、虚拟经济与实体经济的发展——兼论"脱实向虚"问题［J］．中国人民大学学报，2020，34 (5)．

[9] 陈涛，赵圻．监管科技工具TechSprint启示［J］．中国金融，2021 (3)．

[10] 程军，何军，袁慧萍，符方标，王峰，薛东生，陈国栋，邬敏洁．金融科技风险与监管对策［J］．中国金融，2017 (24)．

[11] 邓建鹏，李雪宁．监管沙盒的国际实践及其启示［J］．陕西师范大学学报（哲学社会科学版），2019 (5)．

[12] 范文仲，王宇．欧盟数据法案对中国金融业影响［J］．中国金融，2018 (14)．

参考文献

［13］傅强. 监管科技理论与实践发展研究［J］. 金融监管研究，2018（11）.

［14］郭峰，王靖一，王芳，孔涛，张勋，程志云. 测度中国数字普惠金融发展：指数编制与空间特征［J］. 经济学（季刊），2020（4）.

［15］郭丽虹，朱柯达. 金融科技、银行风险与经营业绩——基于普惠金融的视角［J］. 国际金融研究，2021（7）.

［16］赫国胜，马妍妮. 审慎监管对我国商业银行经营效率的影响——基于全要素生产率的视角［J］. 财经科学，2020（5）.

［17］何海锋，银丹妮，刘元兴. 监管科技（Suptech）：内涵、运用与发展趋势研究［J］. 金融监管研究，2018（1）.

［18］贺建清. 金融科技：发展、影响与监管［J］. 金融发展研究，2017（6）.

［19］胡滨，杨楷. 监管沙盒的应用与启示［J］. 中国金融，2017（2）.

［20］黄益平，黄卓. 中国的数字金融发展：现在与未来［J］. 经济学季刊，2018，17（4）.

［21］黄震，张夏明. 监管沙盒的国际探索进展与中国引进优化研究［J］. 金融监管研究，2018（4）.

［22］黄震，张夏明. 金融监管科技发展的比较：中英两国的辨异与趋同［J］. 经济社会体制比较，2019（6）.

［23］靳文辉. 法权理论视角下的金融科技及风险防范［J］. 厦门大学学报（哲学社会科学版），2019（2）.

［24］李东荣. 监管科技在数字金融领域的应用［J］. 中国金融，2021（4）.

［25］李建军，姜世超，黄天颐. 重大突发公共卫生事件下银行金融科技绩效与金融服务数字化转型［J］. 兰州大学学报（社会科学版），2020（3）.

［26］李广子. 金融与科技的融合：含义、动因与风险［J］. 国际经济评论，2020（3）.

［27］李凯，樊明太. 我国平台经济反垄断监管的新问题、新特征与路径选择［J］. 改革，2021（3）.

［28］李敏. 金融科技的系统性风险：监管挑战及应对［J］. 证券市

场导报，2019（2）.

［29］李文红，蒋则沈. 金融科技（FinTech）发展与监管：一个监管者的视角［J］. 金融监管研究，2017（3）.

［30］李杨，程斌琪. 金融科技发展驱动中国经济增长：度量与作用机制［J］. 广东社会科学，2018（3）.

［31］李杨，孙国峰. 金融科技蓝皮书：国金融科技发展报告（2017）［J］. 金融评论，2017（4）.

［32］李媛媛，崔宸琛，刘思羽. 金融生态环境、企业风险承担与创新效率——基于制造业面板 VAR 的实证分析［J］. 工业技术经济，2019，38（7）.

［33］李运达，陈伟，周华东. 金融科技、生产率悖论与银行盈利能力［J］. 财经科学，2020（11）.

［34］廖凡. 论金融科技的包容审慎监管［J］. 中外法学，2019（3）.

［35］廖岷. 全球金融科技监管的现状与未来走向［J］. 新金融，2016（10）.

［36］林毅夫，章奇，刘明兴. 金融结构与经济增长：以制造业为例［J］. 世界经济，2003（1）.

［37］刘春航. 大数据、监管科技与银行监管［J］. 金融监管研究，2020（9）.

［38］刘春航. 金融科技与银行价值链的重塑［J］. 金融监管研究，2021（1）.

［39］刘军，黄解，曹利军. 金融集聚影响实体经济机制研究［J］. 管理世界，2007（4）.

［40］刘孟飞，蒋维. 金融科技促进还是阻碍了商业银行效率？——基于中国银行业的实证研究［J］. 当代经济科学，2020（3）.

［41］刘少波，张友泽，梁晋恒. 金融科技与金融创新研究进展［J］. 经济学动态，2021（3）.

［42］刘笑彤，杨德勇. 互联网金融背景下商业银行并购重组选择差异的效率研究——基于商业银行异质性的 Malmquist 指数实证分析［J］. 国际金融研究，2017（10）.

［43］刘志洋. 监管科技对审慎监管的推动作用分析［J］. 新金融，

2021（4）.

［44］刘园，郑忱阳，江萍，刘超. 金融科技有助于提高实体经济的投资效率吗？［J］. 首都经济贸易大学学报，2018，20（6）.

［45］卢金钟，王晶，方英. 拉巴波特模型与三阶段DEA方法在商业银行效率分析中的应用［J］. 统计与决策，2019（20）.

［46］陆岷峰，葛和平. 金融科技创新与金融科技监管的适度平衡研究［J］. 农村金融研究，2017（9）.

［47］罗长青，李梦真，杨彩林，卢彦霖. 互联网金融对商业银行信用卡业务影响的实证研究［J］. 财经理论与实践，2016（1）.

［48］皮天雷，刘垚森，吴鸿燕. 金融科技：内涵、逻辑与风险监管［J］. 财经科学，2018（9）.

［49］乔海曙，黄荐轩. 金融科技发展动力指数研究［J］. 金融论坛，2019（3）.

［50］邱晗，黄益平，纪洋. 金融科技对传统银行行为的影响——基于互联网理财的视角［J］. 金融研究，2018（11）.

［51］邱志刚，罗煜，江颖，伍聪. 金融科技会颠覆传统金融吗？——大数据信贷的经济解释［J］. 国际金融研究，2020（8）.

［52］上官绪明. 技术溢出、吸收能力与技术进步［J］. 世界经济研究，2016（8）.

［53］陶峰，万轩宁. 监管科技与合规科技：监管效率和合规成本［J］. 金融监管研究，2019（7）.

［54］沈艳，龚强. 中国金融科技监管沙盒机制设计研究［J］. 金融论坛，2021（1）.

［55］沈悦，郭品. 互联网金融、技术溢出与商业银行全要素生产率［J］. 金融研究，2015（3）.

［56］宋敏，周鹏，司海涛. 金融科技与企业全要素生产率——"赋能"和信贷配给的视角［J］. 中国工业经济，2021（4）.

［57］孙国峰. 共建金融科技新生态［J］. 中国金融，2017（13）.

［58］孙国峰. 从FinTech到RegTech［J］. 清华金融评论，2017（5）.

［59］谭家超，李芳. 互联网平台经济领域的反垄断：国际经验与对策建议［J］. 改革，2021（3）.

[60] 谈儒勇. 中国金融发展和经济增长关系的实证研究 [J]. 经济研究, 1999 (10).

[61] 唐莉, 程普, 傅雅琴. 金融科技创新的"监管沙盘" [J]. 中国金融, 2016 (20).

[62] 王达. 论全球金融科技创新的竞争格局与中国创新战略 [J]. 国际金融研究, 2018 (12).

[63] 王国刚. 金融脱实向虚的内在机理和供给侧结构性改革的深化 [J]. 中国工业经济, 2018 (7).

[64] 王静. 监管科技发展的内在驱动力及相关问题研究 [J]. 新金融, 2019 (6).

[65] 王晓亮, 田昆儒, 蒋勇. 金融生态环境与政府投融资平台企业投资效率研究 [J]. 会计研究, 2019 (6).

[66] 王勋, 黄益平, 陶坤玉. 金融监管有效性及国际比较 [J]. 国际经济评论, 2020 (1).

[67] 王永仓, 温涛. 数字金融的经济增长效应及异质性研究 [J]. 现代经济探讨, 2020 (11).

[68] 蔚赵春, 徐剑刚. 监管科技 RegTech 的理论框架及发展应对 [J]. 上海金融, 2017 (10).

[69] 吴昊旻, 靳亭亭. 金融生态环境与企业创新效率 [J]. 金融论坛, 2017 (12).

[70] 吴军, 何自云. 金融制度的激励功能与激励相容度标准 [J]. 金融研究, 2005 (6).

[71] 伍丽菊, 魏琳. 构筑监管科技生态体系、破解金融机构合规难题 [J]. 当代财经, 2020 (6).

[72] 肖宇, 李诗林, 梁博. 新冠肺炎疫情冲击下的银行业金融科技应用: 理论逻辑、实践特征与变革路径 [J]. 金融经济学研究, 2020, 35 (3).

[73] 肖翔, 周钰博, 杨海盟. 金融科技监管沙盒实践的国际比较 [J]. 金融市场研究, 2020 (12).

[74] 谢平, 邹传伟. 互联网金融模式研究 [J]. 金融研究, 2018 (12).

[75] 徐忠, 孙国峰, 姚前. 金融科技发展趋势与监管 [M]. 北京: 中国金融出版社, 2017.

[76] 薛莹, 胡坚. 金融科技助推经济高质量发展: 理论逻辑、实践基础与路径选择 [J]. 改革, 2020 (3).

[77] 闫晗, 边鹏. BigTech 对大型银行的挑战 [J]. 中国金融, 2020 (4).

[78] 杨东. 监管科技: 金融科技监管挑战与维度建构 [J]. 中国社会科学, 2018 (5).

[79] 杨鹭, 艾洪德. 商业银行普惠金融效率研究——基于15家商业银行调查数据的分析 [J]. 金融论坛, 2020 (8).

[80] 杨望, 戴颖. 监管科技推动新金融生态建设 [J]. 中国金融, 2018 (10).

[81] 杨望, 徐慧琳. 金融科技与商业银行效率——基于 DEA-Malmquist 模型的实证研究 [J]. 国际金融研究, 2020 (7).

[82] 杨宇焰. 金融监管科技的实践探索、未来展望与政策建议 [J]. 西南金融, 2017 (11).

[83] 闫晗, 边鹏. BigTech 对大型银行的挑战 [J]. 中国金融, 2020 (4).

[84] 尹振涛, 冯心歌. 大科技金融: 概念、发展与挑战 [J]. 金融评论, 2020 (3).

[85] 尹振涛, 侯鑫. BigTech 理财产品的系统性风险防范研究 [J]. 中国银行业, 2019 (10).

[86] 永安会计师事务所. 2019 全球金融科技采纳率指数: 金融科技加速普及、中国领跑全球 [R]. 2019.

[87] 张吉光. 中小银行金融科技突围忌盲目 [J]. 中国金融, 2018 (12).

[88] 张家林. 监管科技 RegTech 发展及应用研究——以智能投顾为例 [J]. 金融监管研究, 2018 (6).

[89] 张健. 美国金融科技监管及其对中国的启示 [J]. 金融发展研究, 2019 (9).

[90] 张林, 冉光, 陈丘. 区域金融实力、FDI 溢出与实体经济增长 [J]. 经济科学, 2014 (6).

[91] 张庆君, 刘靖. 互联网金融提升了商业银行资本配置效率

吗？——基于中国上市银行的经验证据 [J]. 金融论坛, 2017 (7).

[92] 张亦春, 王国强. 金融发展与实体经济增长非均衡关系研究——基于双门槛回归实证分析 [J]. 当代财经, 2015 (6).

[93] 赵大伟. 监管科技的能与不能 [J]. 清华金融评论, 2019 (5).

[94] 中国人民大学课题组. "十四五"时期中国金融改革发展监管研究 [J]. 管理世界, 2020, 36 (7).

[95] 周矍铄. 大型互联网企业进入金融领域的潜在风险与监管 [N]. 金融时报, 2020-11-02.

[96] 周少甫, 谭磊. 中国上市商业银行经营效率测算及分解——基于RAM网络DEA模型的实证研究 [J]. 暨南学报（哲学社会科学版）, 2020 (4).

[97] 周文, 韩文龙. 平台经济发展再审视：垄断与数字税新挑战 [J]. 中国社会科学, 2021 (3).

[98] 周小川. 信息科技与金融政策的相互作用 [J]. 中国金融, 2019 (15).

[99] 朱太辉, 陈璐. Fintech 的潜在风险与监管应对研究 [J]. 金融监管研究, 2016 (7).

[100] 庄雷, 王烨. 金融科技创新对实体经济发展的影响机制研究 [J]. 软科学, 2019, 33 (2).

[101] Abbasi K, Alam A, Du M, Huynh T L D. FinTech, SME efficiency and national culture: evidence from OECD countries [J]. Technological Forecasting and Social Change, 2020 (163): 1-25.

[102] Adeabah D, Gyeke D A, Andoh C. Board gender diversity, corporate governance and bank efficiency in ghana: a two stage data envelope analysis (DEA) approach [J]. Corporate Governance, 2019, 19 (2): 299-320.

[103] Alaassar A, Mention A L, Aas T H. Exploring a new incubation model for finTech: regulatory sandboxes [J]. Technovation, 2021 (2): 1-14.

[104] Anagnostopoulos I. Fintech andregtech: impact on regulators and banks [J]. Journal of Economics & Business, 2018 (100): 7-25.

[105] Andersen T B, Tarp F, Jones S. The finance-growth thesis: a skeptical assessment [J]. Journal of African Economics, 2012, 21 (1): 57-88.

[106] Arner D W, Barberis J N, Buckley R P. FinTech, RegTech and the reconceptualization of financial regulation [J]. Northwestern Journal of International Law & Business, 2017, 37 (3): 371-413.

[107] Arner D W, Barberis J N, Buckley R P. The emergence of RegTech 2.0: from know your customer to know your data [J]. Journal of Financial Transformation, 2016, 44 (1): 79-86.

[108] Arner D W, Barberis J N, Buckley R P. The evolution of FinTech: a new post-crisis paradigm [J]. Georgetown Journal of International Law, 2016, 47 (4): 1271-1319.

[109] Arner D W, Barberis J, Janos C, Buckley J, Ross P. Fintech, RegTech, and the reconceptualization of financial regulation [J]. Northwestern Journal of International Law & Business, 2017 (3): 371-413.

[110] Basel Committee on Banking Supervision (BCBS). Innovative technology in financial supervision (Suptech) -the experience of early users [R]. 2018.

[111] Belasri S, Gomes M, Pijourlet G. Corporate social responsibility and bank efficiency [J]. Journal of Multinational Financial Management, 2020 (54): 1-30.

[112] Bank for International Settlements (BIS). Annual economic report 2019 [EB/OL]. https://www.bis.org/publ/arpdf/ar2019e.htm.

[113] Boot A, Hoffmann P, Laeven L, Ratnovski L. FinTech: what-s old, what-s new? [J]. Journal of Financial Stability, 2021 (53): 1-13.

[114] Brummer C, Gorfine D. FinTech: building a 21st-century regulator-s toolkit [R]. Milken Institute, 2014 (10): 1-15.

[115] Buchak G, Matvos G, Piskorski T. FinTech, regulatory arbitrage, and the rise of shadow banks [J]. Journal of Financial Economics, 2018, 130 (9): 453-483.

[116] Buckley R P, Arner D W, Zetzsche D A, Weber R H. The road to RegTech: the (astonishing) example of the European Union [J]. Journal of Banking Regulation, 2020, 19 (5): 26-36.

[117] Butler T, Brooks R. On the role of ontology-based RegTech for

managing risk and compliance reporting in the age of regulation [J]. Journal of Risk Management in Financial Institutions, 2018 (1): 19 –33.

[118] Chen Z, Li Y, Wu Y, Luo J. The transition from traditional banking to mobile internet finance: an organizational innovation perspective-a comparative study of Citibank and ICBC [J]. Financial Innovation, 2017, 3 (1): 1 –12.

[119] Cornelli J, Frost L, Gambacorta R. Fintech and BigTech credit: a new database [R]. BIS Working Papers, No 887. 2020.

[120] Davis B N. Technical efficiency in the kenyan banking sector: influence of FinTech and banks collaboration [J]. Journal of Finance and Economics, 2020, 8 (1): 13 –20.

[121] Douglas W A, Dirk A Z, Ross P B, Janos N B. FinTech and RegTech: enabling innovation while preserving financial stability [J]. Georgetown Journal of International Affairs, 2017, 18 (3): 56 –78.

[122] Eduardo Z M, Mauro M S, Marly M C. Fintech: a literature review and research agenda [J]. Electronic Commerce Research and Applications, 2019 (34): 1 –21.

[123] Enriques L. Financial supervisors and RegTech-four roles and four challenges [R]. https://ssrn.com/abstract =3087292, Jan. 28, 2018.

[124] Financial Conduct Authority (FCA). Call for input on supporting the development and adopters of RegTech feedback statement [R]. https://www.fca.org.uk/publication/feedback/fs –16 –04. pdf, Jan. 4, 2018.

[125] Frost J, Gambacorta L, Huang Y. BigTech and the changing structure of financial intermediation [R]. BIS Working Papers, No: 779, 2019.

[126] Jennie B, Thomas P, Alexi S. Have financial markets become more informative? [J]. Journal of Financial Economics, 2016, 122 (3): 625 –654.

[127] Johnson D, Rodwell J, Hendry T. Analyzing the impacts of financial services regulation to make the case that buy-now-pay-later regulation is failing [J]. Sustainability, 2021, 13 (4): 1 –19.

[128] Gimpel H, Rau D, Röglinger M. Understanding FinTech start-ups-

a taxonomy of consumer-oriented service offerings [J]. Electronic Markets, 2018, 28 (3): 245-264.

[129] Gomber P, Kauffman R J, Parker C, Weber B W. On the FinTech revolution: interpreting the forces of innovation, disruption, and transformation in financial services [J]. Journal of Management Information Systems, 2018, 35 (1): 220-265.

[130] Goo J J, Heo J Y. The impact of the regulatory sandbox on the Fintech industry, with a discussion on the relation between regulatory sandboxes and open innovation [J]. Journal of Open Innovation: Technology, Market, and Complexity, 2020, 6 (2): 1-18.

[131] Greg B, Gregor M, Tomasz P, Amit S. Fintech, regulatory arbitrage, and the rise of shadow banks [J]. Journal of Financial Economics, 2018 (3): 453-483.

[132] Gulamhuseinwala I, Bull T, Lewis S. FinTech is gaining traction and young, high-income users are the early adopters [R]. London: The EY Global Financial Services Institute, 2015: 1-191.

[133] Haddad C, Hornuf L. The emergence of the global FinTech market: economic and technological determinants [J]. Small Business Economics, 2019, 53 (1): 81-105.

[134] Hansen B E. Threshold effects in non-dynamic panels: estimation, testing and inference [J]. Journal of Econometrics, 1999, 93 (2): 345-368.

[135] Hui D, Robin HH, Qingran Wu. The regulation of initial coin offerings in China: problems, prognoses and prospects [J]. European Business Organization Law Review, 2018, 19 (3): 36-42.

[136] Jagtiani J, Lemieux G. Do FinTech lenders penetrate areas that are underserved by traditional banks? [J]. Journal of Economics and Business, 2018, 100 (3): 43-54.

[137] John L D. New wine into old boles: FinTech meets the bank regulatory world [J]. North California Banking Institute, 2016, 20 (1): 16-65.

[138] Johansson E. RegTech: a necessary tool to keep up with compliance and regulatory changes [J]. Journal of Finance and Risk Perspectives,

2019（8）：71 –85.

[139] Kane E J. Accelerating inflation, technological innovation, and the decreasing effectiveness of banking regulation [J]. The Journal of Finance, 1981, 36（2）：393 –395.

[140] Kavassalis P, Harald H. An innovative RegTech approach to financial risk monitoring and supervisory reporting [J]. Journal of Risk Finance, 2018（1）：39 –55.

[141] Koenker R, Xiao Z. Quantile autoregression [J]. Journal of the American Statistical Association, 2006, 101（475）：980 –990.

[142] Lee I, Shin Y J. FinTech：ecosystem, business models, investment decisions and challenges [J]. Business Horizons, 2018, 61（1）：35 –46.

[143] Lewis W A. The theory of economic growth [M]. London：George Allen & Unwin, 1955.

[144] Lootsma Y. Blockchain as the Newest RegTech Application：The opportunity to reduce the burden of KYC for financial institutions [J]. Banking & Financial Services Policy Report, 2017（36）：16 –21.

[145] Lucas R E. On the mechanics of economic development [J]. Journal of Monetary Economics, 1988, 22（1）：3 –42.

[146] Ma Y, Liu D. Introduction to the special issue on crowd funding and FinTech [J]. Financial Innovation, 2017, 8（1）：8.

[147] Magnuson W J. Regulating FinTech [J]. UCLA Law Review, 2018, 71（4）：1167 –1226.

[148] Manogaran G, Varatharajan R. A new architecture of internet of things and big data ecosystem for secured smart healthcare monitoring and alerting system [J]. Future Generation Computer Systems, 2018, 82（5）：375 –387.

[149] Mckinnon R I. Money and capital in economic development [M]. Washington DC：Brooking Institution, 1973.

[150] Michael I C N. Earnings management, FinTech-driven incentives and sustainable growth [M]. Abingdon：Taylor and Francis, 2019.

[151] Mikko R, Saila S, Kaisa S. FinTech as service innovators-under-

standing the service innovation stack [J]. International Journal of E-Business Research, 2019, 15 (1): 20 - 37.

[152] Milian E Z, Spinola M, Carvalho M. FinTechs: A literature review and research agenda [J]. Electronic Commerce Research and Applications, 2019 (34): 1 - 21.

[153] Muthukannan P, Tan B, Gozman D, Johnson L. The emergence of a FinTech ecosystem: a case study of the vizag FinTech valley in India [J]. Information & Management, 2020 (57): 1 - 14.

[154] Navaretti G B, Calzolari G, Fernandez M, Manuel J. FinTech and banking, friends or foes? [J]. European Economy, 2017, 3 (2): 77 - 95.

[155] Puschmann T. FinTech [J]. Business & Information Systems Engineering, 2017, 59 (1): 69 - 76.

[156] Rattue R. Getting it right in RegTech [J]. News & Option, 2019 (2): 9.

[157] Rachrapee N, Supaporn K, Smitti N A, Santipat A. Elimination of FinTech risks to achieve sustainable quality improvement [J]. Wireless Personal Communications, 2020, 115 (4): 3199 - 3214.

[158] Romer P M. Increasing returns and long-run growth [J]. Journal of Political Economy, 1986, 94 (5): 1002 - 1037.

[159] Saule T O. Technology v Technocracy: FinTech as a regulatory challenge [J]. Journal of Financial Regulation, 2020, 6 (1): 27 - 33.

[160] Schumpter J A. A Theory of economic development [M]. Cambridge: Harvard University Press, 1911.

[161] Shaw E S. Financial deeping in economic development [M]. Oxford: Oxford University Press, 1973.

[162] Stoic O, Mehdian S, Stoicaa A S O. The impact of internet banking on the performance of romanian banks: DEA and PCA approach [J]. Procedia Economics and Finance, 2015 (20): 610 - 622.

[163] Stulz R M. FinTech, BigTech, and the future of Banks [R]. NBER Working Paper, No. 26312, 2019.

[164] Tanai K, Terry G. FinTech and payments regulation: An analytical

framework [J]. Journal of Payments Strategy and Systems, 2020, 14 (2): 25-34.

[165] Waye R, Vicki L. RegTech: a new frontier in legal scholarship [J]. The Adelaide Law Review, 2019 (1): 363-386.

[166] Zetsche D A, Buckley R, Arner D W, Barberis J N. From FinTech to TechFin: the reg-ulatory challenges of data-driven finance [R]. Frankfurt. The European Banking Institute, 2017, 14 (2): 1-41.

后　　记

　　《金融科技创新监管机制构建研究》一书终将付梓，一种轻松的感觉油然而生。然而，我深深地体会到，这本专著是近年来研究成果的总结，但是关于金融创新与风险监管只是一次非常粗浅的尝试，仍有待于进一步探寻。

　　金融创新与金融监管一直是金融行业永恒的话题。总结金融创新与金融监管改革的历程可以发现全球金融监管体系的改革进程实质是不断追求金融体系安全和效率的平衡与融合，只是不同历史时期的侧重点有所差异而已。

　　本书首先基于适度监管、演化博弈、激励相容、金融生态等理论，构建金融科技创新与监管的分析框架；其次重点研究金融科技创新生态体系的运行现状、金融科技创新对实体经济增长及商业银行效率影响、金融科技创新监管的跨国经验、监管科技的基本原理及技术运用等核心内容；最后提出构建金融科技创新监管机制的政策路径，科学诠释金融科技创新与监管的协调发展逻辑。

　　我要衷心感谢南京大学的范从来教授，他渊博的学术知识、严谨的治学态度、忘我的敬业精神、平易近人的性格，都给我留下极为深刻的印象，此次在百忙之中应邀作序，更是给予我极大的鼓励与鞭策。

　　还要感谢我的导师乔桂明教授，在我硕士和博士7年的研究生生涯里，乔教授给了我非常多的帮助和指导，在他那里不仅学到了许多理论知识，也学到了许多人生哲理，令我受益终生，此次又应邀作序，学生极为感激。

　　我的研究生张倩、余星辉，以及陈欣、王茜茜、柏慧、唐瑶、张宁等，他们在整理书稿的具体内容以及资料搜集等过程中都做出了很多贡献，他们的勤奋刻苦令我非常感动。

感谢经济科学出版社崔新艳编审以及其他同志的帮助,本书的出版离不开他们辛勤的劳动,他们为本书的修订提出了许多宝贵的意见。

卜 亚

2021 年 11 月于镇江